하나님의 자녀들이 꼭 알아야 할 **성막 이야기**

새로운 살 길

새로운 살길

지 은 이 | 이정복
펴 낸 이 | 김원중

편   집 | 심현정, 김현정
디 자 인 | 김윤경
마 케 팅 | 이상민
제   작 | 허석기
관   리 | 김선경

초판인쇄 | 2010년 6월 1일
초판발행 | 2010년 6월 7일

출판등록 | 제313-2007-000172(2007.08.29)

펴 낸 곳 | (주)상상나무
　　　　　도서출판 상상예찬
주   소 | 서울시 마포구 상수동 324-11
전   화 | (02)325-5191
팩   스 | (02)325-5008
홈페이지 | http://smbooks.com

ISBN 978-89-93484-20-5 (03230)

값 12,000원

* 잘못된 책은 바꾸어 드립니다.
* 본 도서는 무단 복제 및 전재를 법으로 금합니다.

하나님의 자녀들이 꼭 알아야 할 **성막 이야기**

새로운 살 길

이 정 복 지음

상상나무

책을 펴내며

성막을 알면 구원이 보인다

사람은 밥(떡)을 먹어야 삽니다. 그런데 예수님께서는 "사람이 떡으로만 살 것이 아니요, 하나님의 입으로부터 나오는 모든 말씀으로 살 것이다."라고 말씀하셨습니다. 나아가서 "내 살을 먹지 아니하고, 내 피를 마시지 아니하면 생명이 없다."고 하셨습니다.

예수님의 제자들도 이 말씀이 이해되지 않았고, 많은 사람들이 예수님의 곁을 떠났습니다. 예수께서 제자들을 향하여 "너희도 가려느냐?" 하고 물으셨을 때 베드로가 대답하기를, "영생의 말씀이 계시매 우리가 뉘에게 가오리까. 우리는 주가 하나님의 거룩하신 자이신 줄 믿고 알았습니다." 그러자 예수님께서는 "아버지께 듣고 배운 사람마다 내게로 온다."고 말씀하셨습니다.

이스라엘 백성들이 모세의 인도로 출애굽하여 가나안 땅에 이르기까지 40년을 광야에서 방황하는 동안, 하나님께서는 구름기둥과 불기둥으로 그들을 보호하셨고, 만나를 내려 배부르게 하셨습니다. 그들이 끊임없이 불평을 하고 하나님의 뜻을 거스름에도 불구하고 당신의 백성을 버리지 않으셨고, 그들에게 율법을 주시는 한편 하나님께서 거할 성소인 성막을 짓게 하셨습니다. 광야 40년 동안 이스라엘 백성의 삶의 중심이었던 성막은 하나님이 임재하시는 처소요, 죄인들의 제사를 받아 죄를 용서해 주시던 은총의 장소였습니다.

성경에서 단일 주제로는 50장이라고 하는 많은 분량을 할애한 것이 이 성막으로, 구약의 성막을 확대해 놓은 것이 신약의 예수 그리스도요, 신약의 예수 그리스도를 축소해 놓은 것이 구약의 성막이라 할 수 있습니다. 성막은 예수 그리스도와 함께 사는 길을 보여주는 구원의 설계도이며 성도의 신앙생활을 비추는 거울입니다. 그러므로 하나님의 자녀인 우리는 성막을 이해하고 삶 속에서 실천하며 살아야 합니다.

하나님의 말씀을 먹고 사는 삶! 그냥 먹고 마시는 것이 아니라 예수님의 살을 먹고 피를 마시는 삶! 그 삶은 하나님과 함께하는 것이기에, 광야라도 즐겁고 행복한 삶이어야 할 것입니다.

책을 쓰고 나니 여러 모로 부족함을 많이 느낍니다. 10년이나 미루어 오다가 갈 길이 촉박하여 책을 내게 되었습니다. 주님께 영광을 돌리며, 이 책을 읽으시는 모든 분들이 하나님과 함께 행복하게 사시기를 기도합니다.

2010년 5월 이정복

목차

책을 펴내며 - 성막을 알면 구원이 보인다

Part 01 _ 성막이란 무엇인가 09
- 구원의 설계도, 성막   • 이스라엘에 성막이 필요한 이유
- 성막에 담긴 성전 건축의 원리   • 왜 하필 광야인가?
- 광야에서의 3가지 시험   • 하나님의 자녀 되는 권세를 회복하라

Part 02 _ 성막을 향하여 47
- 성막의 구조   • 성막 진 배치도와 4가지 복음
- 참 교회의 모습

Part 03 _ 울타리와 세마포장 59
- 하나님의 '의' 되시는 예수 그리스도   • 죽은 자를 살리시는 하나님
- 믿음으로 죄 사함을 받으리니   • 성도를 든든히 세우시는 주님

Part 04 _ 성막의 문을 열고 75
- 오직 하나밖에 없는 문   • 마음 문을 열고 주님을 영접하라
- 평강으로의 초대

Part 05 _ 죄를 청산하는 번제단 89
- 구원의 십자가   • 고난의 십자가
- 번제단의 부속기구들   • 죄를 청산하는 속죄제와 속건제
- 자아가 죽는 번제와 소제   • 성령을 받는 화목제와 위임제

Part 06 _ 영혼을 단장하는 물두멍 143
- 수시로 비추어 죄를 씻으라   • 물두멍과 물이 의미하는 것
- 하나님이 씻어주시다

Part 07 _ 성소 앞에 서다 161
- 믿음의 줄로 엮인 널판   • 성막 덮개에 숨겨진 비밀

Part 08 _ 영원한 천국의 불, 황금 등대 175
- 참 빛이 되신 예수 그리스도   • 세상에 빛을 밝혀라
- 교통하고 하나 되어라   • 기름부음을 받으라

Part 09 _ 떡상에서 생명의 양식을 201
- 생명의 떡이 되신 예수 그리스도   • 진설병에 담긴 그리스도의 일생
- 하나님의 말씀을 먹고 사는 법

Part 10 _ 분향단에서 기도를 217
- 중보기도의 힘   • 기도가 응답받으려면
- 5가지 향에 담긴 기도의 의미

Part 11 _ 지성소 휘장을 젖히다 243
- 그리스도의 육체를 나타내는 휘장   • 휘장이 찢어진 이유

Part 12 _ 성결한 대제사장 251
- 하나님을 섬기는 중보자   • 제사장이 입는 거룩한 옷

Part 13 _ 하나님이 임재하시는 법궤 267
- 여호와의 거룩한 궤   • 참 법궤이신 예수 그리스도
- 법궤를 통한 놀라운 능력   • 속죄의 산실

Part 14 _ 은혜의 보좌 앞에 나아가라 289
- 속죄일의 규례   • 거룩함을 입고 하나님 앞으로
- 그리스도의 피로 일곱 번 고백하라   • 하나님과 함께하는 삶

※ **일러두기**
본문에 나오는 성막 그림 중 일부는 한진영 님의 삽화입니다.

성막이란 무엇인가

광야에 세워진 성막

구원의 설계도, 성막

　성경은 하나님과 인간이 함께 사는 것을 목적으로 기록되었습니다.(살전5:20, 계7:15) 그러나 시조 아담의 범죄로(창3:6) 인간이 하나님과 함께 사는 약속은 깨어지고 저주를 받아 인간고와 사망과 형벌을 초래하였습니다. 이 사실이 구원받기 이전 인간의 실상입니다.

　사랑의 하나님은 인간을 이러한 처지에 방치하실 수가 없어 다시 찾아오십니다.(창3:8-9) 하나님은 아담과 하와를 위해 가죽 옷을 지어 입히시면서(창3:21) 하나님 앞으로 다시 나아갈 수 있는 길을 알려주셨습니다.(창4:1-5) 하나님께서 한 마리 양을 잡아 목을 끊고는 가죽을 벗기고, 배를 가르고, 사지를 자르자 피가 흐릅니다. 그때 하나님께서 이렇게 말씀하셨을 것입니다.

"아담아! 네가 앞으로 하나님 앞에 나아오려거든 이 양과 같이 깨끗한 짐승을 잡아 피를 뿌리고 피 묻은 가죽 옷을 입듯이(롬13:14), 확실히 네 마음에 이 짐승이 네가 지은 죄를 대신하여 죽은 것을 기억하고 이 짐승을 제물로 삼아 제사를 드림으로써 하나님 앞에 나아오도록 하여라."

창세기에는 하나님이 따로 거하시는 집이 없었습니다. 그래서 하나님 앞에 나아가 만나려면 짐승을 잡아 단 위에 올려놓고 불태워 제사를 드려야 했습니다.

훗날 모세의 인도로 출애굽한 이스라엘 백성들이 광야를 거쳐 가나안으로 향할 때 이 제사를 행한 곳이 바로 '성막' @K;v]mi(미쉬칸),lh,ao(오헬)입니다. 구약에 나오는 용어 중 '오헬'은 염소털로 짠 유목민의 천막을 말하는데, 출애굽한 이스라엘 백성들은 광야에서 하나님이 거하실 수 있도록 천막을 세웠습니다. 이스라엘 사람들이 사는 천막과는 구별되는 거룩한 천막이기에, 이를 성막이라 불렀습니다. 성막은 '미쉬칸'으로도 불렸는데, 이는 '거함', '거처'를 뜻하는 말로 하나님이 임재하시는 곳을 말합니다. 다른 말로는 회막, 여호와의 전, 하나님의 집, 장막, 법막으로 불리기도 했고 영어로는 tabernacle이라 합니다. 성막은 운반이 가능하게 설계되었고, 성막이 이동하는 곳마다 이스라엘 사람들도 같이 옮겨다녔습니다.

시내산에서의 언약 체결로 선택된 백성이 된 구약교회 이스라엘의

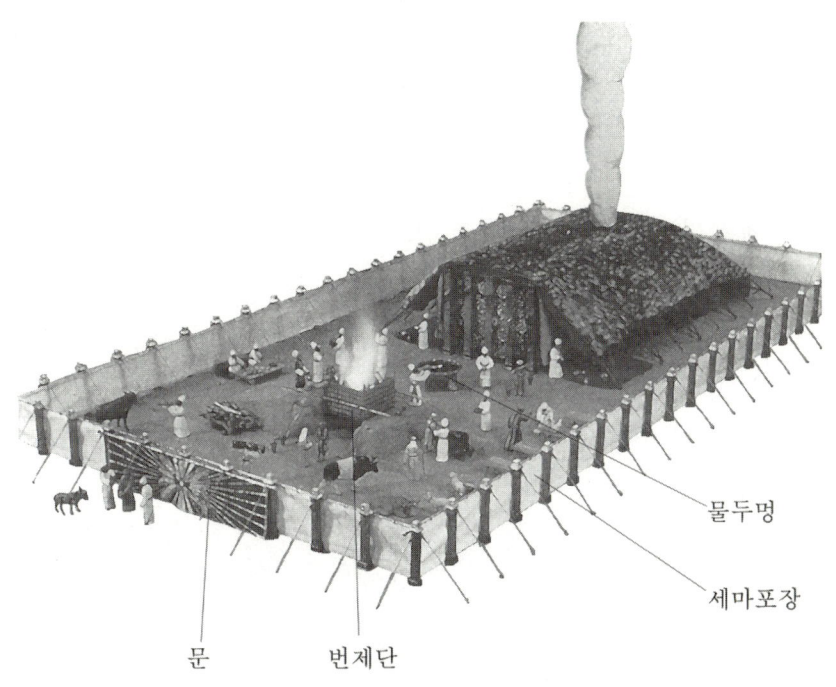

▶ 성막의 구조 ◀

예배는 성막에 집약되어 있습니다. 성막이 성막 밖의 세상에서 성막 뜰, 성소, 지성소 순으로 범위가 좁혀지며 마침내 하나님과 백성들의 언약의 증거인 십계명이 들어있는 언약궤에 이르는 것은 하나님이 이 넓은 세상에서 이스라엘을 따로 떼어내 구원하고자 하심을 보여줍니다. 또한 백성들이 성소에서 생활할 때 각종 의식으로 정결례를 행해야 했던 사실을 통해 하나님의 백성은 하나님 앞에서 성결해야 함을 알 수 있습니다.

그러나 무엇보다도 중요한 사실이 있습니다. 짐승을 잡아 성막의 번제단에 올려놓고 죄를 대속해 제사를 드리는 의식은 우리를 위해 피 흘려 죄를 대속하고 돌아가신, 신약의 예수 그리스도의 희생과 그로 인한 구원을 미리 상징적으로 보여주고 있습니다. 이를 신학용어로 '예표'라고 합니다. 따라서 단지 성막과 각종 의식 및 제도에 얽매여 하나님께 제사를 드린다면 그것은 예수 그리스도의 대속적 죽음을 헛되이 하는 것입니다.

성막은 죄인을 위해 십자가에서 피 흘리고 돌아가신 예수 그리스도를 믿음으로써 하나님 앞에 나아갈 수 있게 계획된, 예수 그리스도의 모형으로 우리가 그 의미를 더욱 실감 나고 쉽게 이해하도록 설명하고 있습니다. 또한 우리로 하여금 예수 그리스도와 예수 그리스도의 사역을 깨닫게 합니다. 예수 그리스도의 지체(요15:5, 고전12:12)인 성도는 필히 우리 존재의 근본 되시는 예수 그리스도와의 관계를 알아야 합니다. 또한 몸과 지체로서 함께 사는 삶이 어떻게 이루어지는지 확실히 깨달아야 합니다.

이스라엘에 성막이 필요한 이유

하나님과 하나님의 백성들이 함께 살기 위해서는 구별된 공간이 있어야 합니다. 이 구별된 공간을 성경에서는 '성전'이라 부르고 있습니다. 성도가 예수 그리스도 안에서 하나님을 만나서 살게 되니, 예수 그리스도는 자기 몸을 가리켜 '성전'(요2:21)이라고 말씀하셨습니다. 또 하나님의 백성이 예배드리는 곳이 성전이며, 성령이 임재하시는 교회가 성전입니다. 예수 그리스도를 믿는 사람의 마음속에 성령님이 계시면 그 사람의 몸이 곧 하나님의 성전이기도 합니다.(고전3:16) 그리고 성전 된 사람들이 천상 성전(계21:22)에서 영원히 하나님을 섬기게 될 것입니다.

성막은 광야 40년 동안 이스라엘 중에 거처하신 하나님의 '성전'으로, 하나님이 임재하신 곳이었습니다.(출29:45-46) 이스라엘 백성들은 성막에서 제사(예배)를 드리며(레1:1-7:38) 죄 씻음을 받았고(레4:20), 하나님은 그곳에서 인간과 만나 말씀해 주셨습니다.(출25:22)

　이러한 일들은 예수 그리스도를 믿고, 예수 그리스도와 함께 세상에서 살아가는 원리를 설명하고 있습니다. 성도의 몸이 곧 성전이며(고전3:16), 성전의 조건은 하나님의 영이 임재하셔야 합니다. 그런데 하나님의 영이 임재하신다고 그것으로 다 된 것은 아닙니다. 성전으로서 기능을 발휘하려면 말씀으로 연단을 받아야 합니다.

　먼저 구약에 나타난 요셉의 성전을 구경하겠습니다. 야곱이 12명의 아들을 낳았는데 그중 요셉을 가장 사랑하였습니다. 그로 말미암아 형들의 미움을 산 요셉은 애굽으로 팔려가 바로의 시위대장 보디발의 종이 되었습니다. 보디발이 보매, 범사에 하나님이 요셉과 함께 하시므로 요셉이 형통하였습니다. 이에 그를 가정 총무로 삼았더니 하나님이 그 집에 복을 내려 그 집과 밭에 있는 모든 소유에 미치게 되었습니다. 이에 주인이 그 소유를 모두 요셉에게 맡기며 "내 아내만은 금하고 모든 것을 관리하라."고 명하였습니다.

　요셉의 용모가 준수한 것을 본 보디발의 아내가 요셉에게 동침하기를 거듭 요청하였으나, 요셉은 하나님께 범죄치 아니하려고 이를 거절하였습니다. 그러자 주인의 아내는 요셉에게 누명을 씌워 왕의 감옥에 가두었습니다. 그러나 하나님은 감옥에서도 요셉과 함께 하시므로 감

옥을 책임진 간수장이 모든 죄수와 제반 업무를 요셉에게 맡기고 간섭하지 아니하였습니다.(창39:1-23)

그 후 바로왕의 술 맡은 관원장과 떡 굽는 관원장이 범죄하여 요셉과 감옥 동창이 되었습니다. 어느 날 두 사람이 꿈을 꾸고 나서 수심이 가득한지라 요셉이 물은즉, 꿈을 해석할 자가 없어 걱정하는 중이라 대답했습니다. 요셉이 이르기를 "해석은 하나님께 있으니 내게 고하소서." 이리하여 요셉이 꿈을 해몽하니 술 맡은 관원장은 사흘 후 바로의 생일날에 전직이 회복되고, 떡 굽는 관원장은 매어 달려 죽음을 당하였습니다.(창40:1-23)

그런데 만 2년 후에 바로왕이 똑같은 의미를 담은 두 가지 꿈을 꾸게 되었습니다. 이에 번민하여 술객과 박사들을 모두 불러 꿈을 고하였으나 아무도 해석하는 자가 없었습니다. 그때 술 맡은 관원장이 요셉이 해몽해 준 은혜를 잊고 살다가 왕에게 요셉을 천거하자 왕이 그를 불렀습니다. 왕의 꿈을 해몽하여 7년 풍년 후에 7년 흉년이 들 것을 이르니 왕이 요셉을 애굽의 총리로 삼아 7년 흉년을 대비케 하였습니다. 온 세상이 흉년이 들자 각국에서 곡식을 구하러 애굽의 요셉에게로 몰려왔습니다.(창41:1-57) 이에 가나안에 살고 있던 야곱의 가족들도 애굽으로 곡식을 사러 와서 요셉을 만나게 되었습니다. 야곱의 가솔들은 흉년을 피해 애굽에서 살게 되었는데, 이 사실을 시편에서는 이렇게 기록하고 있습니다.

"그가 한 사람을 앞서 보내셨음이여 요셉이 종으로 팔렸도다. 그의 발은 착고를 차고 그의 몸은 쇠사슬에 매였으니, 곧 여호와의 말씀이 응할 때까지라 그의 말씀이 그를 단련하였도다. 왕이 사람을 보내어 그를 석방함이여 뭇 백성의 통치자가 그를 자유롭게 하였도다. 그를 그의 집의 주관자로 삼아 그의 모든 소유를 관리하게 하고, 그의 뜻대로 모든 신하를 다스리며 그의 지혜로 장로들을 교훈하게 하였도다."(시105:17-22)

요셉은 하나님으로부터 받은 두 번의 말씀(꿈)을 마음에 간직하였습니다. 그중 하나는 곡식단을 묶는데 요셉의 단은 일어서고 형들의 단은 요셉의 단을 향해 절을 했다는 말씀이었습니다. 다른 하나는 해와 달과 열한 별이 내게 절하더라는 말씀이었습니다. 요셉은 이 말씀이 이루어질 때가 올 것을 굳게 믿고 감옥에서나 어디에서나 하나님의 말씀을 믿으니 하나님이 함께 하시어 형통하게 지냈습니다. 형들로부터 버림받아 이국의 종으로 팔려왔지만 누구도 원망하거나 미워하지 않고 하나님의 말씀만 믿으니 하나님이 동행하셨습니다. 그뿐 아니라 어떤 유혹에도 넘어가지 아니하고 하나님께 범죄치 아니하였으니 요셉의 마음성전이 참으로 아름다워 보입니다.

세월이 흘러 요셉의 세대는 다 죽고 하나님이 이스라엘 족속을 번성케 하사 애굽 천지에 가득하게 되었습니다. 이에 바로왕이 두려워 심한 노역으로 생활을 괴롭게 하고 남자 아이를 낳으면 죽이라 명하자 이스라엘은 하나님께 부르짖게 되었습니다.(출2:23, 출3:7) 이 부르짖음을 들으신 하나님께서 이스라엘을 능력으로 인도하시어 바로의 영향력이 미칠 수 없는 예배의 자리로 인도하십니다.

애굽에서는 하나님을 섬길 수가 없으므로 이스라엘을 광야로 인도하십니다. 거기서 말씀을 주시고 성전을 건축하여 하나님을 섬기는 법을 가르쳐서 하나님의 백성으로 세우고자 하십니다. 이스라엘이 광야에서 성막을 건축한 일은 하나님이 그들 중에 임재하시기 위한 절대적인 요건이었습니다. 의식주보다 더 중요한 것이 하나님이 함께하시는 일이었습니다.

> "내가 그들 중에 거할 성소를 그들이 나를 위하여 짓되(출25:8)…내가 이스라엘 자손 중에 거하여 그들의 하나님이 되리니."(출29:45)

광야이든 어디든 하나님이 함께하시면 만사가 해결되는 것임은 성막에서 배워야 할 중요한 진리입니다. 그래서 이스라엘은 반드시 성막이 필요한 것입니다. 이는 죄인들에게 예수 그리스도가 필요한 것과 같습니다.

그러므로 이스라엘이 광야에서 성전을 짓고 하나님을 섬기는 것이 (출4:22-23, 출5:3) 출애굽의 일차적인 목적이었습니다. 이것이 바로 '광야교회'(행7:38)입니다. 이 사실은 오늘날 세상에서 살아가는 하나님의 백성들을 교회로 불러내어 하나님과 함께 살아가는 진리를 가르치는 일의 모형이라 할 수 있습니다. 이를 두고 예수님께서 뭐라고 말쓸하셨습니까?

"그러므로 염려하여 이르기를 무엇을 먹을까 무엇을 마실까 무엇을 입을까 하지 말라. 이는 다 이방인들이 구하는 것이라. 너희 하늘 아버지께서 이 모든 것이 너희에게 있어야 할 줄을 아시느니라. 그런즉 너희는 먼저 그의 나라와 그의 의를 구하라. 그리하면 이 모든 것을 너희에게 더하시리라." (마6:31-33)

주님의 말씀 속에서 우리는 먹고, 마시고, 입는 것에 대해 해방을 받아야 합니다. 그의 나라와 그의 의를 구하는 삶! 이는 곧 말씀을 먹고 사는 삶입니다.(마4:4)

성막은 이스라엘 백성들의 삶의 중심이었습니다. 이 성막 건축의 원리는 비단 건축재료로 건물을 세우는 데 그치는 것이 아니라 참 성전인 예수 그리스도(요2:21)를 설명하고, 예수 그리스도의 사역을 설명하고, 예수 그리스도와 함께 사는 삶이(살전5:20) 이루어지도록 계획되어 있습니다.

그러므로 우리는 성막이신 예수 그리스도 안에 들어가서 성구마다 담겨져 있는 예수 그리스도의 의미와 우리에게 주시는 말씀을 배우고, 변화를 받아야 합니다. 하나님의 하나님 되심과 우리가 하나님의 자녀 됨을 나타낼 때 교회는 하나님의 성전이 될 것이요, 부흥은 자연스러운 일이 될 것입니다.

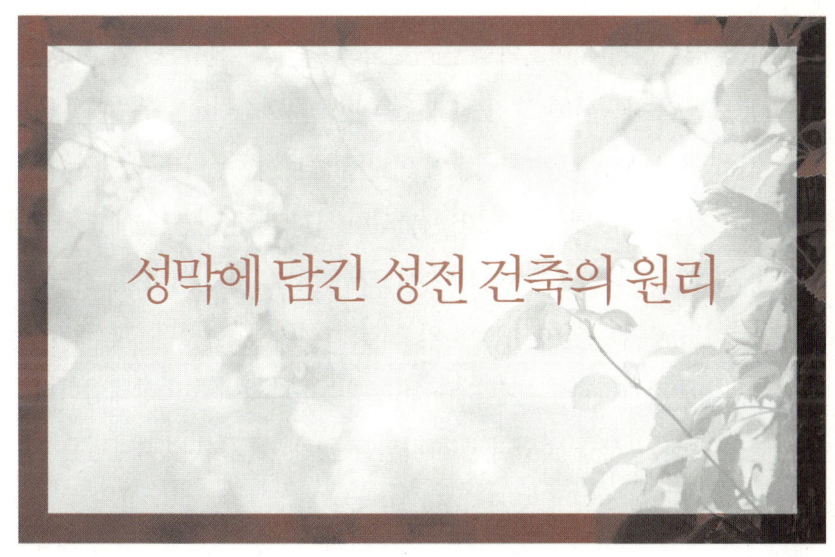

성막에 담긴 성전 건축의 원리

성막은 성전 건축의 두 가지 원리를 가르칩니다. 첫째, 즐거운 마음으로 할 것과 둘째, 하나님이 가르쳐 주신 설계도 모양대로 지을 것입니다. 즐거운 마음으로 하지 않는 것은 하나님께서 받지 아니하실 뿐 아니라 전혀 복이 되지 않습니다.

> "네가 모든 것이 풍족하여도 기쁨과 즐거운 마음으로 네 하나님 여호와를 섬기지 아니함으로 말미암아, 네가 주리고 목마르고 헐벗고 모든 것이 부족한 중에 여호와께서 보내사 너를 치게 하실 적군을 섬기게 될 것이니, 그가 철 멍에를 네 목에 메워 마침내 너를 멸할 것이라." (신28:47-48)

성도의 심령성전이 여호와를 즐거워하는 상태가 아니라면 아무리 많은 금은보화를 하나님께 드린들 그것을 받으시겠습니까? 우주에 있는 모든 것이 하나님의 것이 아닌 것이 어디 있습니까? 우리의 생명까지도 하나님의 것입니다.(계5:9, 롬1:6, 롬14:8) 하나님의 일을 할 때 기쁘고 즐거운 마음으로 하라는 이 원칙은 성도가 결코 잊지 말아야 할 것입니다. 그런데도 우리는 얼마나 많이 잊고 있습니까? 이 말씀은 "항상 기뻐하라. 범사에 감사하라."(살전5:16-18)는 말씀을 잊어버린 상태입니다. 하나님에 대한 감사를 잊었다면 하나님을 잊은 것입니다. 하나님은 자기를 잊은 사람을 어떻게 생각하실까요?

> "하나님을 잊어버린 너희여 이제 이를 생각하라. 그렇지 아니하면 내가 너희를 찢으리니 건질 자 없으리라. 감사로 제사를 드리는 자가 나를 영화롭게 하나니 그의 행위를 옳게 하는 자에게 내가 하나님의 구원을 보이리라."(시50:22-23)

하나님께 구원 받은 영혼은 범사에 감사하는 삶을 살아야 합니다. 설사 현재에는 좋지 않게 보일지라도 앞으로 좋게 만들어 주실 줄을 믿고 감사해야 하는 것입니다.(롬8:28) 하나님을 즐거운 마음으로 섬기는 사람은 감사하는 마음으로 사는 사람입니다. 이런 사람의 마음성전은 성령님이 거하시는(고전3:16) 성전이 된 것입니다.

그러면 어떻게 기쁨과 즐거운 마음으로 하나님을 섬길 수가 있겠습니까? 그 해답은 "쉬지 말고 기도하라."(살전5:17)는 말씀입니다. 하나님의 백성은 기도하지 않고는 살 수가 없습니다. 무엇을 해결해 달라는 뜻도 있지만, 가장 중요한 기도의 내용은 주님과의 교제입니다. 주님과의 교제가 이루어지는 성도는 날마다 행복을 누리는 성도입니다. 주님은 교제를 통하여 우리가 알 수 없는 많은 비밀들을 가르쳐 주십니다. 많은 기도와 교제를 통하여 더 큰 기쁨과 평안이 임하고 하나님의 일을 즐거운 마음으로 할 수가 있습니다. 물질뿐만 아니라 목숨이라도 기꺼이 드리고 싶은 마음이 충만해지는 것입니다. 마음성전이 확실히 건축된 사람이라면 눈에 보이는 성전 건축에 기쁨으로 헌신할 수 있습니다. 그러나 기쁨과 즐거운 마음으로 하나님을 섬기지 않으면 오히려 저주가 임한다고 하였습니다. 하나님의 일을 억지로 하는 사람들이 있다면 진심으로 회개해야 할 것입니다.

성막 건축의 또 하나의 원리는 '설계도대로(식양대로)' 지으라는 것입니다. 모세는 하나님으로부터 율법을 받고, 그 다음에 성막 건축의 설계도를 받았습니다. 하나님은 성막을 통하여 예수 그리스도의 몸인 교회를 나타내기를 원하십니다. 왜냐하면 예수 그리스도의 피가 아니고서는 율법에 저촉된 죄를 사함 받을 길이 없기 때문이요, 예수 그리스도의 피로 구속받은 백성들이 모인 곳이 교회이기 때문입니다. 다시 말해 성막은 교회의 모형이며 예수 그리스도의 구원의 진리가 계시된 곳입니다.

"내게 주신 하나님의 은혜를 따라 내가 지혜로운 건축자와 같이 터를 닦아두매 다른 이가 그 위에 세우나, 그러나 각각 어떻게 그 위에 세울까를 조심할지니라. 이 닦아둔 것 외에 능히 다른 터를 닦아둘 자가 없으니, 이 터는 곧 예수 그리스도라. 만일 누구든지 금이나 은이나 보석이나 나무나 풀이나 짚으로 이 터 위에 세우면, 각 사람의 공적이 나타날 터인데 그날이 공적을 밝히리니 이는 불로 나타내고 그 불이 각 사람의 공적이 어떠한 것을 시험할 것임이라. 만일 누구든지 그 위에 세운 공적이 그대로 있으면 상을 받고, 누구든지 그 공적이 불타면 해를 받으리니 그러나 자신은 구원을 받되 불 가운데서 받은 것 같으리라."(고전 3:10-15)

성전을 건축하는 일은 이스라엘 사람들이 살아가는 데 있어 가장 중요한 일이었습니다. 예수님께서도 이 세상에서 교회를 세우는 일을(마 16:18) 최우선으로 여기셨습니다. 왜냐하면 교회는 하나님의 집으로(딤전3:15), 하나님이 우리 중에 계시는 요건이기 때문입니다. 그래서 교회를 '진리의 기둥과 터' 라고(딤전3:15) 하는 것입니다.

하나님의 집의 터는 예수 그리스도라는 터 위에 세워져야 합니다. 그리고 하나님의 집은 금과 은과 보석으로 지어야 합니다. 이는 십자가의 도의 변치 않는 진리로 지어야 한다는 말씀입니다. 그래야 하나님의 최후 심판에도 상을 받게 될 것입니다. 그러므로 성막도 하나님이 주신 말씀대로 건축해야 합니다. 그래야 하나님이 거기에 임재하시기 때문입니다.

"너희는 사도들과 선지자들의 터 위에 세우심을 입은 자라 그리스도 예수께서 친히 모퉁잇돌이 되셨느니라. 그의 안에서 건물마다 서로 연결하여 주 안에서 성전이 되어 가고, 너희도 성령 안에서 하나님이 거하실 처소가 되기 위하여 그리스도 예수 안에서 함께 지어져 가느니라." (엡2:20-22)

성막은 지상 성전인 교회에서 성도가 가르침을 받아 성전으로서 기능을 회복하여 참 성전인 예수 그리스도와(요2:21) 일체가 되어 함께 살아가게 하도록(살전5:10) 계시하고 있습니다. 나무와 가지가(요15:1-2) 어떻게 일체가 되어 조화를 이루어 갈 것인가를 성막이신 예수 그리스도를 통해 모형적으로 보여주고 있습니다. 따라서 성도는 자기 몸이 예수 그리스도와 일체된(고전12:12-27) 하나님의 성전인 것을 인식하고, 하나님의 성전을 거룩히 보존할 의무와 기능을 회복하여 하늘성전 건축의 역군으로서 헌신할 의무가 있습니다.

"너희는 너희가 하나님의 성전인 것과 하나님의 성령이 너희 안에 계시는 것을 알지 못하느냐, 누구든지 하나님의 성전을 더럽히면 하나님이 그 사람을 멸하시리라. 하나님의 성전은 거룩하니 너희도 그러하니라." (고전3:16-17)

우리 몸이 하나님의 성전으로서 어떻게 보존되어야 할 것인지 이해하려면, 이스라엘 성전의 역사를 깊이 헤아려야 합니다. 아무리 훌륭한 건물일지라도 성전 안에서 예배하는 사람이 하나님을 섬기지 아니하고 우상을 섬김으로써 멸망한 사실을 이스라엘 역사에서 알 수 있습니다.

그렇게 호화롭게 건축한 솔로몬 성전이 왜 바빌론 군대에 의해 파괴되었습니까? 결국 북 왕조 이스라엘도, 남 왕조 유다도 우상을 섬김으로써 멸망케 되었습니다. 하나님을 섬긴다는 사람들의 심령성전이 하나님이 임재하시는 성전의 기능을 상실해 버리면 하나님은 거기서 떠나시고 그 사람은 멸망케 되는 것입니다.(겔9:1-8, 렘52:12-23) 성령이 우리에게서 떠나면 우리는 망하고 맙니다. 그래서 "성령을 근심하게 하지 말라."(엡4:30)하셨고, 말세 타락한 교회의 특징을 "성령은 없는 자"(유1:19)라고 하신 것입니다.

그러나 하나님은 예수 그리스도를 구주로 영접하고 믿음으로 고백한 성도들에게 성령을 주시어 하늘성전을 이루어 가십니다.(엡2:22-23) 하나님은 당신의 자녀들과 영원히 함께 사시기 위해 사람의 몸을 '성전' 삼으신 것입니다.

"예수께서 우리를 위하여 죽으사 우리로 하여금 깨어 있든지 자든지 자기와 함께 살게 하려 하셨느니라."(살전5:10)

"내가 아버지께 구하겠으니 그가 또 다른 보혜사를 너희에게 주사 영원토록 너희와 함께 있게 하리니."(요14:16)

하나님이 함께하시는 축복을 누리려면 나 자신이 하나님을 모시고 사는 성전이 되어야 합니다. 우리가 성전으로서 기능을 감당하려면 성전이요 성막이신 예수 그리스도 안에 들어가서 진리를 배우고 존재적인 변화가 일어나야 합니다. 우리가 하나님의 성전으로서 기능이 회복되어 진다면 "만물이 다 너희 것임이라."(고전3:21)는 엄청난 영광이 우리에게 이루어질 것입니다. 그러기 위해서는 필히 광야의 성막에서 훈련을 받고 변화되어야 합니다.

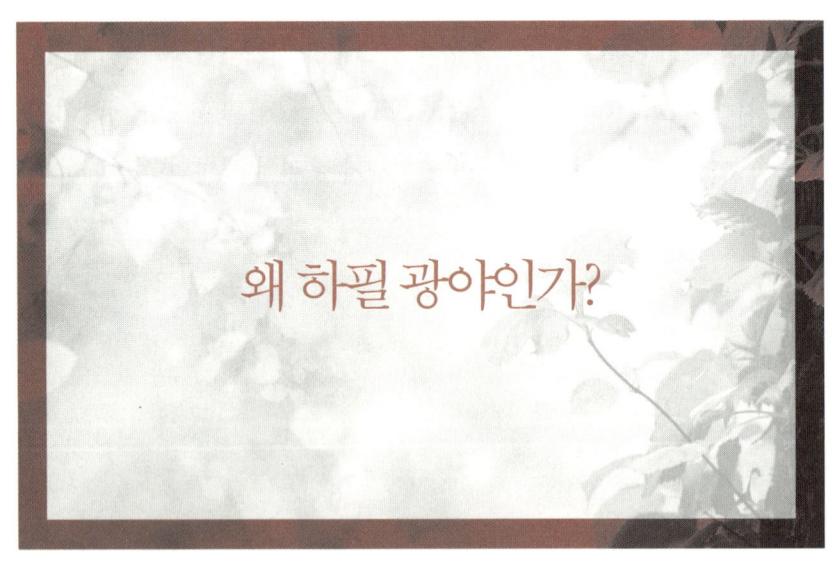

왜 하필 광야인가?

성막을 광야에 세우게 하신 데는 중요한 이유가 있습니다. 이스라엘이 400여 년 동안 애굽에서 우상을 섬겨서 그대로 두면 하나님을 잊어버리고 망하게 되었습니다. 그래서 애굽 왕의 영향력이 미칠 수 없는 곳으로 분리시킬 필요가 있었습니다. 그리고 그들에게 하나님을 섬기는 법을 가르쳐야 했습니다.

"이르라 주 여호와께서 이같이 말씀하셨느니라 옛날에 내가 이스라엘을 택하고 야곱 집의 후예를 향하여 내 손을 들어 맹세하고 애굽 땅에서 그들에게 나타나 맹세하여 이르기를 나는 여호와 너희 하나님이라 하였노라 그날에 내가 내 손을 들어 그들에게 맹세하기를 애굽 땅에서 인도하여 내어 그들을 위하여 찾아

두었던 땅, 곧 젖과 꿀이 흐르는 땅이요 모든 땅 중의 아름다운 곳에 이르게 하리라 하고, 또 그들에게 이르기를 너희는 눈을 끄는 바 가증한 것을 각기 버리고 애굽의 우상들로 말미암아 스스로 더럽히지 말라. 나는 여호와 너희 하나님이니라 하였으나 그들이.내게 반역하여 내 말을 즐겨 듣지 아니하고 그들의 눈을 끄는 바 가증한 것을 각기 버리지 아니하며 애굽의 우상들을 떠나지 아니하므로, 내가 말하기를 내가 애굽 땅에서 그들에게 나의 분노를 쏟으며 그들에게 진노를 이루리라 하였노라. 그러나 내가 그들이 거주하는 이방인의 눈앞에서 그들에게 나타나 그들을 애굽 땅에서 인도하여 내었나니, 이는 내 이름을 위함이라. 내 이름을 그 이방인의 눈앞에서 더럽히지 아니하려고 행하였음이라. 그러므로 내가 그들을 애굽 땅에서 나와 광야에 이르게 하고, 사람이 준행하면 그로 말미암아 삶을 얻을 내 율례를 주며 내 규례를 알게 하였고, 또 내가 그들을 거룩하게 하는 여호와인 줄 알게 하려고 내 안식일을 주어 그들과 나 사이에 표징을 삼았노라."(겔20:5-12)

이스라엘이 출애굽한 목적은 가나안 땅에 들어가기 위해 '광야에서 성전을 짓고 하나님을 섬기는 것'이었습니다. 하나님께서 모세를 바로에게 보내면서 이렇게 이르셨습니다.

"너는 바로에게 이르기를 여호와의 말씀에 이스라엘은 내 아들 내 장자라, 내가 네게 이르기를 내 아들을 보내주어 나를 섬기게 하라 하여도 네가 보내주기를 거절하니 내가 네 아들 네 장자를 죽이리라 하셨다 하라 하시니라."(출4:22-23)

모세는 하나님의 이 말씀을 듣고 바로에게 갑니다.

"그들이 이르되 히브리인의 하나님이 우리에게 나타나셨은즉, 우리가 광야로 사흘 길쯤 가서 우리 하나님 여호와께 제사를 드리려 하오니 가도록 허락하소서. 여호와께서 전염병이나 칼로 우리를 치실까 두려워하나이다." (출5:3)

광야에서 성전을 짓고 하나님을 섬기게 하는 것이 하나님께서 모세와 아론을 바로에게 보낸 이유입니다. 하나님께서는 이스라엘을 예배의 자리로 인도하여 하나님을 섬기는 율례를 가르치고 하나님의 백성으로 세우기 위함이었습니다. 또 한 가지, 이스라엘을 가나안으로 바로 데려갈 수 없었던 것은 가나안에 살던 대표적 족속인 아모리 족속의 죄가 아직 가득 차지 아니하였기 때문이었습니다.

"네 자손은 사대 만에 이 땅으로 돌아오리니 이는 아모리 족속의 죄악이 아직 가득 차지 아니함이니라 하시더니." (창15:16)

하나님은 이미 아브라함에게 이르시기를 히브리인들이 애굽에 내려가서 400년 동안 그들을 섬기다가 가나안에 돌아올 것을 이르셨습니다.(창15:13-15) 하나님의 심판은 오래 참으사 심판 받을 만한 죄악의 양이 찰 때를 기다리신다는 말씀으로, 하나님은 아무도 멸망치 않고 회개에 이르기를 원하십니다.(벧후3:9) 또한 이스라엘은 광야에서 신앙훈련을 받음으로써 가나안에 들어가 싸워서 승리하는 인격으로 다듬어져야 합니다. 그렇지 않으면 가나안에 살고 있는 덩치 큰 족속을 이길 수가 없었습니다.

　우리가 성전으로서 확실한 변화를 추구하는 데 있어서, 성막보다 더 아름답고 웅장한 솔로몬 성전을 제쳐놓고 광야의 성막에서 훈련하는 이유가 무엇일까요? 신앙훈련을 하는 장소로서 광야가 가장 적합하기 때문입니다. 이곳은 사람이 노력하여 살 수 있는 곳이 아닙니다. 하나님의 은혜가 아니고서는 결코 살 수 없는 곳입니다. 나아가 이 광야의 사건은 온 세계 백성들이 지켜보는 가운데 하나님의 하나님 되심을 나타내는 일로서, 온 세상에 하나님을 알리는 계기가 됩니다. 애굽에서 구원해 주신 후 바로 영육간에 복을 부어주시면 될 텐데, 왜 '광야'라는 어려운 길을 통과케 하셨는지 여기서 알 수 있습니다.

　하나님은 연약한 사람들을 부르셔서(고전1:26-29) 실오라기만큼도 교만과 불순종을 용납지 아니하시고(신8:2-3), 광야에서의 훈련을 통해 하나님의 일꾼으로 세우기를 원하십니다. 그러므로 우리가 불순종하게 되면 다른 사람을 구원하는 데 방해가 됨을 알고 하나님 앞에 설 때까지(슥4:14) 광야의 훈련을 멈추어선 안 될 것입니다.

　광야는 고난의 길입니다. 축복과 번영 일변도의 신앙은 십자가의 진리를 이해하고 열매를 맺는 일에 이르지 못합니다. 성경에 이르기를,

"내가 궁핍하므로 말하는 것이 아니니라. 어떠한 형편에든지 나는 자족하기를 배웠노니, 나는 비천에 처할 줄도 알고 풍부에 처할 줄도 알아 모든 일, 곧 배부름과 배고픔과 풍부와 궁핍에도 처할 줄 아는 일체의 비결을 배웠노라. 내게 능

력 주시는 자 안에서 내가 모든 것을 할 수 있느니라."(빌4:11-13)

　성경은 400여 년간 애굽이라는 강대국에서 종살이 하던 이스라엘을 하나님의 능력으로 해방시켜 광야를 거쳐 가나안에 이르게 한 역사적 사실을 바탕으로 '구원'을 설명하고 있습니다. 애굽-광야-가나안, 이 세 곳은 신앙을 설명하는 데 중요한 의미를 갖습니다. 애굽은 죄악 세상으로 설명하고, 광야는 말씀으로 훈련 받는 교회 생활로(행7:38), 가나안은 천국으로 흔히 설명하고 있지만 정작 천국에 가서 싸울 일이 있겠습니까? 오히려 가나안을 '믿음으로 받는 현세의 축복'으로 해석하는 것이 적합할 것 같습니다. 성막은 죄악 세상에서 마귀의 종으로 살던 인간이 하나님의 부르심으로 교회에 나와 하나님의 말씀으로 교육 받고 하나님과 이웃을 위해 섬기는 삶을 사는 원리를 가르치고 있습니다. 광야는 이스라엘이 구별해 살 수 있는 곳이요, 하나님과 함께 살 수 있는 곳이요, 하나님을 온전히 섬길 수 있는 곳입니다. 왜냐하면 거기엔 하나님 외에 아무 것도 의지하거나 희망을 기대할 만한 것이 없기 때문입니다. 그러므로 애굽에서 나온 사람이 가나안의 복을 누리려면 반드시 광야에서 훈련을 받고 변화를 받아야 합니다.

　광야가 어떠한 곳입니까? 뱀과 전갈, 맹수가 서식하고, 농사도 지을 수 없으며, 음식물을 사고파는 곳도 아니니, 결코 사람이 살 수 없는 곳입니다. 하나님의 은혜가 아니면 절대 살 수 없는 곳입니다. 하나님께서 광야를 택한 것은 오로지 하나님만 바라보게 하는 훈련을 시키기 위함입니다. 이스라엘이 광야에서 40년간 살 수 있었던 것은 그들의 노력의 결과가 아니라 하나님께서 말씀을 먹고 사는 진리를 가르치기 위함이었습니다.(신8:3) 결국 가나안의 복은 이 광야 훈련에 좌우되는 것입니다.

그러므로 광야는 인간 능력의 한계를 인식할 수 있는 가장 좋은 교육의 장입니다. 그래서 하나님은 그분의 백성을 광야로 이끌어 내어 40년간 만나를 먹이며 훈련시킨 것입니다. 하나님의 말씀을 따를 것인가, 아니면 사탄의 말에 귀 기울일 것인가에 따라서 그 사람의 생사가 결정되듯이, 하나님은 하나님의 백성을 살리시기 위해 오직 하나님만을 바라보게 하시고 하나님의 말씀을 먹고 살게끔 계획하셨습니다.

그런데 하나님의 백성이 말씀 먹고 살 수 있다는 사실을 예나 지금이나 온전히 믿지 않는 사람들이 있습니다. 그것은 영적인 진리일 뿐, 현실에서 사는 진리를 가르치는 것이 아니라면서 논쟁하는 사람들이 있습니다. 그래서 많은 사람이 손해를 보고 시험을 당하기도 합니다. 이 사실을 성경에서는 이렇게 기록하고 있습니다.

> "그때에 예수께서 성령에게 이끌리어 마귀에게 시험을 받으러 광야로 가사, 사십 일을 밤낮으로 금식하신 후에 주리신지라. 시험하는 자가 예수께 나아와서 이르되, 네가 만일 하나님의 아들이어든 명하여 이 돌들로 떡덩이가 되게 하라. 예수께서 대답하여 이르시되 기록되었으되 사람이 떡으로만 살 것이 아니요, 하나님의 입으로부터 나오는 모든 말씀으로 살 것이라 하였느니라 하시니."(마 4:1-4)

인류 조상에게 다가와 선악과를 먹게 유혹한 마귀가 광야에서 40일을 금식하고 주리신 중에 계신 예수님께 다가와 또 먹는 것으로 시험을 걸어왔습니다. 그러나 주님은 신8:3의 말씀으로 마귀를 물리치셨습니다. 또한 마태는 이 사실을 마태복음 4장에 기록하고 있습니다. 그것은 성경 중에 가장 혁명적인 말씀으로, "사람이 떡으로만 살 것이 아니요, 하나님의 입으로부터 나오는 모든 말씀으로 살 것이라."는 말씀입니다.

우리가 성막을 공부하는 목적도 여기에 있습니다. 밥 먹고 산다는 종전의 인식과 달리 성경은 말씀 먹고 산다는 것을 우리에게 가르칩니다. 이 진리를 터득하는 것이 교회가 반드시 이룩해야 할 신앙의 이정표인 동시에 하나님 백성의 삶의 원칙입니다.

주님께서 사역을 시작하시기 전에 마귀에게 시험을 받으신 것은 이스라엘이 광야 40년간 훈련받은 일의 모형입니다. 신약시대 모든 성도들이 받아야 할 마귀 시험을 주님께서 대표적으로 받아 승리하시고 평정하신 그 길로 우리를 따라오게 하셨습니다. 우리들의 삶에서 부닥치는 갖가지 시험, 즉 우상 시험(신8:19-20), 순종 시험(신8:2), 겸손 시험(신8:2), 물질 시험(신8:13-18) 등에서 승리하여 성전의 기능을 회복하고 하나님의 자녀로서의 권세를(요1:12) 회복하여 하나님의 사명을 감당케 하기 위함입니다.

광야에서의 3가지 시험

⊙ 순종 시험

"내가 오늘 명하는 모든 명령을 너희는 지켜 행하라. 그리하면 너희가 살고 번성하고 여호와께서 너희의 조상들에게 맹세하신 땅에 들어가서 그것을 차지하리라. 네 하나님 여호와께서 이 사십 년 동안에 네게 광야 길을 걷게 하신 것을 기억하라. 이는 너를 낮추시며 너를 시험하사 네 마음이 어떠한지 그 명령을 지키는지 지키지 않는지 알려 하심이라. 너를 낮추시며 너를 주리게 하시며 또 너도 알지 못하며 네 조상들도 알지 못하던 만나를 네게 먹이신 것은 사람이 떡으로만 사는 것이 아니요 여호와의 입에서 나오는 모든 말씀으로 사는 줄을 네가 알게 하려 하심이니라. 이 사십 년 동안에 네 의복이 해어지지 아니하였고 네 발이

부르트지 아니하였느니라."(신8:1-4)

하나님께서 이스라엘을 광야로 이끌어 내어 훈련시킨 이유 중 하나는 하나님의 말씀을 지키는지, 지키지 않는지를 시험하기 위함입니다. 왜냐하면 하나님의 말씀을 믿고 지키는 일이 '사는 일'이요(겔 20:11,13,21) '번성해지는 일'이요(신28:1-14) '행복해지는 일'이요(신 10:13) '영원한 안식을 얻는 일'이기(히4:3) 때문입니다. 이 시험은 하나님께 순종하는 것이 곧 신앙이라는 사실을 가르칩니다.

> "성경에 일렀으되 오늘 너희가 그의 음성을 듣거든 격노하시게 하던 것 같이 너희 마음을 완고하게 하지 말라 하였으니 듣고 격노하시게 하던 자가 누구냐, 모세를 따라 애굽에서 나온 모든 사람이 아니냐. 또 하나님이 사십 년 동안 누구에게 노하셨느냐, 그들의 시체가 광야에 엎드러진 범죄한 자들에게가 아니냐. 또 하나님이 누구에게 맹세하사 그의 안식에 들어오지 못하리라 하셨느냐, 곧 순종하지 아니하던 자들에게가 아니냐. 이로 보건대 그들이 믿지 아니하므로 능히 들어가지 못한 것이라."(히3:15-19)

이스라엘이 애굽에서는 구원을 받았지만 가나안에 이르지 못한 이유가 무엇입니까? 그것은 그들이 죄의 유혹을 받아서(히3:13) 마음이 강퍅해졌고, 강퍅해진 결과 교만에 빠졌기 때문입니다. 교만한 사람은 다른 사람의 말을 들으려고 하지 않을 뿐 아니라, 자신의 잘못을 합리화하려고 합니다. 우리는 날마다 죄악 세상에서 죄의 유혹을 받으며 삽니다. 즉시 회개치 않고 시간을 끌면 그 사람의 심령은 강퍅해지고 교만해져 하나님을 원망하거나 다른 사람, 특히 주의 종을 원망합니다. 애굽에서 나온 이스라엘 백성들은 광야 노정에서 걸핏하면 모세와 아론을 원망하고 하나님을 원망하였습니다. 그들은 여차하면 애굽으로 돌아가려는 이중적인 신앙생활을 하고 있었습니다. 이 일은 하나님을 반역한 죄입니다. 심령이 강퍅해지면 결코 하나님의 말씀에 순종하지 않습니다. 하나님의 말씀을 지키려면 자기 힘으로는 되지 않고, 낮아지지 않고선 되지 않습니다. 그래서 이 훈련을 겸손 훈련이라고 할 수 있습니다. 이 훈련을 받으려면 나의 이론과 주장과 자존심과 이해관계를 초월해야만 합니다. 순종이 되지 않으면 복종이라도 해야 합니다. 성도들의 대부분의 고난은 어디에서 옵니까? 바로 불순종(불신앙)에서 오는 것입니다.

"사람이 흑암과 사망의 그늘에 앉으며 곤고와 쇠사슬에 매임은 하나님의 말씀을 거역하며 지존자의 뜻을 멸시함이라. 그러므로 그가 고통을 주어 그들의 마음을 겸손하게 하셨으니 그들이 엎드러져도 돕는 자가 없었도다… 이에 그들이 그들의 고통 때문에 여호와께 부르짖으매 그가 그들의 고통에서 그들을 구원하시되 그가 그의 말씀을 보내어 그들을 고치시고 위험한 지경에서 건지시는도다."(시107:10-12,19-20)

하나님을 알면 알수록 순종하게 되고 사랑하게 됩니다. 순종이 어려운 일이 아니라 자연스러운 일이 될 때까지 광야 훈련은 계속되어야 합니다. "주여! 종이 여기 있나이다. 말씀하여 주옵소서!"라고 날마다 무릎을 꿇어야 합니다. 하나님은 혈기 방장(血氣方壯)한 모세를 40년간 처가에서 짐승을 돌보는 머슴살이 일로 겸손하게 만들어서 하나님의 일꾼으로 세우셨습니다. 교만하면 망합니다. 아브라함의 신앙의 핵심은 '순종'이었습니다. 광야에서의 첫 번째 시험은 하나님께 순종하는 인격으로 변화되는 것입니다.

⊙ 우상에서 해방받는 시험

"네가 만일 네 하나님 여호와를 잊어버리고 다른 신들을 따라 그들을 섬기며 그들에게 절하면 내가 너희에게 증거하노니 너희가 반드시 멸망할 것이라. 여호와께서 너희 앞에서 멸망시키신 민족들 같이 너희도 멸망하리니 이는 너희가 너희의 하나님 여호와의 소리를 청종하지 아니함이니라."(신8:19-20)

이스라엘은 애굽에서 400여 년간 우상을 섬기며 살아왔습니다. 그들을 그대로 두면 속절없이 망할 수밖에 없었습니다. 그러나 하나님께서는 이스라엘 민족을 애굽으로 내려보내실 적에 망하게 하려고 보내신 것이 아닙니다. 야곱이 기근을 피해 애굽으로 내려가게 하셨지만 하나님은 아브라함에게 계시하셨습니다. 이스라엘이 이방에서 객이 되어 그들을 섬기다가 400년 동안 괴로움을 끼치던 그 나라를 하나님이 징치하시고 이스라엘은 큰 재물을 이끌고 나오게 될 것을 이미 말씀하셨

습니다.(창15:13-14)

그렇다면 이스라엘이 애굽에서 우상을 섬겼던 일은 하나님의 책임이라는 괴변을 예상할 수 있습니다. 이 일은 인간이 하나님의 간섭 없이는 얼마나 희망 없는 존재인지 여실히 보여주고 있습니다. 그래서 하나님은 이렇게 말씀하십니다.

> "그들이 내게 반역하여 내 말을 즐겨 듣지 아니하고 그들의 눈을 끄는 바 가증한 것을 각기 버리지 아니하며 애굽의 우상들을 떠나지 아니하므로 내가 말하기를 내가 애굽 땅에서 그들에게 나의 분노를 쏟으며 그들에게 진노를 이루리라 하였노라. 그러나 내가 그들이 거주하는 이방인의 눈앞에서 그들에게 나타나 그들을 애굽 땅에서 인도하여 내었나니 이는 내 이름을 위함이라. 내 이름을 그 이방인의 눈앞에서 더럽히지 아니하려고 행하였음이라." (겔20:8-9)

이스라엘을 애굽에 그대로 두면 망할 수밖에 없어서 애굽을 징치하시고 건져내셨다는 말씀입니다. 이스라엘이 애굽에 있을 때 그곳에는 다양한 우상들이 있었습니다. 피라미드를 건설할 만큼 왕권이 강화되자 왕이 신으로 둔갑을 하게 되었는데 그것이 '바로', 즉 '파라오'pharaoh:태양신의 아들로 숭배되었던 애굽의 왕들을 통칭하여 부르는 말입니다. 문제는 이스라엘이 애굽에 살면서 바로왕의 명을 거스르며 살 수 있었느냐는 것입니다. 먹고 사는 일이 바로의 명에 달렸기에 바로의 명을 따르는 일은 우상숭배로 통하는 것입니다. 광야로 나온 이스라엘이 걸핏하면 원망과 불평을 하면서 했던 말이 무엇이었습니까? "애굽에 있었더라면 종살이 하여도

최소한으로 먹고 사는 일에는 걱정이 없었다."는 것입니다. 그들은 언제든지 불리하면 애굽으로 돌아가겠다는 생각을 하고 있습니다. 즉, 육신은 광야에 있으면서 마음은 두 갈래로 나뉘어 있는 것입니다. 한쪽 발은 세상에, 다른 한쪽 발은 교회에 걸쳐 놓고 눈치작전을 펴는 것입니다. 이보다 더한 불신앙이 어디 있습니까? 한쪽 발이 애굽에 있다면 이 사람은 아직 애굽에서 출발조차 하지 못한 것입니다. 또한 착각하지 말아야 할 것은 애굽을 한 번 떠나온 사람은 그리로 돌아갈 수 없음을 확실히 알아야 합니다.

환경이 어렵다 여겨지고, 희망이 없어 보이면 이스라엘 백성들의 마음은 애굽으로 향했습니다. 잘 먹고 잘살게 해 준다면 우상이든 뭐든 상관이 없다는 데 이르기까지 타락한 것입니다. 애굽에서 우상을 섬기며 노예생활을 해도 먹고 살기에는 지장이 없었는데, 여호와 앞에 불려 나와서 먹고 사는 일이 해결되지 않는다면 애굽에 있는 신들보다 여호와가 나을 게 무엇이냐고 그들은 불평했습니다. 이 문제를 형상화한 사건을 요한복음 6장에서 볼 수 있습니다. 주님께서는 벳새다 광야에서 장정만 5천 명이 넘는 많은 사람들을 보리떡 5개와 물고기 2마리로 다 먹이시고도 12광주리나 남았습니다.

> "예수께서 이르시되 나는 생명의 떡이니 내게 오는 자는 결코 주리지 아니할 터이요 나를 믿는 자는 영원히 목마르지 아니하리라." (요6:35)

이 말씀은 유대인들과의 대화에서 광야의 만나를 설명한 것으로, 자신이 생명을 주는 만나임을 이야기하고 계십니다. 그런데 이 말씀을 아직까지도 물질적으로만 해석하는 사람들이 있어 반쪽 진리만을 고집하는 어리석음을 보여줍니다. 하나님을 시간과 공간에 가두어 두려고 하는 행위 자체가 우상숭배임을 우리는 알아야 합니다. 광야 40년의 생활은 이 문제를 맨 먼저 해결하기 위함입니다. 사람이 떡으로만 사는 것이 아니라 하나님의 말씀으로 살아가는 진리를 가르치기 위해 성막을 제시하고 있습니다.

그런데도 우리 기독교 내에는 하나님을 우상숭배하는 신앙으로 가르치는 경향이 있습니다. 하나님 외에 다른 신을 섬기는 것만이 우상숭배가 아닙니다. 내 욕심을 채워주는 분으로 하나님을 이용하는 것도 또 하나의 우상숭배입니다. 즉, 탐심이 우상숭배인 것입니다.(골3:5) 말씀을 혼잡시켜 하나님을 정욕의 도구로 삼게 하고, 세상을 음란히 즐기는 신앙을 가르친다면 지옥 백성을 무더기로 생산케 되는 것입니다. 하나님의 마음보다 사람의 마음을 즐겁게 하고(갈1:10), 위엣 것을 찾지 아니하고 땅엣 것을 위주로 전하는(골3:2) 자는 분명히 사람들을 실족게 하는 종들입니다.

그러므로 하나님을 섬기는 일에서 하나님의 능력과 거룩을 제한하는 일, 욕심의 도구로 삼는 일, 이용하는 일에서 고침을 받아야 합니다. 이는 우상숭배로 이어지기 때문에, 이스라엘이 망한 이유를 되새김질하면서 이런 유혹들을 단연코 물리쳐야 합니다.

🔴 물질을 극복하기 위한 시험

"또 네 소와 양이 번성하며 네 은금이 증식되며 네 소유가 다 풍부하게 될 때에 네 마음이 교만하여 네 하나님 여호와를 잊어버릴까 염려하노라. 여호와는 너를 애굽 땅 종 되었던 집에서 이끌어 내시고, 너를 인도하여 그 광대하고 위험한 광야, 곧 불뱀과 전갈이 있고 물이 없는 간조한 땅을 지나게 하셨으며 또 너를 위하여 단단한 반석에서 물을 내셨으며 네 조상들도 알지 못하던 만나를 광야에서 네게 먹이셨나니 이는 다 너를 낮추시며 너를 시험하사 마침내 네게 복을 주려 하심이었느니라. 그러나 네가 마음에 이르기를 내 능력과 내 손의 힘으로 내가 이 재물을 얻었다 말할 것이라. 네 하나님 여호와를 기억하라, 그가 네게 재물 얻을 능력을 주셨음이라. 이같이 하심은 네 조상들에게 맹세하신 언약을 오늘과 같이 이루려 하심이니라." (신8:13-18)

이 부분은 하나님의 백성들이 풍요롭게 살게 될 때를 생각하고 경고하시는 말씀입니다. 하나님께서 자기 백성들을 부요케 살게 하시는데, 문제는 부요케 살면 살수록 하나님을 잊어버리고 타락하게 된다는 말씀입니다. "여수룬이 살찌매 발로 하나님을 찼도다."(신32:15) 라고 하십니다. 우리가 잘 살게 된 것은 우리에게 재물 얻을 능력을 주셨기에 (신8:18) 가능한 일이라는 것을 모른 채, 교만하고 나태해져서 결국은 영육간에 다시 빈곤한 상태로 전락한다는 사실입니다. 하나님이 우리에게 복을 주심은 하나님과 이웃을 더 잘 섬기는 일에 사용토록 하기 위함입니다. 40년 동안 만나를 먹이심은 결국은 하나님의 백성을 복 주시기 위함입니다.(신8:16) 이것은 역경과 시험을 통하여 성도를 시험하시는 중요한 과목입니다. 이 시험은 하나님의 말씀을 믿고 지키면 넉넉히 살 수 있다는 훈련입니다.

말씀 먹고 사는 신앙이 되지 않는다면 사람은 물질에 대한 탐심을 갖게 됩니다. 또한 물질을 얻었을 때 다시 하나님을 잊게 되는 타락한 인간의 본성을 이스라엘 역사에서 볼 수 있습니다. '돈을 사랑함이 일만 악의 뿌리'(딤전6:9-10)라는 것을 기억해야 합니다. 이러한 훈련을 하는 목적은 하나님을 만나서 하나님과 함께 사는 하나님의 동역자로 만들기 위함입니다.(고전3:9, 고후6:1)

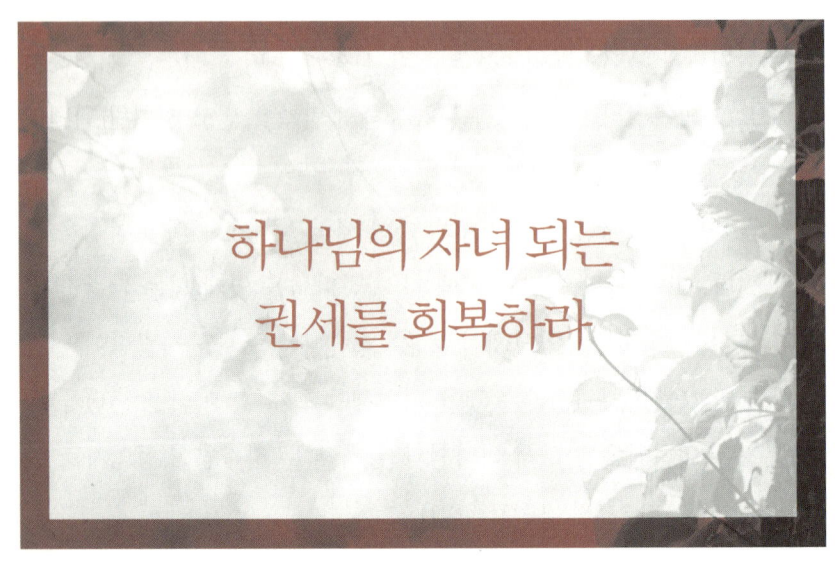

하나님의 자녀 되는 권세를 회복하라

"…내가 거기서 너희와 만나고 네게 말하리라." (출29:42)

우리는 하나님과 만남의 축복을 간절히 추구해야 합니다. 구약시대에는 짐승의 피를 가지고 들어가서 하나님을 만났습니다. 오늘날 우리가 예수 그리스도의 피를 가지고 들어가서 하나님을 만나지 못할 이유가 없습니다. 예수 그리스도의 피는 인간을 모든 저주에서 해방시키고(갈3:13-14), 특히 정죄에서 해방시키고(롬8:1-2), 예수님의 피로 구속하심으로 의롭다하심을 받게 되었으며(롬3:22-24), 이제는 예수님의 피로 하나님과 화목케 되었고(롬3:25), 예수님의 피로 하나님을 섬기게 됨으로(히9:14) 하나님을 찾는 자를 만나주시는 것입니다.

성경은 하나님을 만난 사람들의 기록입니다. 우리가 하나님을 만나는 일은 아담 안에서 상실한 자녀의 권세를 예수 그리스도 안에서 회복한다는 목표를 담고 있습니다. 하나님께서는 생육 번성하여 땅에 충만하고 땅을 정복하여 모든 생물을 다스리는 권세를 아담에게 주셨으나, 그가 범죄하여 이 권세를 상실했습니다. 그러나 하나님은 제2의 아담인 하나님의 아들 예수 그리스도를 이 땅에 보내셨습니다. 주님께서는 내 죄를 위하여 십자가에 피를 쏟고 죽으셨으나 사흘 만에 부활하시어 능력으로 하나님의 아들로 인정되셔서 만왕의 왕이시오, 만주의 주로 그를 영접하는 자에겐 하나님의 자녀가 되는 권세를 주셨습니다.(요1:12) 그러나 이 진리는 법적인 문제로, 현실과는 차이가 있습니다. 그러므로 하나님의 자녀는 법적으로뿐만 아니라 실질적으로도 하나님의 자녀로서의 권세를 반드시 회복해야 합니다. 그래야만 하나님의 자녀로서 사명을 감당할 수 있습니다.

하나님은 자기 자녀를 낳으시고 천국에다가 앉히셨지만(엡2:5), 한편으로는 사탄이 우글거리고 지배하는(요일5:19) 이 세상에서 살도록 하셨습니다. 하나님은 이 세상에서 능히 이기고 살아갈 수 있는 방법까지도 세워 놓으신 분이십니다. 이 방법이 바로 성막에서 가르치는 진리인 것입니다. 따라서 성막에서 하나님을 만나는 일이 이루어져야 하며 세상에 나가서 능히 승리할 수 있는 진리를 터득해야 합니다. 죽음 앞에서 떨며 사탄에게 종살이 하는 수많은 사람들, 그들을 주께로 인도해야 합니다. 그들에게 철저히 하나님의 말씀을 가르치고 양육하여 하나님의 일꾼으로 세우는(마28:18-20) 일을 계속하여 그들을 온 세상에 내보내야 합니다. 그렇게 될 때 교회는 참다운 부흥이 일어나고, 이러한 교회를 통해 하나님의 뜻이 이루어질 것입니다.

성막을 향하여

성막

성막의 구조

　지금으로부터 2,000년 전 하나님의 아들 예수 그리스도께서 이 땅에 구세주로 오시기 전에 그 그림자가 있었으니, 그것이 바로 광야 40년간의 성막입니다.
　성경에서 많은 부분이 성막에 관한 내용으로 기록되었습니다. 출애굽기에 13장, 레위기에 18장, 민수기에 13장, 신명기에 2장, 히브리서에 4장, 계시록에 5장 등 모두 55장이 성막에 관한 내용입니다. 특히 계시록에는 성막의 원형적 기록이 많이 실려 있습니다. 이 많은 성경 내용을 제대로 이해하려면 성막을 알아야 합니다.
　하나님의 형상대로 지음 받은 인간은 선악과 사건으로 말미암아 하나님의 품을 떠나 비본질적인 사람으로 전락해 사망에 이르게 되었습니다. 자동차가 고장 나면 정비 공장에 가고, 육신이 고장 나면 병원에 가며, 물고기가 살기 위해 물을 찾듯이 죄를 범한 우리 인간들은 하나님을 만나야만 살 수 있습니다. 그러나 거룩하고 완전하신 하나님은 죄가 가득한 이스라엘 백성들과 함께 거할 수가 없었습니다. 그래서 그들 중에 죄가 들어올 수 없도록 구별하여 하나님이 거하시기에 불편함이 없는 성막을 만들라고 하셨습니다. 성막은 이를 통해 예배 제도를 세우고 그 제사를 통하여 하나님께서 이스라엘 민족과 교제하기 위해, 또한 원하신 구속의 계획을 나타내기 위해 강림하신 장소였습니다.

성막의 울타리는 높이가 5규빗^{cubit:팔꿈치에서 가운뎃손가락까지의 길이. 1규빗은 약 45~50cm}인 놋 기둥 60개에 하얀 세마포를 쳐서 만들었는데, 놋 기둥을 양쪽에 20개씩 40개, 아래 위로 10개씩 20개 세웠습니다. 성막의 전체 넓이는 약 378평으로, 길이가 100규빗, 폭이 50규빗, 높이가 5규빗입니다.

성막 문을 열고 안으로 들어가면 뜰이 나오고, 번제단과 물두멍을 거쳐 성소 안에 들어가면 떡상과 등대, 그리고 분향단이 있습니다. 성막 제일 안쪽 지성소에는 하나님의 임재를 상징하는 법궤가 놓여져 있습니다. 성막에서 제일 중요한 곳은 바로 이 지성소로, 하나님이 거하시는 곳입니다.

굳이 울타리가 없이 지성소만 하나 있어도 하나님이 계신다는 표시가 충분히 될 텐데, 왜 하나님께선 굳이 성막 안과 밖을 분명하게 구분하는 울타리를 만들라고 하셨을까요? 그것은 신자와 불신자를 분명하게 구분하기 위함입니다. 울타리를 들어오지 못하는 사람은 신자가 될 수 없다는 것을 명심해야 합니다.

그러면 이 울타리는 어떻게 들어갑니까? 반드시 동쪽에 있는 유일한 문인 성막 문을 통해서 들어가야 합니다. 다른 길은 없습니다. 성도가 되는 문, 하나님께 나아갈 수 있는 문, 구원의 문은 오직 하나밖에 없기 때문입니다.

많은 사람들이 기독교를 독단적이라고 비판할지라도 타협하지 못하는 부분이 있습니다. 그것은 예수 그리스도만이 구원의 문이라는 사실입니다. 진리는 독단적일 수밖에 없으며 이것을 믿는 사람만이 성막 안으로 들어갈 수 있습니다.

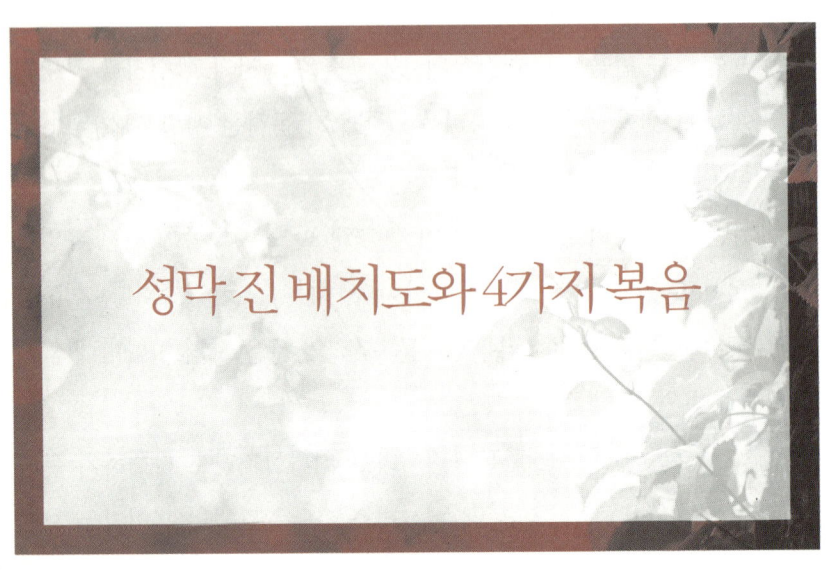

성막 진 배치도와 4가지 복음

 성막이 예수 그리스도를 설명하는 것처럼 성막 진 배치도도 예수 그리스도를 설명하고 있습니다. 복음서가 기록된 당시에 로마제국에 살고 있었던 대표적인 4종족은 로마인, 희랍인, 유대인, 그리고 소수의 그리스도인이었습니다. 이들에게 예수 그리스도를 설명할 필요가 있었습니다.
 세마포장의 4방향을 4복음서라고 할 수 있는 근거는 성막의 진을 살펴보면 알 수 있습니다. 12지파가 3지파씩 군단을 이루어 4방향에 포진하고, 구름기둥이 떠오르면 일제히 행군하였습니다. 이 4군단은 각기 의미 있는 깃발을 사용하고 있습니다. 맨 앞쪽인 동쪽에는 사자 깃발을, 서쪽에는 소 깃발을, 남쪽에는 사람 깃발을, 북쪽에는 독수리 깃발

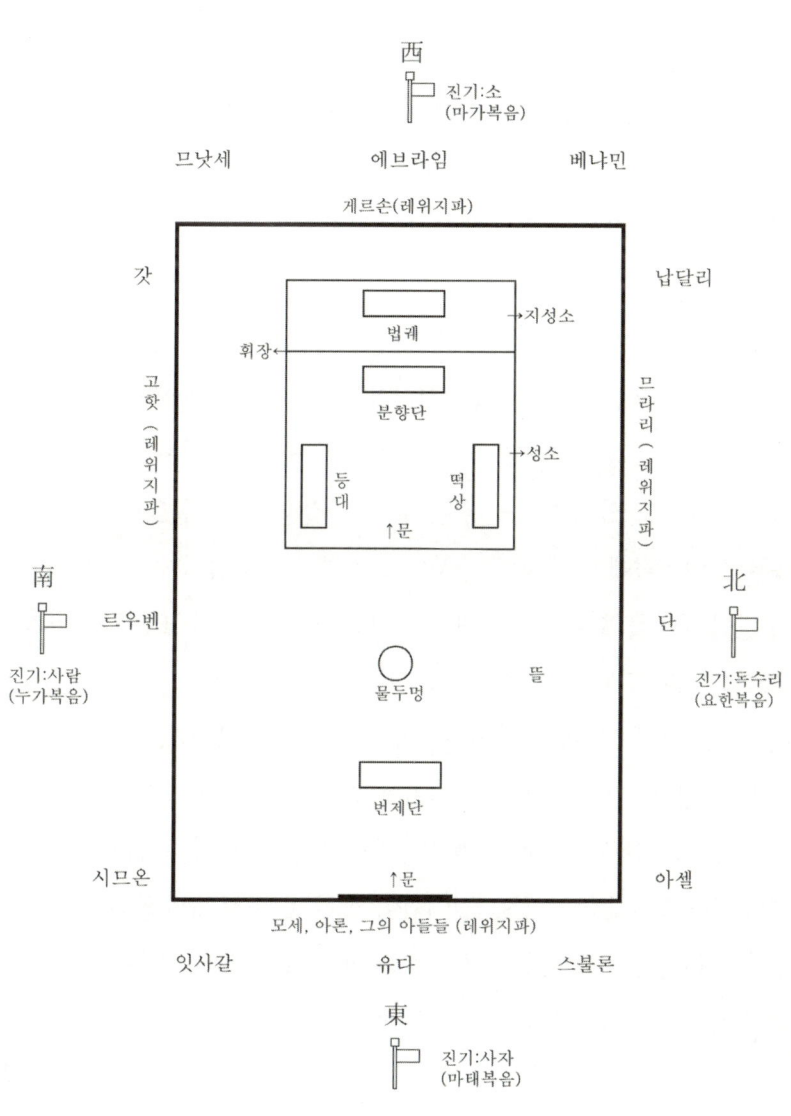

▶ 성막 진 배치도 ◀

을 진기(깃발)로 사용했습니다.(창49:9, 겔1:4-28, 민1:1-2, 계4:7) 이 4깃발은 4복음서를 설명하는데, 대표적인 4종족(인류)에게 예수 그리스도를 어떻게 설명하고 있는지 살펴보겠습니다.

먼저 첫 번째로 유대인들입니다. 그들에게 메시아를 가르쳐야 하는데 그들이 고대하던 메시아는 '왕' 입니다. 이스라엘 최고 전성기에 재위하였던 다윗 같은 영웅을 생각했던 것입니다. 그래서 그들은 "유대인의 왕으로 나신 이가 어디 계시뇨."(마2:2)라고 하였습니다. 유대인들은 인류를 위해 십자가에 죽으신 왕을 상상할 수는 없었던 것입니다.

성막의 4면에서 전면은 동쪽입니다. 히브리인의 방향 개념에 의하면 동쪽은 전면, 서쪽은 후면, 남쪽은 오른쪽, 북쪽은 왼쪽을 가리킵니다 그중 맨 앞쪽에 유다, 잇사갈, 스불론 지파가 포진하고 있는데, 군단장은 유다요 깃발은 '사자' 입니다. 마태복음은 유대인들에게 메시아를 왕으로 기록하고 있습니다. 그래서 백수의 왕인 사자를 깃발로 표시해 만왕의 왕으로, 승리의 표상으로 기록하고 있습니다. 만왕의 왕이신 예수 그리스도가 내 안에 들어오시면 담대해져서 왕 같은 제사장의 직분을 감당케 됩니다.(벧전2:9) 우리는 필히 죄와, 사탄과, 자아와 싸워서 이겨야 합니다. 사자는 승리의 표상이기에, 그리스도인은 주님과 함께 세상을 심판할 승자로서(시149:6-9, 고전6:2) 반드시 승리의 길을 걸어가야 합니다. 고로 불순종과 불성실은 신앙 실패의 원인입니다. 이스라엘은 광야 40년 동안 불순종하여 실패했던 것입니다.(히3:6-19)

두 번째로 로마인들입니다. 로마인은 여러 나라와 민족을 침공해 수

많은 사람을 끌고 가서 노예로 삼았습니다. 이들에게 전해야 할 메시아는 '종(노예)'으로 설명했습니다. 단, 종은 종이되 죄인을 위해 십자가에서 죄를 대신 짊어지고 죽는 종으로 마가복음은 기록하고 있습니다.

'소' 깃발 아래 에브라임, 므낫세, 베냐민, 3지파가 서쪽에 진을 치고 있고, 군단장은 에브라임입니다. 소는 주인을 위해 있는 힘을 다해 봉사하고 나중에는 살과 뼈, 그리고 가죽까지 바치는 충성스러운 짐승입니다. 예수 그리스도는 죄인을 위해 살을 뜯어 바치고 피를 쏟아 헌신하셨습니다. 사람이 예수 그리스도를 믿으면 그리스도의 성품과 인격을 받아서 사람을 살릴 수 있습니다.

세 번째는 희랍인입니다. 희랍인들은 철학을 숭상하며 인간은 어떤 존재인가를 궁구하여 왔습니다. 누가복음은 그들에게 메시아를 '참 인간의 표본'으로 제시하였습니다. 참 인간의 모습을 기록한 예를 보면 "예수께서 대답하여 이르시되, 건강한 자에게는 의사가 쓸 데 없고 병든 자에게라야 쓸 데 있나니, 내가 의인을 부르러 온 것이 아니요 죄인을 불러 회개시키러 왔노라."(눅5:31-32) 라고 하셨습니다. 또한 누가복음 7장엔 세리와 죄인의 친구, 10장엔 강도를 만난 이웃, 19장엔 세리 삭개오의 집에 유하러 오신 예수 등 인간의 참 모습을 기록하고 있습니다.

성막 오른쪽에 르우벤, 시므온, 갓, 3지파가 포진하고 군단장은 르우벤이며, 참 인간의 표본으로 제시한 '사람'을 깃발로 삼았습니다. 하나님의 형상대로 지음 받은 인간이 만물을 다스리도록 하였으나, 죄를 짓고 타락해 오히려 환경의 지배를 받고 살아가는 비참한 존재로 전락했습니다. 그러나 하나님께서는 예수 그리스도 안에서 회복시켜 주셨습니다. 회복된 사람은 예수 그리스도를 참 인간으로 제시하고 있습니다. 고로 예수 그리스도는 하나님의 형상이십니다. (히1:3)

네 번째는 그리스도인입니다. 요한복음은 그리스도인에게 예수 그리스도는 '하나님(신)'이라는 사실을 전했습니다. 요한복음 1장은 빛으로 오신 하나님, 2장은 마리아의 하나님, 3장은 중생시키시는 하나님, 4장은 야곱의 하나님, 5장은 아브라함의 하나님, 6장은 모세의 하나님으로 기록하고 있습니다.

성막의 왼쪽에 단 지파를 군단장으로 하여 납달리와 아셀 지파가 포진하고, 깃발은 '독수리'입니다. 독수리를 신의 성품을 가진 동물로 표현하고 있는 것은 성도를 만물을 지배하고 다스리는 예수 그리스도의 우주 통치권에 참여한 우주적인 존재로(엡2:6, 겔1:4-28) 성경이 가르치기 때문입니다. 그리스도인을 신의 성품에 참여한 자로서(벧후1:4) '신들', '지존자의 아들'로(시82:6) 표현하고 있습니다. 이는 우주적인 존재의 실상을 가르치는 것으로, 그리스도와 함께 일체가 되어 독수리와 같이 창공을 향해 비상하는 신앙을 소유해야 함을 의미합니다. 우리가 신의 자녀로서 성령이 충만하고, 그리스도의 장성한 믿음의 분량에 이르러 예수 그리스도와 함께 세상을 다스리며, 세상을 심판하는 영광스러운 존재(엡1:20-22, 시149:1-9)로 서야 함을 뜻합니다.

참 교회의 모습

4복음서는 구약의 성막에서 이미 예수 그리스도를 계시하며 정해진 대로 기록하였습니다. 나아가 성막은 하나님이 운행하시는 우주적인 교회, 화병거(겔1:4-28)임을 보여줍니다. 하나님께서 에스겔에게 보여주신 이 환상은 바빌론에 포로로 잡혀가서 실의에 빠져있는 유대인들을 격려하시기 위함이며, 또한 하나님 자신을 보여주시기 위함입니다. 하나님이 능력이 없으셔서 하나님의 백성이 포로로 잡혀가게 내버려두신 게 아니라 여전히 우주를 통치하시는 전능의 하나님임을 보여주고 계십니다. 그러므로 어떠한 경우에도 그분의 백성을 버리지 아니하고 구원할 수 있음을 깨닫게 하십니다.

하나님이 병거 가운데 임재하시고 폭풍과 구름과 불과 빛과 번개를 동반하심은 하나님의 임재에 대한 증표입니다. 병거 가운데 좌정하신 하나님의 의향대로 전후좌우, 상하 팔방으로 움직이는 화병거야말로 교회의 참 모습을 보여줍니다.

    성막 4면의 깃발(진기)에 나타난 사자, 소, 사람, 독수리 깃발은 영적으로는 하나님을 옹위하고 성도들을 보호하는 천사들입니다. 천사는 여섯 개의 날개를 갖고 있습니다. 두 날개로는 몸(얼굴)을 가리고 있는데 이는 하나님을 경외하는 태도입니다. 다른 두 날개로는 발을 가리고 있는데 이는 겸손을 나타냅니다. 그리고 나머지 두 날개로는 훨훨 날고 있는데 이는 곧 순종할(출동할) 자세를 나타냅니다. 하나님을 경외하며 겸손히 순종하는 태도로 살 적에 그는 천사와 같은 권능을 발휘할 수 있습니다. 그리고 하나님(교회)을 옹위하는 하늘 군대의 임무를 감당하는 일꾼이 됩니다. 이는 참 교회가 예수 그리스도를 머리로 하는, 예수 그리스도와 일체가 된 교회로서 성도가 예수 그리스도에게 100% 순종하는, 기동성 있는 예수의 군대여야 함을 가르칩니다.(딤후2:3-4) 성도가 예수 그리스도에게 순종하는 인격을 가질 때, 사람이지만 천사와 같은 존재로 세움을 받는다는 사실을 알아야 합니다.(마22:30, 행6:15) 또한 만물을 다스리시는 예수 그리스도의 통치권에 참여하게 됩니다. 군인이 전투에서 승리하는 것을 목표로 하듯이, 그리스도에게 순종하는 인격이 되어 마귀를 이기고 세상을 이기고 자기를 이기게 하소서.

울타리와 세마포장

성막 울타리의 기둥과 세마포장

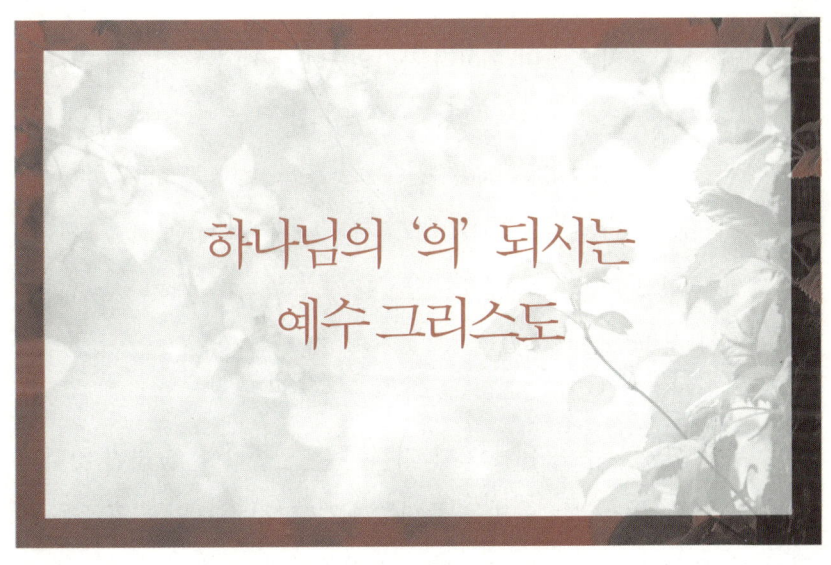

하나님의 '의' 되시는 예수 그리스도

출애굽한 이스라엘은 성막 울타리의 휘장을 세마포로 지었습니다. 이것은 애굽산의 흰색 아마포로, 구약의 대제사장이 지성소에 들어가서 하나님을 만날 때에도 하얀 세마포 옷을 입고서 만났습니다.(레 16:2-4) 성막의 세마포장은 하나님의 '의' dikaiosuvnh(디카이오쉬네)가 되시는 예수 그리스도를 의미하며, 하나님의 의를 입지 않고서는 하나님 앞에 설 수 없음을 말합니다.

사람이 하나님 앞에 나아갈 수 있는 길은 하나님의 '의'를 소유하는 것입니다. 여기서 '의'란 '하나님과의 올바른 관계'를 의미합니다. 유대인들은 혈통적으로 하나님의 자녀임을 자부하며 율법을 지킴으로써 의롭게 되어 구원을 얻는다고 생각했습니다. 하나님의 '의'를 모르고 하나님의 '의'를 복종치 않으며 오히려 자기의 '의'를 내세운 것입니다.

> "내가 증언하노니 그들이 하나님께 열심이 있으나 올바른 지식을 따른 것이 아니니라. 하나님의 의를 모르고 자기 의를 세우려고 힘써 하나님의 의에 복종하지 아니하였느니라. 그리스도는 모든 믿는 자에게 의를 이루기 위하여 율법의 마침이 되시니라." (롬10:2-4)

이 세상 어느 누구도 율법을 다 지킬 수는 없습니다. 그러면 하나님께선 왜 지킬 수도 없는 율법을 주셨을까요? 그것은 신앙의 표준을 세워 자기 죄를 깨닫게 하고(롬3:20), 하나님 앞에 두 손 들고 나아오게 하기 위한 구원의 순서입니다. 이럴 때 율법은 우리를 예수 그리스도에게로 인도합니다.(갈3:23-27) 출애굽기는 율법을 먼저 주시고 그 다음에 성막을 주심으로써 율법으로 인해 지적받은 죄를 용서받는 길을 열어주셨습니다. 그것이 바로 성막이신 예수 그리스도입니다. 죄가 없으신 예수 그리스도에게 우리 죄를 지우고 십자가에서 피 흘려 죽게 하심으로써 죄의 댓가를 치루게 하신 것은 우리들을 예수 그리스도 안에서 하나님 앞에 의인으로 세우기 위함입니다.

> "하나님이 죄를 알지도 못하신 이를 우리를 대신하여 죄로 삼으신 것은 우리로 하여금 그 안에서 하나님의 의가 되게 하려 하심이라." (고후5:21)

울타리를 형성하고 있는 하얀 세마포장은 점 없고 흠 없는 예수 그리스도의 성품을 나타내기도 합니다.(벧전2:22-23) 예수님은 육신을 입고 이 세상에 오셨으나 죄를 범하지 않으셨으며, 거룩하고 의롭게 사셨습니다. 그러나 사람은 죄를 범하지 않은 자가 단 한 명도 없습니다. "모든 사람이 죄를 범하였으매 하나님의 영광에 이르지 못하더니…." (롬3:23) 그러나 하나님은 하나님의 의가 되시는 예수 그리스도를 통해 하나님의 영광에 이르도록 우리를 초청하셨습니다. 그것은 새로운 살 길이자 성막이신 예수 그리스도입니다.

> "그 길은 우리를 위하여 휘장 가운데로 열어 놓으신 새로운 살 길이요 휘장은 곧 그의 육체니라." (히10:20)

> "예수께서 이르시되 내가 곧 길이요 진리요 생명이니 나로 말미암지 않고는 아버지께로 올 자가 없느니라." (요14:6)

예수님의 시체를 굴에 안치했을 때도 세마포로 쌌던 것을 우리는 기억해야 합니다. "요셉이 시체를 가져다가 정한 세마포로 싸서 바위 속에 판 자기 무덤에 넣어…"(마27:59-60, 막15:46, 눅23:53, 요19:40)라는 구절이 있습니다. 세마포는 예수님의 시신을 싼 옷이니 예수 안에서 그리스도인은 날마다 죽어야 영원히 산다(고전15:31)는 말씀을 가슴 깊이 새겨야 할 것입니다.

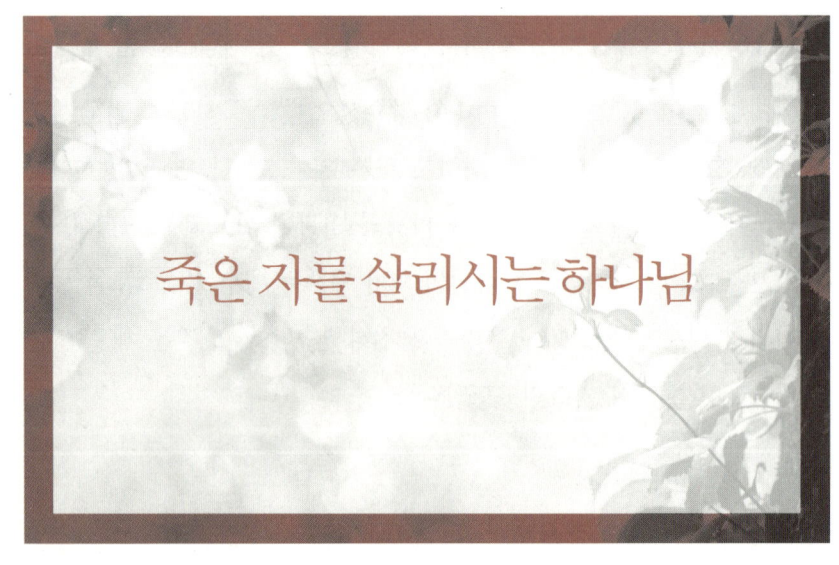

죽은 자를 살리시는 하나님

하나님의 의는 모세와 선지자들에게 계시해 오다가 예수 그리스도에게서 실현되었습니다. 믿음으로 의롭게 되는 도리는 율법 이전에도, 율법 이후에도 공히 적용되는 진리입니다. 그래서 율법과 선지자들에게 증거를 받은 것이라고 이릅니다.

율법 이전의 아브라함은 100세가 다 돼서도 자식이 없었습니다. 하나님의 말씀이 임하사 이르시기를, "나는 너의 방패요 지극히 큰 상급이니라." 아브라함이 이르기를, "주께서 내게 씨를 아니 주셨으니 내 집에서 길리운 종이 내 후사가 될 것입니다." 그러자 하나님께서는 "아니라 네 몸에서 날 자가 네 후사가 되리라." 하시고 그를 이끌어 밖으로 나가 하늘의 뭇별을 보며 네 자손이 저 별들과 같이 많으리라 하셨습니다.

아브라함은 이 말씀을 믿었습니다. 그의 나이 100세가 되고, 아내 사라가 이미 단산한 상태가 되었음을 알고도 믿음이 약해지지 아니하였고 하나님의 약속을 의심치 아니하였습니다. 하나님은 아브라함의 이런 믿음을 보고 '의' 로 여기셨습니다.(창15:1-6) 그렇다면 아브라함의 믿음이 어떤 것이었기에 의롭다 여김을 받았을까요?

> "기록된 바 내가 너를 많은 민족의 조상으로 세웠다 하심과 같으니 그의 믿은 바 하나님은 죽은 자를 살리시며 없는 것을 있는 것 같이 부르시는 이시니라."
> (롬4:17)

죽은 자를 살리시는 믿음이란 부활의 하나님을 믿은 것입니다.(롬4:25) 우리 그리스도인들이 예수 그리스도를 믿는 믿음 안에는 죽은 자를 살리시는 부활 신앙이 포함되어 있습니다. 하나님께서 아브라함이 100세에 낳은 아들 이삭을 번제물로 바치라고 명하셨을 적에(창22:2) 아브라함은 순종하였습니다. 이는 아브라함의 믿음이 증거된 사건으로, 하나님이 맹세하시고 축복하실 것과 아브라함의 씨로 크게 번성할 것을 약속하셨습니다.(창22:16-17)

그런데 아브라함은 무엇을 믿고 100세에 낳은 아들을 번제물로 드릴 수가 있었을까요? 하나님께서 아브라함에게 말씀하시기를, 네 자손이라 칭할 자는 이삭으로 말미암음이라 하셨으니(히11:8) 아브라함은 하나님이 능히 죽은 자 가운데서 살리실 줄을 믿은 것이며, 이삭은 죽어도 다시 살려서 돌려받을 것을 믿은 것입니다.(히11:19) 결국 아브라함의 믿음은 죽은 자를 살리시는 하나님에 대한 믿음입니다. 하나님께서 네 자손이라 칭할 자는 이삭으로 말미암는다 하심은 이삭에게만 국한된 것이 아니라 '모든 믿는 자'에게 해당되는 축복의 말씀입니다.

> "이 약속들은 아브라함과 그 자손에게 말씀하신 것인데 여럿을 가리켜 그 자손들이라 하지 아니하시고 오직 한 사람을 가리켜 네 자손이라 하셨으니 곧 그리스도라."(갈3:16)

이 말씀은 하나님께서 아브라함에게 주신 복, 하나님의 '의'를 이방인에게 미치게 하기 위하여 예수 그리스도를 나무에 달아 죽이시고, 율법의 저주에서 우리를 속량하시고, 믿는 자에게 성령을 주시기 위함임을 설명 중에 이르신 것입니다.

> "아브라함이 하나님을 믿으매 그것을 그에게 의로 정하셨다 함과 같으니라. 그런즉 믿음으로 말미암은 자들은 아브라함의 자손인 줄 알지어다. 또 하나님이 이방을 믿음으로 말미암아 의 정하실 것을 성경이 미리 알고 먼저 아브라함에게 복음을 전하되 모든 이방인이 너로 말미암아 복을 받으리라 하였느니라. 그러므로 믿음으로 말미암은 자는 믿음이 있는 아브라함과 함께 복을 받느니라."(갈3:6-9)

예수 그리스도를 믿는 자는 아브라함과 함께 믿음으로 '의롭다' 함을 받는 복을 받게 되는 것입니다.(갈3:9)

그러면 아브라함이 언제 이러한 진리를 깨닫게 되었을까요? 예수님께서 유대의 서기관과 바리새인들과의 논쟁 중에 다음과 같이 말씀하셨습니다.

> "너희 조상 아브라함은 나의 때 볼 것을 즐거워하다가 보고 기뻐하였느니라."
> (요8:56)

예수님께서 '나의 때'라고 하심은 언제를 말씀하심인가요? 이삭이 번제물로서 묶여져서 나무 위에 올려놓아지고 아브라함이 칼을 들어서 치려고 할 적에, 즉 '십자가의 날'을 의미하심입니다. 하나님께서 이 순간에 아브라함에게 주신 은혜는 이삭이 아니라 훗날에 오실 하나님의 아들 예수 그리스도가 이삭 대신, 아니 인류를 대신하여 죄를 지고 죽으실 것을 보여 주기 위함입니다.

하나님께서 아브라함에게 십자가를 보여주셨다면 당연히 그 십자가의 의미까지도 가르쳐 주셨음을 의심하지 말아야 합니다. 하나님께서는 "나의 하려는 것을 아브라함에게 숨기겠느냐."(창18:17)고 하셨고 아브라함을 '나의 벗'(사41:8, 약2:23)이라 하셨습니다. 이를 통해 우리는 하나님과 아브라함이 비밀이 없는 각별한 관계임을 알 수 있습니다. 십자가로 인하여 다시 태어나는 새로운 민족! 그들이 아브라함의 후손임을 가르치신 것입니다. 인간의 모든 저주를 한 몸에 짊어지고 십자가를 지신 예수 그리스도! 죽음까지도 팽개쳐 버린 부활의 주로서의 그리스도! 산 자와 죽은 자의 심판주로서 세상 끝날에 다시 오실 만왕의 왕이

시오 만주의 주이신 그리스도를 설명하셨음이 분명합니다. 그래서 아브라함이 주님을 보고 기뻐한 것입니다.

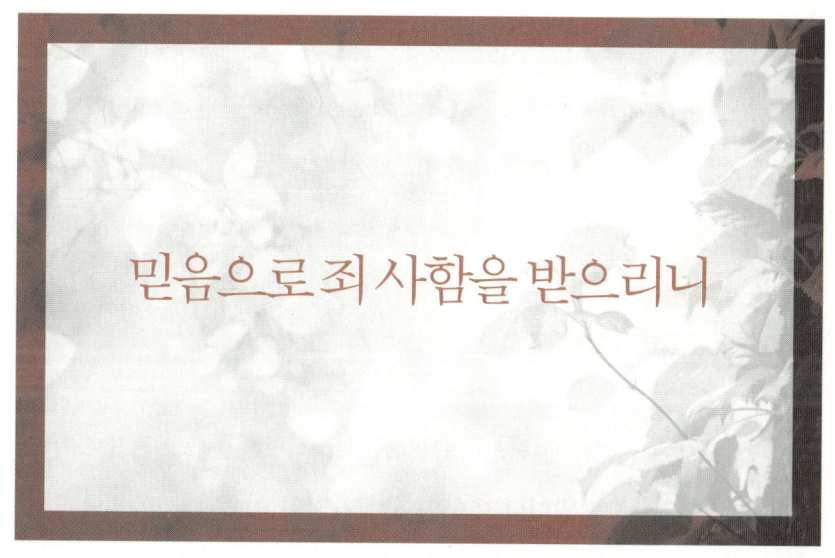

믿음으로 죄 사함을 받으리니

　이와 같이 율법 이전에도 믿음으로 의롭게 됨을 믿음의 조상 아브라함을 통해 살펴보았습니다. 그러면 율법 이후에는 어떠했을까요? 다윗이 범죄하여 탄식하며 자복하기를 "내 하나님이여 내 하나님이여 어찌 나를 버리셨나이까."(시22:1)라고 외침은 주님께서 십자가 위에서 외친 그 말씀을(마27:46) 되뇌이게 합니다. 하나님의 아들이 죽으시고 흘리신 보혈이 아니고선 죄를 사함 받을 길이 없음을 알게 해 주십니다. 그래서 성령님께서 예수 그리스도의 수난을 다윗에게 보여주시는 것입니다. 결국 율법 이후의 다윗도 믿음으로 구원을 얻은 것입니다.

　"그러면 율법이 하나님의 약속들과 반대되는 것이냐 결코 그럴 수 없느니라. 만일 능히 살게 하는 율법을 주셨더라면 의가 반드시 율법으로 말미암았으리라. 그러나 성경이 모든 것을 죄 아래에 가두었으니 이는 예수 그리스도를 믿음으로 말미암는 약속을 믿는 자들에게 주려 함이라. 믿음이 오기 전에 우리는 율법 아래에 매인 바 되고 계시될 믿음의 때까지 갇혔느니라. 이같이 율법이 우리를 그리스도께로 인도하는 초등교사가 되어 우리로 하여금 믿음으로 말미암아 의롭다 함을 얻게 하려 함이라."(갈3:21-24)

율법 이전에나 이후에나 하나님의 백성들은 믿음으로 의롭게 되었습니다. 이 원리는 유대인이나 이방인이나 차별이 없습니다. 율법을 받지 않은 이방인들은 양심이 증거가 되어 그 마음에 새긴 율법의 행위를 나타냅니다.(롬2:14-15) 로마서 4장 6절은 다윗이 시편 32장에서 말한 것을 인용해 이렇게 기록했습니다.

"일한 것이 없이 하나님께 의로 여기심을 받는 사람의 복에 대하여 다윗이 말한 바, 불법이 사함을 받고 죄가 가리어짐을 받는 사람들은 복이 있고, 주께서 그 죄를 인정하지 아니하실 사람은 복이 있도다 함과 같으니라."(롬4:6-8)

사죄의 은총을 입은 사람은 복을 받은 사람입니다. 다윗 자신도 행위로 말미암지 아니하고 하나님께서 의롭다 인정하심을 받았다는 것을 말함으로써 아브라함이 믿음으로 의롭게 되었다는 사실을 기정사실화해 증거 삼고 있습니다. 아브라함이나 다윗은 유대인들에게는 강력한 영향력을 갖는 인물입니다. "아브라함과 다윗의 자손 예수 그리스도의 세계라"(마1:1)라는 신약의 첫 구절을 보아도 그렇습니다.

　예수 그리스도께서 오신 그 당시, 대부분의 유대인들이 예수님을 배척한 것은 하나님의 '의'를 모르고 자기 의를 세우려고 힘써 하나님의 의를 복종치 아니하였기 때문입니다.(롬10:3) 세상에서 살아가는 사람들은 자기가 얼마나 큰 죄인인지 모르고 살아갑니다. 광야 40년간 이스라엘 백성들은 자기들의 옷이 얼마나 더러운지 알지 못하였습니다. 왜냐하면 모두가 더러웠기 때문입니다. 그들이 성막의 희고 깨끗한 세마포 앞에 섰을 때, 그제서야 비교가 되어 자기들의 옷이 얼마나 더러운지 알게 되었습니다. 이와 같이 우리가 예수 그리스도 앞에 나와서 예수 그리스도를 영적으로 만나기 전에는 자신이 얼마나 더러운 존재인지 알 수 없습니다. 이제 우리는 예수 그리스도 앞에 나와서 자신의 모습을 예수님의 빛에 비추어 보아야 합니다. 우리가 값 없이 받은 이 구원은 십자가 위에서 지불된 예수의 피, 예수의 생명인 것입니다.

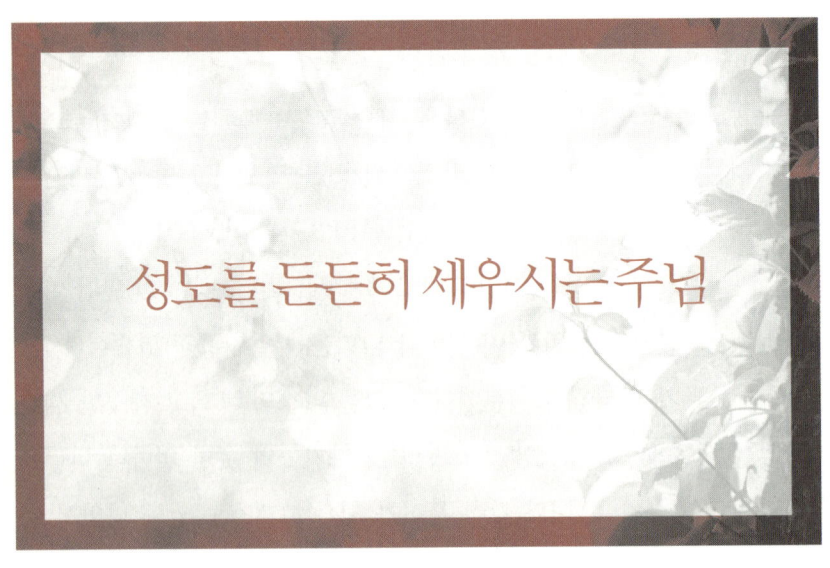

성도를 든든히 세우시는 주님

　성막의 기둥 60개와 그 받침은 모두 놋으로 만들었습니다. 바닥이 모래여서 받침대가 없으면 견고히 설 수 없었기 때문에 성막의 놋 기둥은 반드시 놋 받침 위에 세워져야 했습니다. 여기서 놋은 십자가를 의미하며 십자가는 죄를 심판하는 곳입니다.(민21:4-9) 이는 성도의 신앙의 기초가 십자가 복음진리 위에 세워져야 함을 가르칩니다. 성도의 신앙의 터는 우리 죄를 대신 짊어지고 십자가 위에서 죽으신 예수 그리스도입니다.(고전3:10-11)
　세마포장의 기둥이 세워져 있으려면 기둥과 기둥, 세마포장과 세마포장을 연결해 주는 갈고리와 가름대가 있어서 넘어지지 않게 해야 합니다. 성도의 신앙이 비록 십자가 복음진리 위에 서 있다손 치더라도,

연약한 인간은 때때로 넘어집니다. 그러므로 갈고리와 가름대가 서로 연결시켜 주어서 모든 기둥과 세마포가 일체가 되어 든든히 서 있도록 해야 합니다.(히3:12-13) 성도가 연약하여 범죄할 경우에도 우리의 연약함을 체휼하시고 하루에 일흔 번씩 일곱 번이라도 용서해 주시는 주님은 지금도 중보기도를 하시며 사랑의 끈으로 우리를 묶어 넘어지지 않게 일으키십니다. 주님의 은혜가 갈고리와 가름대가 되어 우리를 붙들어 세우기 때문에 우리가 하나님 앞에 제대로 설 수 있는 것입니다.

세마포장의 갈고리와 가름대는 은으로 만들었습니다.(출27:11) 성경에서 은은 '예수 그리스도의 구속의 은혜'를 의미합니다.(롬3:24) 이제 죄인이 하나님 앞에 나아갈 수 있는 길이 열린 것이 큰 은혜입니다.(히4:16) 구속받은 형제들은 내 몸 같이 서로 사랑하여 그리스도의 몸을 세워야 합니다. (히3:12-19)

또한 세마포는 말뚝인 예수 그리스도에게 단단히 붙어 있어야 합니다.(요15:5) 말뚝과 세마포장이 팽팽한 긴장 상태로 되어 있어야 하나님의 보좌를 옹위하는 울타리 역할을 할 수 있습니다. 팽팽한 상태가 허물어져 세마포장이 느슨해지면 광야의 모래바람이 불어 닥치고 짐승과 각종 해충이 들어올 수 있습니다. 그렇게 되면 성전이 더러워지고 황폐해지며 하나님의 임재의 축복이 사라집니다. 세마포장이 한 곳이라도 느슨해지면 성막 전체가 피해를 입게 됩니다.(고전12:12-27) 그러므로 성도는 항상 예수 그리스도와 기도의 끈을 늦추어선 안 되며, 교회에서 한 사람의 낙오자도 없도록 해야 합니다.

성막의 문을 열고

성막문

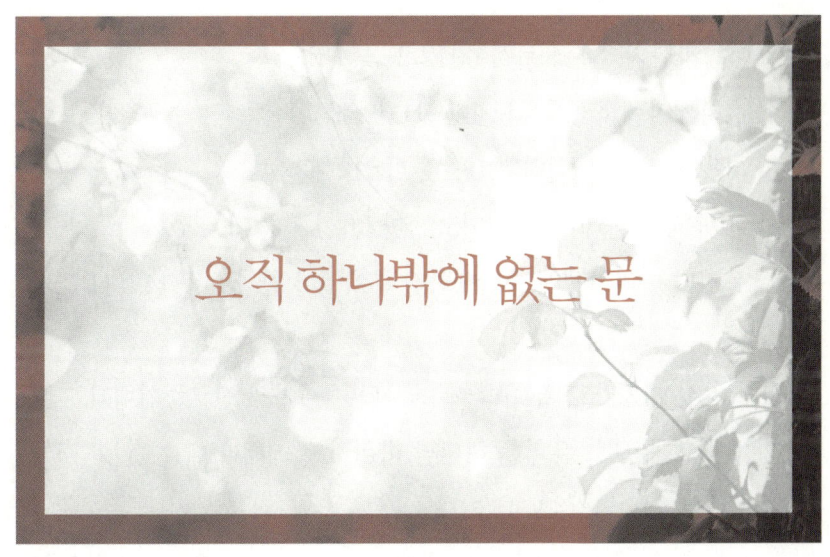

오직 하나밖에 없는 문

성막 4방향에는 이스라엘 12지파가 각 방향에 3지파씩 진을 치고 있습니다. 각 방향에 4개의 문을 내면 편리할 텐데 오직 동쪽에만 하나의 문을 낸 이유가 무엇이겠습니까? 그것은 구원을 얻는 길이 오직 하나, 예수 그리스도밖에 없기 때문입니다.

"다른 이로써는 구원을 받을 수 없나니 천하 사람 중에 구원을 받을 만한 다른 이름을 우리에게 주신 일이 없음이라 하였더라."(행4:12)

하나님은 이스라엘 역사 속에 메시아를 다음과 같이 지명해 놓으셨습니다.

⑴ 아브라함의 후손으로서 (창12:2-3, 갈3:16)

⑵ 유다지파에서 (창49:8-12, 마1:2, 계5:5)

⑶ 다윗 가문에서 (삼하7:10-16, 마1:1, 계5:5)

⑷ 유대 땅 베들레헴에서 (미5:2, 마2:6)

⑸ 동정녀 마리아에게서 탄생하신 분이어야 한다.(사7:14, 마1:18)

위의 다섯 가지 조건은 구약에 계시된 메시아의 신분증입니다. 메시아 외에 어느 누구도 우리를 하나님 아버지께 데려다 줄 수 없고, 죄를 사해줄 수도 없습니다. 또한 어느 누구도 우리 죄를 위하여 죽어줄 수 없습니다. 오직 예수 그리스도만이 우리의 죄를 사해 주시고, 하나님께로 데려다 줄 분이십니다.

성막 문이 동쪽에 있는 또 하나의 이유는 태양이 떠오르는 곳이기 때문입니다. 이는 진리의 태양이신 하나님을 향해 나아갈 수 있는 빛을 밝히신 예수 그리스도를 나타냅니다. 예수 그리스도는 참 빛이시며(요1:9), 동쪽에 진을 친 군단 지파는 유다 지파입니다. 이는 참 빛이신 예수 그리스도께서 유다 지파를 통하여 이 땅에 오실 것을 계시하고 있습니다. (창49:8-11)

또한 문이 동쪽으로 난 이유는 히브리인의 방향 개념상 동쪽이 맨 앞이기 때문입니다. 주님은 양의 목자로서 항상 우리를 앞서서 인도하십니다.(시23:1-6) 성도는 항상 빛을 향하여 나아가야만 빛에 거할 수 있습니다. 이때 빛에 거한다 함은 죄에서 떠난 상태요 하나님과 교제가 이루어지는 상태입니다.

"우리가 그에게서 듣고 너희에게 전하는 소식은 이것이니 곧 하나님은 빛이시라. 그에게는 어둠이 조금도 없으시다는 것이니라. 만일 우리가 하나님과 사귐이 있다 하고 어둠에 행하면 거짓말을 하고 진리를 행하지 아니함이거니와, 그가 빛 가운데 계신 것 같이 우리도 빛 가운데 행하면 우리가 서로 사귐이 있고 그 아들 예수의 피가 우리를 모든 죄에서 깨끗하게 하실 것이요."(요1:5-7)

성막의 문은 청색, 자색, 홍색 실과 가늘게 짠 흰색 베실로 만들었습니다. 청색은 생명의 주가 되신 예수 그리스도를 설명합니다.(요10:10) 자색은 만왕의 왕이신 예수 그리스도를 설명하며, 홍색은 십자가 지시고 피를 쏟으셔서 우리 죄를 위하여 죽으신 예수 그리스도를 말합니다. 그리고 흰색은 하나님의 의가 되시며 부활하신 예수 그리스도를 의미합니다.

성막의 문은 문턱이 없는 10미터의 넓은 문입니다. 따라서 누구든지 마음 문을 열고 예수 그리스도를 영접하기만 하면 구원받을 수 있습니다. "하나님은 모든 사람이 구원을 받으며 진리를 아는 데에 이르기를 원하시느니라."(딤전2:4) 지금은 은혜 받을 만한 때요 구원의 날이지만(고후6:2) 그러나 이 문이 닫힐 때가 옵니다. "저희가 사러간 동안에 신랑이 오므로 예비하였던 자들은 함께 혼인잔치에 들어가고 문은 닫힌지라."(마25:10, 눅13:25)

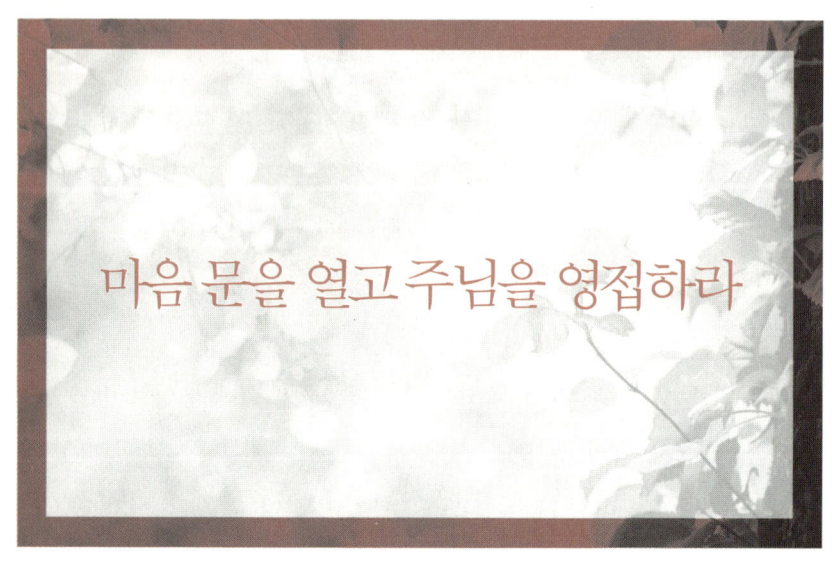

마음 문을 열고 주님을 영접하라

성막의 문은 예수 그리스도를 밀하며 하나님은 스스로를 문으로 설명하십니다.

"내가 문이니 누구든지 나로 말미암아 들어가면 구원을 얻고 또는 들어가며 나오며 꼴을 얻으리라."(요10:9)

하나님께로 가는 문이니 하늘 가는 문이요, 생명의 문입니다. 성막의 문으로 들어간다는 것은 예수 그리스도 안으로 들어간다는 의미인데, 한편으로는 예수 그리스도가 내 안으로 들어오신다는 의미입니다.

"나는 포도나무요 너희는 가지라 그가 내 안에, 내가 그 안에 거하면 사람이 열매를 많이 맺나니 나를 떠나서는 너희가 아무 것도 할 수 없음이라."(요15:5)

예수 그리스도를 영접하려면 먼저 내 마음 문을 열어야 합니다. 유대인들이 그리스도를 영접치 못한 이유는 그리스도를 육체대로 알아서(고후5:16) 육신에 가리워져 마음 문을 열지 못했기 때문입니다. 내 이웃도 육체대로 보면 실족하는 일이 생깁니다. 그러나 우리가 마음 문을 열면 예수 그리스도를 알아보는 눈을 열어주시고, 예수님의 피로 구속받은 형제임을 알아보게 해 주십니다. 예수님은 우리 안에 들어오시기를 그렇게 원하십니다.

"내가 잘지라도 마음은 깨었는데 나의 사랑하는 자의 소리가 들리는구나. 문을 두드려 이르기를 나의 누이, 나의 사랑, 나의 비둘기, 나의 완전한 자야, 문을 열어 다오. 내 머리에는 이슬이, 내 머리털에는 밤이슬이 가득하였다 하는구나."
(아5:2)

약혼 중인 남녀가 관계가 소원해진 상태에서 신랑이 밤에 찾아와 문을 두드리는 장면입니다. 아내(영적 신부)는 방심의 상태에서 신앙의 잠에 빠져 있습니다. 때로는 세상과 짝하여 살기에 넋을 잃고 있습니다.(약4:4) 성도가 기도 생활을 등한히 하고, 말씀 읽기를 게을리하고, 사명 감당하는 일을 팽개치고, 그럼에도 깨닫지 못하고 회개할 줄 모르면 영적 수면에 들어가게 됩니다. 이때 마귀가 이 사람을 지배하려고 덤벼드는 것입니다.

베드로, 야곱, 요한은 겟세마네에서 깨어있지 못한 결과 시험을 당하게 되었고, 유드고는 졸다가 삼층 누에서 떨어졌습니다. 이러함에도 주님은 우리를 찾아오셨습니다. 우리를 사랑하셔서 나의 누이, 나의 사랑, 나의 비둘기, 나의 완전한 자라고 부르셨습니다. 그리고 밤이 늦도록 머리에 서리를 맞아가면서 밖에서 문 열어 달라고 마음 문을 두드리셨습니다.

주님을 영접하려면 신앙의 잠에서 깨어나 마음 문을 열어야 합니다. "문들아 너희 머리를 들찌어다 영원한 문들아 들릴지어다 영광의 왕이 들어 가시리로다."(시24:7)

만왕의 왕이신 그리스도! 영광의 왕이시오, 평강의 왕이신 그리스도! 그 분이 우리 안에 들어오시기를 원하면 마음 문을 활짝 열어야 합니다.

"이는 여호와의 문이라 의인이 그리로 들어가리로다."(시;118:20)

"감사함으로 그 문에 들어가며 찬송함으로 그 궁정에 들어가서 그에게 감사하며 그 이름을 송축할지어다."(시100:4)

그럼 어떻게 해야 마음 문이 열리겠습니까? 우선, 하나님을 향하여 입을 열어야 마음 문이 열립니다. 감사하며 찬송하며 하나님의 집으로 들어가자는 말씀은 기도와 찬양을 드림으로써 하나님의 집에 들어가자는 것입니다. 이 말씀을 역으로 생각하면 입을 열어 기도하고 찬송하면 내 성전 문이 열린다는 의미가 아니겠습니까? 답답할 때 기도하고 슬픈 일이 있어도 찬송하면 성령님께서 내 마음 문을 열어주십니다. 또한 회개는 마음 문이 열리는 관건인 것입니다.

마음 문이 열리게 하려면 또한 귀를 열어야 합니다. 세상 소리는 귀를 열고 잘 들으면서 하나님의 말씀을 들을 적에는 귀를 닫는다면 불행한 일입니다. 귀를 열어서 하나님의 말씀을 들으면 마음 문이 열립니다. 깨닫게 되고, 믿게 되며, 찬송이 나오고, 기도가 나오게 됩니다.

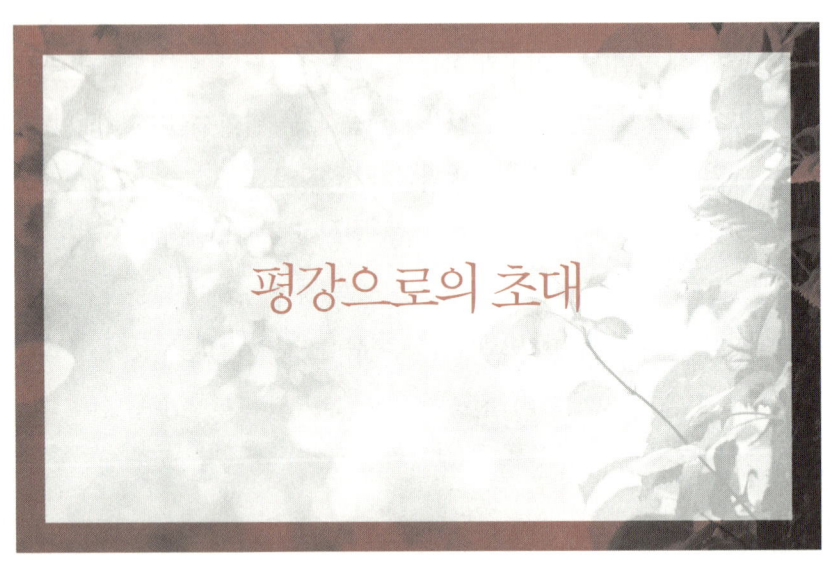

평강으로의 초대

"수고하고 무거운 짐 진 자들아, 다 내게로 오라 내가 너희를 쉬게 하리라."(마 11:28)

"그리스도의 평강이 너희 마음을 주장하게 하라. 너희는 평강을 위하여 한몸으로 부르심을 받았나니 너희는 또한 감사하는 자가 되라."(골3:15)

쉼을 주신다는 말은 짐에서 해방된 참된 평안을 뜻합니다. 평강의 왕이신(사9:6-7) 예수 그리스도께서는 그의 백성에게 평강의 복을 주려고 초청하셨습니다. 그리스도인의 신앙의 대원리는 무엇을 하려고 노력하기에 앞서 그리스도 안에서 쉬는 것, 곧 평안을 누리는 것부터 배워야 합니다. 왜냐하면 그리스도인은 평안을 위하여 부르심을 받은 사람이기 때문입니다.

그럼 어떻게 평강을 얻어야 합니까? 믿고 맡기는 것입니다. "이미 믿는 우리들은 저 안식에 들어가는도다."(히4:3) 믿으면 안식에 들어갑니다. 짐 진 자들이 짐을 지고서 평강을 얻을 수 없습니다. 짐을 내려놓고 맡겨야 합니다. 광야 40년간의 훈련은 이 세상 모든 짐을 벗고 환경을 초월한 안식을 얻는 훈련입니다.

구약 성경에서 안식을 얻는다는 말은 가나안 땅에 들어가는 것을 의미하기도 합니다. 하나님을 믿으면 하나님 말씀도 믿게 되므로, 믿음으로 들어갑니다. 가나안은 하나님이 이미 주셨다고 약속하셨기에 믿고 들어가면 됩니다. 이 진리가 내 것이 되지 않으면 광야 학교를 졸업하기 어렵습니다.

또한 우리의 기도 응답도 평강 가운데서 받아야 합니다.(빌4:6) 원망하고 불평하다가 망한 자들의 본을 따르지 말아야 합니다.(고전10:10-11) 예수께서 십자가를 앞에 두고 제자들에게 주신 선물은 돈이 아니라 평강이었습니다.

> "이것을 너희에게 이르는 것은 너희로 내 안에서 평안을 누리게 하려 함이라. 세상에서는 너희가 환난을 당하나 담대하라. 내가 세상을 이기었노라."(요16:33)

천지창조 시 안식의 날에 복을 주시기로 작정하신 것은 우리들의 신앙 생활에 큰 교훈을 줍니다.

> "하나님이 그가 하시던 일을 일곱째 날에 마치시니 그가 하시던 모든 일을 그치고 일곱째 날에 안식하시니라. 하나님이 그 일곱째 날을 복되게 하사 거룩하게 하셨으니 이는 하나님이 그 창조하시며 만드시던 모든 일을 마치시고 그 날에 안식하셨음이니라."(창2:2-3)

안식일은 주일의 그림자요 주일은 안식일의 완성입니다. 주일 성수 제대로 못하면 참다운 안식을 얻기가 힘듭니다. 하나님은 그분의 자녀들을 천국에 데려가 살기 위해 예수 그리스도를 이 땅에 보내사 구원의 도리를 이루시고, 그를 믿는 자들에게 보증으로 성령을 주시고, 안식을 주셨습니다. 이 안식을 광야 같은 세상 어디서든 환경과 조건과 상관없이 누릴 수 있도록 그분의 백성들을 훈련시켰습니다.

그리스도인은 언제나, 어디서나 예수 안에서 평안을 잃지 말아야 합니다. 이 평안이 지속되는 한 감사가 나오게 되어 있습니다.(골3:15) 평안은 회개하고 맡긴 것만큼 누립니다. 이것이 하나님의 백성의 삶의 방식입니다. 구약시대에는 안식일, 안식년, 희년 등의 교육을 시켰지만 오늘날은 "이미 믿는 우리들은 저 안식에 들어가는 도다."(히4:3)라고 말하고 있습니다. 안식은 믿음으로 받는 것입니다. 주님이 주시는, 환경을 초월한 이 안식은 주님이 나와 함께 하신다는 증표이기 때문에 십자가를 앞에 둔 주님은 이 평안을 제자들에게 주셨습니다. 부활이라는 기상천외한 역사로 죽음을 이기시고 믿는 자들에게 성령으로 오셔서 영원히 그들과 함께 계실 것이기 때문입니다. "너희는 근심하겠으나 너희 근심이 도리어 기쁨이 되리라."(요16:20)하셨고, "평안을 너희에게 끼치노니 곧 나의 평안을 너희에게 주노라 내가 너희에게 주는 것은 세상이 주는 것과 같지 아니하니라. 너희는 마음에 근심하지도 말고 두려워하지도 말라."(요14:27)고 하셨습니다. 예수님은 안식일의 주인이시며, 그리스도인은 주님 안에서 안식을 누리는 것입니다.(마12:8, 히4:1-3)

성막의 문으로 들어간 사람은 예수 그리스도 안으로 들어간 사람이니 확실히 구원을 받은 것입니다. "내가 문이니 누구든지 나로 말미암아 들어가면 구원을 받고 또는 들어가며 나오며 꼴을 얻으리라."(요10:9)

그런데 여기서 '꼴'은 무엇일까요? "내가 온 것은 양으로 생명을 얻게 하고 더 풍성히 얻게 하려는 것이라."(요10:10) 여기서 구원은 생명으로, 꼴은 풍성한 삶으로 해석할 수 있습니다. 하나님은 자녀를 낳으시고 축복 속에 살아갈 삶의 대책을 치밀하게 강구해 놓으셨습니다. 그러므로 성막 안에 들어간 우리는 이 세상에서 풍성하게 살아갈 수 있는 진리를 반드시 터득해야 합니다. 하나님께서는 이 비결을 가르치기 위해 이스라엘을 40년간 훈련시켰습니다.

"너를 인도하여 그 광대하고 위험한 광야, 곧 불뱀과 전갈이 있고 물이 없는 간조한 땅을 지나게 하셨으며 또 너를 위하여 단단한 반석에서 물을 내셨으며, 네 조상들도 알지 못하던 만나를 광야에서 네게 먹이셨나니 이는 다 너를 낮추시며

너를 시험하사 마침내 네게 복을 주려 하심이었느니라." (신8:15-16)

사람이 살 수 없는 곳에서 살아갈 수 있는 비결을 터득했다면, 그리스도인은 먹고 살기 위한 일은 이미 보장받은 것입니다. 그래서 주님께서는 이렇게 말씀하셨습니다.

"그러므로 염려하여 이르기를 무엇을 먹을까 무엇을 마실까 무엇을 입을까 하지 말라. 이는 다 이방인들이 구하는 것이라. 너희 하늘 아버지께서 이 모든 것이 너희에게 있어야 할 줄을 아시느니라. 그런즉 너희는 먼저 그의 나라와 그의 의를 구하라. 그리하면 이 모든 것을 너희에게 더하시리라." (마6:31-33)

주님께 나아가는 자는 결코 주리지 아니할 것이요, 주님을 믿는 자는 영원히 목마르지 아니할 것을 약속하셨습니다.(요6:35) 또한 사람이 떡으로만 사는 것이 아니요, 하나님의 입으로부터 나오는 모든 말씀으로 살 것이라고(신8:3,마4:4) 하셨습니다. 우리는 이 혁명적인 말씀을 깊이 깨우쳐야 합니다.

죄를 청산하는 번제단

번제단

구원의 십자가

　성막문을 열고 뜰 안에 들어가면 맨 먼저 만나는 성구가 번제단입니다. 번제단은 가로가 5규빗(2.5미터), 세로가 5규빗(2.5미터), 높이가 3규빗(1.5미터)으로 조각목을 자르고 다듬은 후 거기에 놋을 입혀 만든 정방형의 구조물입니다. 단 중간에 그물을 쳐놓고 제물을 얹어 불에 사르도록 되어 있습니다. 단의 네 모퉁이에는 뿔이 세워져 있고 보조 기구들로는 재통과 부삽, 대야, 고기 갈고리, 불 옮기는 그릇이 있는데 모두 놋으로 만들었습니다.

　'번제' hlːʃ(올라)라는 말은 '상승', '위로 올라가다'라는 뜻이고, '단' ʃBezlm(미즈베아흐)은 '동물을 죽이다'라는 뜻입니다. 결국 번제단이란 짐승을 잡아 불에 태워서 그 연기가 하늘로 올라간다는 의미입니다.

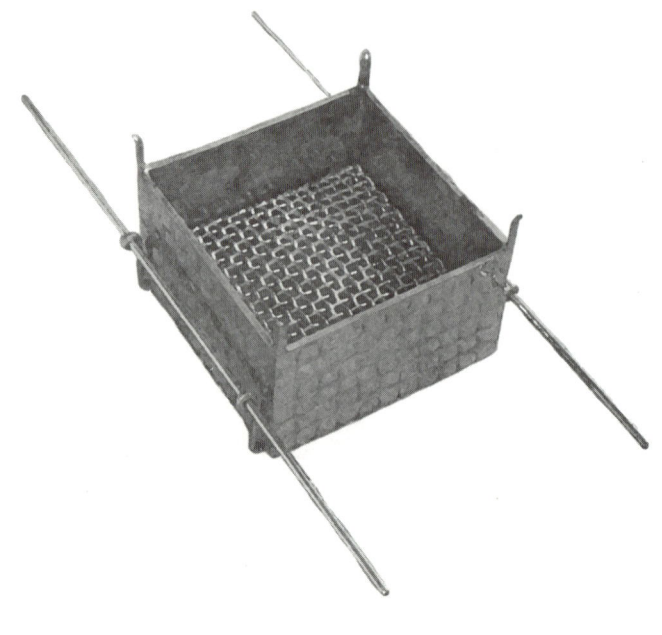

▶ 번제단 ◀

 번제단을 만드는 데 쓰인 조각목은 광야에서 흔히 구할 수 있는 '싯 딤나무' !yFivi라는 아카시아 나무를 말하며 '막대기'나 '매', '회초리'를 의미합니다. 이는 '괴롭히다' 라는 뜻을 가진 '가시' hF;vi(숯타)에서 유래되었습니다. 재목이나 땔감으로도 쓸모없는 조각목을 자르고 다듬어서 그 위에 놋을 입히니 하나님의 성전에 사용하는 귀중한 성구가 된 것입니다. 이를 보고 무엇이 생각납니까? 인간의 몸을 입고 인간의 저주를 담당코자 오신, 그리하여 매 맞고 가시에 찔리신 초라한 예수님의 인성이 떠오르지 않습니까?

"그는 주 앞에서 자라나기를 연한 순 같고 마른 땅에서 나온 뿌리 같아서 고운 모양도 없고 풍채도 없은즉 우리가 보기에 흠모할 만한 아름다운 것이 없도다. 그는 멸시를 받아 사람들에게 버림받았으며 간고를 많이 겪었으며 질고를 아는 자라, 마치 사람들이 그에게서 얼굴을 가리는 것 같이 멸시를 당하였고 우리도 그를 귀히 여기지 아니하였도다. 그는 실로 우리의 질고를 지고 우리의 슬픔을 당하였거늘, 우리는 생각하기를 그는 징벌을 받아 하나님께 맞으며 고난을 당한다 하였노라. 그가 찔림은 우리의 허물 때문이요 그가 상함은 우리의 죄악 때문이라. 그가 징계를 받으므로 우리는 평화를 누리고 그가 채찍에 맞으므로 우리는 나음을 받았도다." (사53:2-5)

유대인들은 영웅 같은 메시아가 오기를 바랬습니다. 그러나 예수님은 보통 사람으로, 너무나도 연약하고 평범한 사람의 모습으로 오셨습니다. 그래서 아무도 그를 흠모하거나 존경하지 않았습니다. 더욱이 예수님께서 십자가에서 나약하게 죽는 것을 본 유대인들은 예수님을 메시아로 받아들일 수 없었습니다. 그러나 주님께서는 율법의 저주를(갈 3:13-14) 담당코자 가시관을 쓰고, 채찍을 맞고, 십자가에 못 박히는 고난을 통해 구원의 도리를 이루셨습니다.

번제단은 주님의 초라한 인성뿐 아니라, 이 세상에 흔한 죄인들의 모습을 나타냅니다. 믿는 우리들은 과거에 어떠한 사람들이었습니까? 죄가 무엇인지 모르고, 때로는 죄를 즐겼습니다. 말의 가시로 남을 찌르고, 남을 아프게 하는 막대기 역할을 하며 죄와 사탄의 종으로 살아왔습니다. 그런데 죄인을 구원하러 오신 예수님께서 우리 대신 가시에 찔리고, 막대기로 맞고, 갖은 고초를 겪으셨습니다. 그럼에도 세상에서 가난하고 무능하고 무지하며 연약한 우리들을 부르셔서 그의 피로 구속하시고 말씀과 성령으로 훈련시켜 하나님 앞에 유용한 일꾼으로 만드셨습니다.

그리스도인은 광야에서 버림받은 조각목 같은 인생이지만, 예수 그리스도의 십자가로 구원받은 사람입니다. 그러므로 번제단에서 철저히 자르고 다듬는 일을 해야 합니다. 땅엣 것을 생각지 말고(골3:1-2), 음란과 부정과 사욕과 악한 정욕과 탐심을 잘라내야 합니다.(골3:5) 옛 사람을 벗어버리고, 새 사람을 입어야 합니다.(엡4:24) 그리고 주님과 같이 고운 가루가 되어야 합니다.(레2:4) 고운 가루가 되려면 몇 번이라도 맷돌에 갈아 울퉁불퉁한 면을 온유하게 다듬어야 합니다.

성경에서 '뿔' @r,q,(케렌)은 '권세'와 '능력', '힘'을 상징하며(단8:3-14, 계9:13, 17:3) 번제단 네 모퉁이 위에 세워진 뿔 역시 구원의 능력을 의미합니다. "여호와는 나의 구원의 뿔"(시18:2)이라고 말씀하셨고 "우리를 위하여 구원의 뿔을 그 종 다윗의 집에 일으키셨으니(눅1:69)…악인이 죄를 저질렀어도 하나님 앞에서 회개하면 삽니다."(겔

33:14-16)라는 구절은 모두 구원의 능력을 의미합니다. 아도니아가 솔로몬의 왕위에 도전해 거역하자 솔로몬이 군대를 보내 잡으려 했습니다. 그러자 아도니아는 성전에 들어가 제단 뿔을 붙잡았습니다. 이에 솔로몬이 아도니아를 벌하거나 죽이지 못했습니다.(왕상5:1)

여기서 번제단의 모서리에 뿔을 세워둔 이유를 생각해 보아야 합니다. 분명히 십자가의 도는 멸망하는 자들에게는 미련한 것이요, 구원을 얻는 우리에겐 하나님의 능력(고전1:18)입니다. 그런데 문제는 구원받은 이후에도 나타나는 모서리를 어떻게 처리할 것인가입니다. 교만의 모서리, 혈기의 모서리, 인색한 마음의 모서리, 정욕의 모서리들…. 그래서 우리는 날마다 십자가가 필요합니다. 십자가는 우리의 주님이신 예수 그리스도께서 우리를 품으시고 죽으신 곳이기 때문입니다. 우리는 십자가로 나의 자아를 죽이고(롬6:1-11) 구원을 이루어 가는(벧전2:1-2) 은혜를 날마다 체험해야 합니다.

고난의 십자가

번제난에서는 짐승을 잡아 각을 뜨고, 피를 뿌리고, 쏟으며, 바르는 과정을 거칩니다. 그 다음 제물이 불에 태워집니다. 이 일은 극심한 고통의 표현입니다. 번제단은 가로와 세로가 5규빗인데, 5라는 숫자는 성경에서 고난을 의미합니다. 다섯 번이나 결혼을 한 경험을 가진 여인의 고통이 어떠하였으며(요4:18), 행각 다섯이 있는 베데스다 연못가에 누워있는 38년 된 병자의 고통은 또 어떠했겠습니까?(요5:5) 그러나 이들의 고통은 예수 그리스도를 만나서 해결 받았고, 결국 구원받은 사람으로 기록되었습니다. 십자가는 고난의 길이지만 십자가 위의 예수 그리스도를 바라보고 믿는 자는 고난이 변해 영광이 됩니다.

그렇다면 하나님은 왜 당신의 아들을 십자가에 못 박아 죽게 하는 가장 처참한 방식으로 인간 구원의 길을 택하셨을까요? 거기에서 우리는 하나님의 고통을 느끼게 됩니다. 인간은 자기가 지은 죄로 인하여 고통을 당하나, 하나님은 인간의 죄 때문에 인간이 상상할 수 없는 고통을 당하십니다. 그것이 십자가인 것입니다. 성도는 이 십자가의 도를 헛되이 받아들여선 안 됩니다.(히2:1-3) 어느 누구든 이 십자가를 통과하지 않고선 하나님의 자녀라고 할 수 없습니다. 왜냐하면 그리스도인은 십자가로 탄생된 백성이기 때문입니다. 또한 그리스도인은 반드시 이 십자가로 승리하게 되는 것입니다.(골2:15)

그런 의미에서 번제단은 예수 그리스도께서 인류의 죄를 짊어지고 돌아가신 십자가의 모형입니다. 이는 성도가 예수 그리스도 안에서 하나님과 함께 살아갈 수 있는 길을 가르치고 있습니다. 십자가의 진리는 성도에게 가장 기본적이요 근본적인 진리로, 여기서 잘못되면 이후에는 하나님과 더욱 멀어지게 됩니다. 그러므로 성도가 십자가에서 예수 그리스도와 일체가 되는 존재적인 변화가 일어나야 합니다.

> "내가 너희 중에서 예수 그리스도와 그가 십자가에 못 박히신 것 외에는 아무 것도 알지 아니하기로 작정하였음이라."(고전2:2)

복음의 핵심은 죄인을 위하여 예수 그리스도께서 십자가에서 죽으셨다는 사실입니다. 이 사실을 믿어야 할 뿐 아니라, 그 내용을 알아야 하고, 그 내용이 나에게 실현되어야 합니다. 거기에 승리가 있습니다. 예수 그리스도께서는 이 세상에 계실 적에 십자가 지는 삶을 목표로 하셨고, 결국 십자가로 승리하셨습니다.

> "또 범죄와 육체의 무할례로 죽었던 너희를 하나님이 그와 함께 살리시고 우리의 모든 죄를 사하시고, 우리를 거스르고 불리하게 하는 법조문으로 쓴 증서를 지우시고 제하여 버리사 십자가에 못 박으시고, 통치자들과 권세들을 무력화하여 드러내어 구경거리로 삼으시고, 십자가로 그들을 이기셨느니라." (골2:13-15)

주님께서는 인간이 자력으로 해결할 수 없는 죄와, 율법과, 사탄에게서 해방 받는 엄청난 일을 십자가에서 이루셨습니다. 또한 십자가에서 세상에 대해 못 박히심으로(갈6:14) 세상을 이길 수 있는 길을 열었고, 육체의 욕심까지도 십자가에서(엡2:3) 처리하심으로 육체의 욕심을 초월해서 살 수 있는 길을 열어 주셨습니다. '죄'와 '세상', '육체의 욕심', '율법', '사탄', 이 다섯 가지 일을 십자가에서 한꺼번에 처리한 것입니다.

그렇다면 우리 그리스도인들이 이 다섯 가지를 처리할 수 있는 비결이 무엇입니까? 그것은 바로 기상천외의 진리인 십자가입니다. 우리의 자아가 십자가에 못 박힐 적에 이 다섯 가지에서 해방되는 은혜를 그리스도인들에게 유산으로 주신 것입니다.(엡2:1-3:13, 갈5:24, 롬6:1-11) 주님께서 이루어 놓으신 십자가의 도가 이제는 자기 자신에게 구원의 능력으로 체험되어질 때, 십자가는 하나님의 능력임을 알 수 있습니다.

이처럼 번제단은 신앙생활을 승리로 이끄는 가장 중요한 기본 진리를 가르치고 있습니다. 이 진리가 어긋나면 결코 하나님의 영광을 볼 수도, 누릴 수도 없습니다. 우리는 구약과 신약을 대조하며 십자가의 진리에 대해 좀 더 조심스럽고 성실하게 생각해 보아야겠습니다.

번제단의 부속기구들

　번제단의 부속기구로 재를 담는 통, 부삽, 대야, 고기 갈고리, 불 옮기는 그릇이 있습니다. 제물을 불살라 드릴 적에, 또 불사른 후에 모두 필요한 도구들입니다.
　재통은 제물을 태운 재를 담는 통입니다. 제물을 불살라 하나님께 드리고 나면 재가 남는데, 이를 치우지 않으면 성소가 불결해집니다. 그래서 재를 통에 담아 성막의 진 밖에 버려야 합니다. 이는 예수 그리스도가 인류의 죄를 짊어지신 재통이 되어 십자가 위에서 하나님의 진노의 불 세례를 받으시고 영문 밖에 버려지신 것을 의미합니다. 예수 그리스도는 우리 죄를 몽땅 담아다가 영문 밖에 버린 재통이 되셨습니다.
　교회에도 주님을 닮은 재통 역할을 하는 좋은 일군들이 많아야 교회가 거룩함을 유지할 수 있습니다. 여기서 재통 같은 일군이란 교회 안의 시험거리나 좋지 못한 일들을 품고 있다가 아무도 모르게 가져다 버리는 성도를 말합니다. 이들은 모든 잘못이 내게 있다는 믿음으로 제단에 엎드려 주님에게만 모든 것을 쏟아놓는 교인으로, 참으로 아름다운 성도라 할 수 있습니다.

부삽[y:(야)]은 제물을 태운 재를 긁어 모아 재통에 담는 역할을 합니다. 부삽은 교회의 시험거리가 어디에 있는지를 압니다. 또한 누가 병들고 누가 고통에 처해있는지를 압니다. 부삽 되시는 예수님께서도 누구에게 무슨 일이 있는지 다 아시며 자신의 종들에게 이 일을 가르쳐 지시하십니다. 그럼 교회에서는 누가 부삽 역할을 할 수 있겠습니까? 주님과 친히 지내는 자는 주님의 친구로서 대접을 받아 교회의 비밀들을 가르쳐 주십니다.(암3:7) 재통 되는 성도와 부삽 되는 성도는 힘을 합해 교회의 시험거리를 치우는 좋은 일꾼입니다.

대야[qr:z]mi(미즈라크)는 '자라크' qr' z(뿌리다, 많이 흩트리다)에서 유래한 말로, 음료용 대접에 사용되거나 여러 가지 종교행사와 기념의식에 사용된 그릇을 가리킵니다. 이 그릇들이 매우 중요하게 여겨지는 이유는 희생 제물의 피가 여기에 담아 뿌려지기 때문입니다. 이는 원색적인 피 복음을 전하는 모습입니다. 피를 뿌림은 죄를 청산하는(롬4:7, 벧전1:2) 일이요 예수 그리스도의 피로 죄를 덮는, 영혼 구원을 위한 은혜의 행위입니다. 예수님께서 하찮은 한 영혼을 구원하기 위해 뜨거운 태양빛에 땀을 뻘뻘 흘리시면서 팔레스타인의 광야 길을 걸으시는 모습이 눈에 선합니다.(요4:3-19)

교회는 주님과 같이 영혼 구원에 불타는 목회자와 교인이 있을 때 사명을 감당하는 교회가 될 것입니다. 고기잡이 하던 제자들을 부르셔서 사람 낚는 어부를 만드신 주님께서 오늘도 택하신 자들을 부르셔서 전도자의 길을 걷게 하십니다. 복음을 혼잡케 말고 순수 복음을 전해야 하겠습니다.

고기 갈고리glezlm'(마즐레그)는 번제단에 올려진 제물들이 떨어지지 않도록 서로 연결시켜 주는 기구입니다. 예수 그리스도는 자신을 십자가에 내어 주심으로써 하나님과 사람을 연결시키는 갈고리가 되셨습니다.

교회에는 여러 종류의 일꾼들이 필요합니다. 전도자도 필요하지만, 전도해 온 교인들을 가르쳐서 사랑의 공동체인 교회에 소속돼 새로운 가족으로 살아갈 수 있도록 가르치는 일꾼도 필요합니다. 말씀에 정통하고 사랑이 충만한 갈고리 교인이 있어야 새로운 식구들이 교회에 잘 적응할 수 있습니다.

마지막으로 불 옮기는 그릇hT;jlm'(마흐타) 또한 예수님을 설명합니다. 여기서 불은 성령님을 가리키는데, 사도 요한은 예수님을 이렇게 증거하고 있습니다.

> "나도 그를 알지 못하였으나 내가 와서 물로 세례를 베푸는 것은 그를 이스라엘에 나타내려 함이라 하니라. 요한이 또 증언하여 이르되 내가 보매 성령이 비둘기 같이 하늘로부터 내려와서 그의 위에 머물렀더라. 나도 그를 알지 못하였으나 나를 보내어 물로 세례를 베풀라 하신 그이가 나에게 말씀하시되 성령이 내려서 누구 위에든지 머무는 것을 보거든 그가 곧 성령으로 세례를 베푸는 이인 줄 알라 하셨기에, 내가 보고 그가 하나님의 아들이심을 증언하였노라 하니라." (요1:31-34)

위의 말씀은 믿는 자들에게 성령을 주시는 분이 예수님이라는 사실을 요한이 증거한 것입니다. 여기서 세례란 그리스도와 함께 죽고 새 생명으로 거듭나는 중생重生을 의미합니다. 그 결과로 성도는 예수 그리스도에게 접붙임 되어 그리스도의 지체로서 그리스도와 하나가 됩니다.(고전12:13) 그리고 성도 안에 성령님이 거하셔서 거룩한 성전이 됩니다.(고전3:16) 오순절 이후 주님의 제자들이 불 옮기는 그릇이 되어 가는 곳마다 복음을 전하자 성령을 받는 사람들이 늘어났습니다. 제자들에게는 불의 혀같이 갈라지는 불 같은 성령이 임하였습니다.(행2:1-4) 광야에서 성막을 이동하며 살던 이스라엘 백성들도 불씨를 그릇에 담아 가지고 다녔습니다. 성막의 번제단 위에 제물을 올려놓고 불태워 하나님께 드릴 적에, 하나님께로 온 불을 사용했고(레9:22-24) 절대로 이 불을 꺼트려선 안 됐습니다.

　교회도 성령 떠난 교회가 말세에 있을 것을 가르치니(유1:19) 정욕대로 살아가는 시대에 말세 교회에 주시는 가장 큰 교훈입니다. 성령 받은 뜨거운 신자가 있어야 교회가 부흥되며, 기도의 불이 항상 꺼지지 말아야 한다는 뜻입니다.

죄를 청산하는 속죄제와 속건제

번제단은 하나님께 제사를 드리는 곳으로 제사의 종류는 번제와 소제, 화목제, 속죄제, 속건제, 위임제, 이렇게 6가지 제사가 있습니다.

제사를 그 내용에 따라 분류하면 3가지가 있습니다. 죄를 사함 받는 제사로 '속죄' rPuKi(킵푸르) 제사가 있고, 여기에는 속죄제와 속건제가 해당합니다. '헌신' b'z,(제바흐) 제사는 우리들 자신이 하나님 앞에서 완전히 죽은 제물로서 온전한 헌신을 드리는 자아의 죽음을 뜻하며, 여기에는 번제와 소제가 있습니다. '위임' alem;(말레) 제사는 하나님의 일을 맡기는 것으로, 화목제와 위임제가 있습니다. alem는 '충만하다', '채우다' 라는 말로, 하나님의 말씀을 내 속에 풍성히 채우고 성령을 충만히 받아야 함을 뜻합니다.

번제단에서 드리는 3가지 제사 중 첫 번째인 속죄 제사, 즉 죄를 사함 받는 속죄제와 속건제를 살펴보겠습니다. 하나님의 부르심으로 교회에 처음 나온 사람 중에 죄를 청산하고 나오는 사람은 없습니다. 교회에 출석해서 하나님께 예배를 드리는 중에 말씀을 듣고, 죄를 깨닫고, 자기가 죄인이라는 사실을 알게 됩니다. 이때 성령님의 역사로 죄를 회개하는 일이 일어나면 죄에 대한 심각성을 인식하고 십자가 위의 예수 그리스도를 바라보게 됩니다. 왜냐하면 하나님의 아들 예수 그리스도께서 내 죄 때문에 십자가에 못 박히셨기 때문입니다. 즉, 내 죄는 하나님의 아들이 십자가에 못 박혀 흘리신 피가 아니고선 결코 씻을 수 없기 때문입니다.

하나님께서 당신의 아들을 십자가에 못 박아 피를 다 쏟고 죽는 처참한 방법으로 사죄의 은총을 베푸신 이유가 무엇입니까? 그것은 인간의 죄가 얼마나 심각하고 위험한 것인지 알게 하기 위함입니다. 또한 십자가가 아닌 어떠한 방법으로도 죄를 씻을 수 없다는 사실과 하나님께서 죄인을 얼마나 사랑하시는지 표현하는 자기 고백입니다.(롬5:8)

그럼 이제 성막에서 죄를 사함 받는 절차를 생각해 보겠습니다.

첫 번째로, 죄인이 하나님 앞에 나올 적에 양이나 소나 비둘기 같은 대속물을 가지고 나와서(레4:3,14,28,32, 5:6-7) 나는 죄인이라고 고백합니다.(레5:5, 16:21, 26:40, 민5:7)

두 번째로, 자기가 지은 죄로 인해 괴로워하는 고통의 제사가 있습니다. 죄를 지은 것을 한탄하고 가슴을 치며 고통스러워합니다. 때로는 금식하며 영혼을 괴롭힙니다.

세 번째로, 가져온 제물 위에 안수를 하며 죄를 낱낱이 고백합니다. 죄를 낱낱이 고백할 때 죄의 전이轉移가 이루어집니다. 내 죄가 손을 타고 제물에게로 전가되는 것입니다. 손을 떼면 이제는 제물이 죄를 짊어진 존재가 되고, 죄를 전가한 사람은 의인이 됩니다. 여기까지가 죄를 고백하고 회개하는 과정의 모형입니다.

네 번째로, 제물을 도살하여 피를 휘장 앞에 일곱 번 뿌리고, 분향단 뿔에 바르고, 번제단 뿔에 바르고, 번제단 밑에 쏟습니다.(레4:5-7, 16-17,25,30,34, 5:9) 죄로 인한 피의 향연이 이루어지는 것입니다. 특히 이스라엘 백성을 위한 대속죄일에는 대제사장이 양푼에 수송아지 피를 취해 속죄소 동편에 뿌리고, 속죄소 앞에 일곱 번 뿌립니다. 또 염소의 피를 취해 속죄소 앞과 속죄소 위에 일곱 번 뿌리고, 수송아지 피와 염소 피를 취해 분향단 네 귀퉁이 뿔에 바르고, 또 손가락으로 그 위에 일곱 번 뿌립니다.(레16:6-22) 대제사장이 짐승의 피를 가지고 지성소에 들어가 속죄소 위에 피를 쏟음으로써 그 피를 보시고 하나님이 죄를 사하여 주셨습니다. 이는 예수 그리스도께서 십자가에서 피 흘리신 일이 무엇을 의미하는지 구약에서 앞서 밝혀주는 것입니다. 그 피는 우리를 구속하시고 하나님과 화목을 이루게 하는 방법이었습니다. 지성소 시은소에 피를 뿌린 것은 그리스도께서 자신의 피를 가지고 하늘의 지성소에 들어가 뿌리심으로 우리가 죄 사함을 입었다는 것을 가르쳐 줍니다.

우리가 그리스도인이 되기 위해 어떤 노력을 해야 하겠습니까? 죄를 짓지 않으려고 노력하는 일, 착하게 살려고 노력하는 일, 그런 것으로 그리스도인이 된다고 말해선 안 됩니다. 우리가 그리스도인이 된다는 것은 예수 그리스도께서 십자가에서 피를 흘리시고, 그 피로 우리가 구원받은 것을 믿는 일입니다.

"이 예수를 하나님이 그의 피로써 믿음으로 말미암는 화목 제물로 세우셨으니 이는 하나님께서 길이 참으시는 중에 전에 지은 죄를 간과하심으로 자기의 의로우심을 나타내려 하심이니."(롬3:25)

"우리는 그리스도 안에서 그의 은혜의 풍성함을 따라 그의 피로 말미암아 속량, 곧 죄 사함을 받았느니라."(엡1:7)

"염소와 송아지의 피로 하지 아니하고 오직 자기의 피로 영원한 속죄를 이루사 단번에 성소에 들어가셨느니라."(히9:12)

"너희가 알거니와 너희 조상이 물려준 헛된 행실에서 대속함을 받은 것은 은이나 금 같이 없어질 것으로 된 것이 아니요, 오직 흠 없고 점 없는 어린 양 같은 그리스도의 보배로운 피로 된 것이니라."(벧전1:18-19)

"그들이 새 노래를 불러 이르되 두루마리를 가지시고 그 인봉을 떼기에 합당하시도다. 일찍이 죽임을 당하사 각 족속과 방언과 백성과 나라 가운데에서 사람

들을 피로 사서 하나님께 드리시고."(계5:9)

　죄 사함 받지 않고선 그리스도인이 될 수 없습니다. 이 말은 내가 할 수 없는, 도저히 불가능한 일을 예수 그리스도께서 해 주셨다는 말씀입니다. 예수님은 이 땅에 속죄를 위해 오셨고, 우리를 구원하기 위해 오신 것입니다.(마1:21,눅19:10) 이것이 예수 그리스도의 피로 인한 구속입니다.

　죄를 사함 받는 다섯 번째 절차는 나 대신 죽은 짐승을 향해 찬양을 올리는 것입니다. 이때 슬픈 마음과 감사하는 마음이 일어날 것입니다. 이상이 레위기에 나오는 죄 사함에 대한 제사의 대략입니다.

　이스라엘 백성 중에 범죄한 사람은 누구나 반드시 드려야 할 의무제가 속죄제입니다. 그런데 한 가지 특이한 것은 죄지은 사람의 부류를 제사장, 회중, 족장, 평민, 이렇게 4등급으로 나누었다는 사실입니다.(레4:1-35) 또한 지위에 따라 제물과 제사방법이 각기 달랐습니다. 제사장과 회중이 죄를 지었을 때는 수송아지를, 족장이 죄를 지었을 때는 숫염소를, 평민이 죄를 지었을 때는 암염소를 제물로 삼았습니다.

　제물과 제사방법이 각기 다른 것은 두 가지 의미로 생각할 수 있습니다. 첫째는 사람의 죄를 대속하기 위해서는 완전한 제물이 요구된다는 사실입니다.(히9:13-14,23) 둘째는 지도자가 범한 죄의 결과는 전체 백성에게 영향을 미치므로 속죄의 제물에 차등을 두어 중한 책임을 느끼

게 한 것입니다. 목사가 지은 죄와 성도가 지은 죄의 결과가 교회에 미치는 영향은 다릅니다.(약3:1)

또 하나의 특징은 제물을 낮추어서 드릴 수 없다는 것입니다. 반드시 정해진 제물을 드려야 합니다. 다른 제사에서는 부담이 적은 제물로 대치할 수가 있었습니다. 이것은 예수 그리스도의 시대를 바라보면서 사죄의 은총은 주님의 피가 아니고서는 될 수 없다는 사실을 가르칩니다. 결국 속죄제는 예루살렘 성문 밖에서 대속물이 되신(요1:29, 고후5:21, 히13:11-12) 예수 그리스도의 대속 사역을 예표합니다.(엡2:1)

번제단에서 죄와 결별하지 못하면 그 사람의 신앙은 더 이상 발전할 수 없습니다. 그저 교회 다니는 종교인으로 전락해 평생 은혜와는 담을 쌓은 채 무거운 짐을 지고 다닐 것입니다. 이런 사람이 없도록 하는 것이 교회의 사명이며, 회개에 합당한 열매를 맺게 해야 합니다. 회개 없이 성경을 공부하고, 회개 없이 제자훈련을 하면 바리새인을 만들게 될 뿐입니다. 또한 회개 없이 교인을 늘리기만 하면 가야바 되기 쉽습니다.

그러면 우리는 무슨 죄를 회개해야 할까요? 이스라엘 역사상 가장 치명적인 죄는 우상숭배입니다. 구약성경을 보면 이스라엘이 우상숭배로 망하게 되는 것을 봅니다. 이스라엘은 애굽에서 400여 년간 우상숭배를 하였습니다.(겔20:5-9) 심지어 애굽에서 해방되어 홍해를 가르고 바로와 그 군대를 수장시킨 뒤 시내산에 당도했을 때, 산에 올라간 모세가 더디 오자 금붙이를 모아 송아지를 만들어 음란히 섬겼습니다.(출

32:4-6) 광야 노정에서도 모압의 우상인 바알브올에게 절하며 모압 여인들과 음행한 사건으로 인해 24,000명이 염병으로 죽은 사건이 일어났습니다.(민25:1-9) 가나안에 들어가서도 이스라엘은 가나안의 우상인 바알과 앗세라를 섬겼습니다.

그들이 하나님을 섬긴다고 하면서도 우상숭배로 멸망해 가는 것을 보고 우리가 무엇을 깨달아야 합니까? 인간은 하나님의 은혜가 아니고서는 희망이 없는 존재라는 사실입니다. 예수 그리스도께서 그의 피로 우리를 대속해 주시지 않았다면 절대로 구원받을 수 없다는 사실입니다.

그런데 이러한 우상숭배가 단지 구약시대 이스라엘 백성에게만 해당되는 일입니까? 아닙니다. 오늘을 살아가는 모든 사람에게 해당되는 진리입니다. 그 큰 이적과 능력으로 애굽에서 구원받은 그들에게 하나님이 우상숭배를 경고하신 말씀을 살펴보겠습니다.

> "네가 만일 네 하나님 여호와를 잊어버리고 다른 신들을 따라 그들을 섬기며 그들에게 절하면 내가 너희에게 증거하노니 너희가 반드시 멸망할 것이라. 여호와께서 너희 앞에서 멸망시키신 민족들 같이 너희도 멸망하리니, 이는 너희가 너희의 하나님 여호와의 소리를 청종하지 아니함이니라." (신8:19-20)

하나님께서는 왜 이스라엘을 광야로 이끄셔서 40년간 전무후무한 역사로 이스라엘을 훈련시키셨습니까? 그것은 모든 주의 백성들에게 경계로 주신 것입니다.(고전10:11) 또한 당시 이스라엘이 가나안 땅에 들어가기 위해선 가나안 족속들과 전쟁을 해야 하는데 광야에서 철저한 훈련을 받지 않고선 가나안 7족과의 싸움에서 이길 수 없었기 때문입니다. 이스라엘보다 신체적 조건이 월등한 그들을 이기려면 이길 수 있는 인격을 만들어야 했습니다. 그 인격이란 '하나님의 말씀에 순종하는 인격' 입니다. 하나님의 말씀에 순종하는 삶은 하나님을 믿고 사는 것입니다.

이것이 하나님의 백성들이 예수 그리스도의 피로 구속 받아 살아가는 방식이요, 마귀와의 전쟁에서 승리하는 길입니다. 마귀는 능력 받았다고 자랑하는 사람을 겁내지 않고 하나님의 말씀에 순종하는 인격을 가진 사람 앞에서 떠는 것입니다.(약4:7) 그러므로 우리는 하나님의 말씀에 순종하기 위해 매일 무릎 꿇고, 회개하고, 하나님의 말씀을 먹고 살아야 합니다. 하나님의 말씀에 순종하는 인격이 되려면 교만과 이별해야 합니다. 교만하면 은혜를 받을 수 없고 마귀가 와서 주장하기 때문입니다.(약4:6)

"네 하나님 여호와께서 이 사십 년 동안에 네게 광야 길을 걷게 하신 것을 기억하라. 이는 너를 낮추시며 너를 시험하사 네 마음이 어떠한지, 그 명령을 지키는지 지키지 않는지 알려 하심이라. 너를 낮추시며 너를 주리게 하시며 또 너도 알지 못하며 네 조상들도 알지 못하던 만나를 네게 먹이신 것은 사람이 떡으로만 사는 것이 아니요 여호와의 입에서 나오는 모든 말씀으로 사는 줄을 네가 알게 하려 하심이니라." (신8:2-3)

하나님의 말씀을 먹고 산다는 말은(신8:3. 마4:4) 사람이 음식을 먹고 육체가 사는 것과 같이 하나님의 말씀이신(요1:1) 예수 그리스도를 믿는 것입니다. 그리고 기록된 하나님의 말씀인 성경을 삶의 절대 원리로 받아들여 믿고 순종하는 것입니다. 주님께서는 "…예수께서 이르시되 내가 진실로, 진실로 너희에게 이르노니 인자의 살을 먹지 아니하고 인자의 피를 마시지 아니하면 너희 속에 생명이 없느니라."(요6:53)고 하셨습니다. 또한 "내 살을 먹고 내 피를 마시는 자는 내 안에 거하고 나도 그의 안에 거하나니…"라고 하셨습니다. 여기서 말씀 먹고 산다는 것은 예수 그리스도와의 연합을 말하는 것으로, 영원한 생명을 얻음을 의미합니다.

그렇다면 이스라엘은 왜 광야에서 우상을 섬기게 되었을까요? 그것은 그들이 교만해졌기 때문입니다. "…이는 너를 낮추시며…"라는 말씀을 보아도 이스라엘이 얼마나 교만해졌는지 알 수 있습니다. 교만해지면 하나님의 말씀을 듣지 않고 오히려 하나님의 말씀을 판단하려 드는데, 이는 벌써 마귀에게 지배당하고 있다는 증거입니다. 이스라엘이 얼마나 교만해졌는지 성경 구절을 살펴보겠습니다.

"너희를 젖과 꿀이 흐르는 땅에 이르게 하려니와 나는 너희와 함께 올라가지 아니하리니 너희는 목이 곧은 백성인즉 내가 길에서 너희를 진멸할까 염려함이니라 하시니."(출33:3)

"여호와께서 모세에게 이르시기를 이스라엘 자손에게 이르라 너희는 목이 곧은 백성인즉 내가 한 순간이라도 너희 가운데에 이르면 너희를 진멸하리니 너희는 장신구를 떼어내라. 그리하면 내가 너희에게 어떻게 할 것인지 정하겠노라 하셨음이라." (출33:5)

"이르되 주여 내가 주께 은총을 입었거든 원하건대 주는 우리와 동행하옵소서. 이는 목이 뻣뻣한 백성이니이다. 우리의 악과 죄를 사하시고 우리를 주의 기업으로 삼으소서." (출34:9)

"그러므로 네가 알 것은 네 하나님 여호와께서 네게 이 아름다운 땅을 기업으로 주신 것이 네 공으로 말미암음이 아니니라 너는 목이 곧은 백성이니라." (신9:6)

"네 마음이 교만하여 네 하나님 여호와를 잊어버릴까 염려하노라 여호와는 너를 애굽 땅 종 되었던 집에서 이끌어 내시고…" (신8:14)

하나님께서 염려하신대로 이스라엘은 하나님의 말씀을 마음에 두지 않고 교만해졌습니다. 그 이유는 그들이 출애굽에서부터 애굽에 내린 열 가지 재앙을 목격하고 하나님의 능력을 체험했기 때문입니다. 또한 홍해의 기적과 만나와 율법을 받음으로써 자신들이 혈통적으로 하나님의 백성임을 자부하며 교만한 마음이 생겼기 때문입니다. 하나님이 기적을 베풀면 베풀수록 겸손해지기는커녕 갈수록 더 많은 표적을 구했고(고전1:22), 하나님의 말씀을 순종치 아니하였습니다.(히3:16-19) 사

114

람이 낮아지지 않으면 결단코 은혜를 받을 수 없는 법인데(약4:6), 이스라엘은 그것을 몰랐습니다. 광야에서는 하나님의 은혜가 아니고서는 결코 살아갈 수 없음을 몰랐습니다. 이 진리는 예나 지금이나 마찬가지입니다.

이스라엘이 우상을 섬긴 또 하나의 이유는 교만해짐으로써 마귀의 지배를 받게 되었기 때문입니다. 마귀는 하나님의 백성들을 타락시키기 위해 세상에 있는 것을 가지고 유혹합니다.

> "이 세상이나 세상에 있는 것들을 사랑치 말라. 누구든지 세상을 사랑하면 아버지의 사랑이 그 속에 있지 아니하니 이는 세상에 있는 모든 것이 육신의 정욕과 안목의 정욕과 이생의 자랑이니 다 아버지께로 좇아 온 것이 아니요 세상으로 좇아 온 것이라."(요일2:15-16)

세상의 왕인(요12:31, 16:11) 마귀는 세상 것을(요일5:19) 가지고 유혹하며 육신의 정욕과 안목의 정욕과 이생의 자랑을 좇아 살게 하였습니다. 그래서 이스라엘은 하나님의 사랑을 떠나 하나님보다 세상 것을 더 사랑하며 우상숭배에 빠지게 되었습니다. 하나님보다 물질이나 쾌락을 더 사랑하는 것은 물론, 하나님을 정욕을 채워주는 분으로 여기는 것도 우상숭배에 속한다는(딤후3:1-5) 것을 잊지 말아야 합니다.

그런 관점에서 오늘날 우리의 신앙 현실을 돌아보면 어떻습니까? 너무 오랫동안 가난하게 살아온 사람들에게 말씀을 전하다 보면 자연히 복과 위로와 소망을 언급하며 말씀을 전하게 됩니다. 그런데 이런 말씀을 잘못 받아들여 세상에서 부자 되고 성공하는 것이 신앙의 전부인 양 생각하는 이들이 적지 않습니다. 이제라도 우리는 탐심을 버리고 순수한 복음으로 돌아가야 합니다. 늦었지만 지금이라도 말씀으로 돌아가야 합니다. 하나님의 백성을 자유롭게 하는 것은 재물이 아니라 진리이기 때문입니다.(요8:332) 물질을 많이 받았다고 그것이 복의 전부일까요? 하나님의 복을 많이 받으면 받을수록 사람들이 하나님을 더 잘 섬기게 될까요? 광야 노정에서 하나님이 이스라엘에게 하신 말씀을 보겠습니다.

> "내가 오늘 네게 명하는 여호와의 명령과 법도와 규례를 지키지 아니하고 네 하나님 여호와를 잊어버리지 않도록 삼갈지어다. 네가 먹어서 배부르고 아름다운 집을 짓고 거주하게 되며, 또 네 소와 양이 번성하며 네 은금이 증식되며 네 소유가 다 풍부하게 될 때에 네 마음이 교만하여 네 하나님 여호와를 잊어버릴까 염려하노라. 여호와는 너를 애굽 땅 종 되었던 집에서 이끌어 내시고…."(신 8:11-14)

어려우면 하나님을 찾게 되지만, 배부르면 하나님을 잊어버리게 됨을 우려하는 말씀입니다. 하나님은 우리 한국 교회에 많은 복을 주셨습니다. 그런데 우리가 잘 사는 것만큼 하나님을 잘 섬기고 있습니까? 오히려 하나님을 잊어버리고 타락하지 않았나 하는 우려가 앞섭니다.

> "그런데 여수룬이 기름지매 발로 찼도다. 네가 살찌고 비대하고 윤택하매 자기

를 지으신 하나님을 버리고 자기를 구원하신 반석을 업신여겼도다."(신32:15)

하나님의 지극한 사랑과 복 주심에도 불구하고 하나님을 저버리고 우상을 숭배한 이스라엘을 두고 하신 말씀입니다. 배고프다고 아우성 치는 이스라엘에게 하나님은 광야에서 만나와 메추라기를 실컷 먹이셨 습니다. 그런데 먹고 배부른 이스라엘이 어떻게 하였습니까? 배를 채워 주었더니 오히려 더 힘을 내서 하나님을 거역했습니다.

오늘을 살아가는 우리 그리스도인들이 이 사실을 어떻게 받아들여야 할까요? 역사는 되풀이된다는 사람의 말보다도 하나님을 더 두려워해 야 합니다. 그리고 하나님의 뜻이라면 목숨 걸고 순종할 수 있는 인격 으로 변화되어야 합니다. 이는 누구도 예외가 있을 수 없습니다.

광야 노정에서 신앙생활에 실패해 가나안에 이르지 못한 수많은 이 스라엘 사람들! 그중 한 사람이 모세라는 것은 참으로 놀라운 사실입니 다. 광야에서 물이 없어 백성들이 모세와 아론을 공박하자 모세가 성막 문에 엎드려 하나님께 기도했습니다. 그러자 하나님께서 이르시기를 지팡이로 반석을 명하여 물을 내라(민20:8) 하셨습니다. 이에 모세가 백성들을 불러 모았습니다.

"모세와 아론이 회중을 그 반석 앞에 모으고 모세가 그들에게 이르되 반역한 너 희여 들으라 우리가 너희를 위하여 이 반석에서 물을 내랴 하고 모세가 그의 손 을 들어 그의 지팡이로 반석을 두 번 치니 물이 많이 솟아나오므로 회중과 그들 의 짐승이 마시니라."(민20:10-11)

하나님은 분명히 반석을 명하여 물을 내라 하셨는데 모세는 백성들의 원망과 불평하는 죄악의 영향을 받아 화를 냈습니다. 그래서 지팡이로 반석을 두 번이나 치자 물이 쏟아져서 회중과 짐승이 물을 먹고 해갈하였습니다. 이에 하나님이 모세와 아론에게 이르셨습니다.

"여호와께서 모세와 아론에게 이르시되 너희가 나를 믿지 아니하고 이스라엘 자손의 목전에서 내 거룩함을 나타내지 아니한 고로, 너희는 이 회중을 내가 그들에게 준 땅으로 인도하여 들이지 못하리라 하시니라."(민20:12)

결국 모세와 아론은 가나안에 들어가지 못한다는 말씀입니다. 가나안은 천국의 상징이라기보다는 믿음으로 받는 현세의 축복이라고 할 수 있는데, 모세와 아론은 이를 잃어버렸습니다. 하나님께 순종하지 않고 혈기 부리면 축복이 오다가도 도망가는 것입니다.

"내 사랑하는 형제들아 너희가 알지니 사람마다 듣기는 속히 하고 말하기는 더디 하며 성내기도 더디 하라, 사람이 성내는 것이 하나님의 의를 이루지 못함이라. 그러므로 모든 더러운 것과 넘치는 악을 내버리고 너희 영혼을 능히 구원할 바 마음에 심어진 말씀을 온유함으로 받으라."(약1:19-21)

성내는 것은 마음속에 악이 넘치기 때문입니다. 모세는 성내고 혈기 부린 잘못으로 가나안의 안식을 누리지 못했습니다. 여기에서 우리는 성냄이나 혈기 부림이 분명히 죄라는 것을 알 수 있습니다. 그러면 이러한 죄를 어떻게 처리해야 할까요? 주님이 승리하신 십자가로 가서 처리해야 합니다. 그래야만 옛 사람이 죽고 자아가 죽어 죄가 처리되는 것입니다.

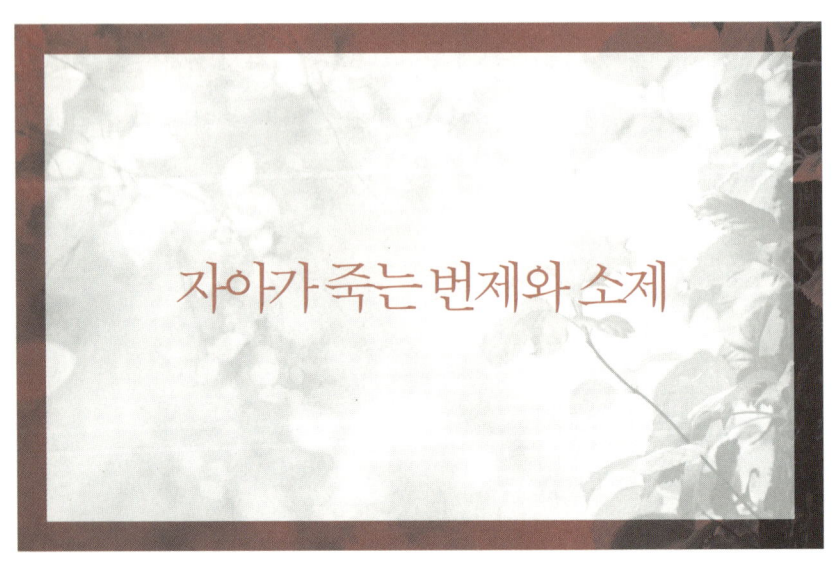

자아가 죽는 번제와 소제

번제단의 두 번째 기능인 '헌신' jb'z.(제바흐) 제사는 '희생', 혹은 '희생제물' sacrifice을 의미합니다. 번제단은 제물을 잡아 가죽을 벗기고 각을 떠서 제단에 올려놓고 불태워 드린 곳이며, 곡식을 빻아서 가루로, 혹은 떡으로 삶거나 구워서 드렸습니다. 이 과정에서 제물은 철저히 죽임을 당했고, 살아있는 제물이란 상상할 수도 없습니다.

이 사실이 우리에게 무엇을 가르쳐 줍니까? 십자가 위에서 예수 그리스도와 함께 죽은 자만이 그리스도인(롬6:3)이라는 사실과, 예수 그리스도 함께 죽은 자만이 하나님께 제물 될 수 있는 사람, 즉 헌신할 수 있는 사람(롬12:1)이라는 것을 가르쳐 줍니다. "너희는 누룩 없는 자인데 새 덩어리가 되기 위하여 묵은 누룩을 내어 버리라. 우리의 유월절

양, 곧 그리스도께서 희생이 되셨느니라."(고전5:7)라는 말씀에서 구약의 유월절 양으로 비유되신 예수 그리스도가 십자가에서 피 흘리고 죽으심은 새로운 하나님의 백성의 탄생을 위함입니다. 또한 죄를 짊어지고 십자가에서 희생되심으로 하나님과 사람을 화목시키는 제물(롬3:25)이 되셨습니다.

예수 그리스도께서 십자가 위에서 죽으신 일이 사실인 것처럼 그리스도인이 십자가에서 예수 그리스도와 함께 죽은 것 또한 사실입니다.(롬6:3-11) 이 사실을 지나치고서는 신앙생활이 정상적으로 이루어지지 않음을 알아야 합니다. 신앙생활에서 야기되는 문제 중에 가장 심각한 것이 자기의 지위와 신분을 망각하는 것입니다. 단언하건대 신앙생활이란 나는 죽고 내 안에서 그리스도께서 사시는 것입니다. 바로 그것이 내가 영원히 그리스도 안에서 사는 길입니다.

> "내가 그리스도와 함께 십자가에 못 박혔나니 그런즉 이제는 내가 사는 것이 아니요 오직 내 안에 그리스도께서 사시는 것이라. 이제 내가 육체 가운데 사는 것은 나를 사랑하사 나를 위하여 자기 자신을 버리신 하나님의 아들을 믿는 믿음 안에서 사는 것이라."(갈2:20)

우리의 구주이시며 우리의 왕이신 예수 그리스도, 우리의 머리 되시는 예수 그리스도께서는 언제 왕의 자격을 구비하셨습니까? 주님께서는 이 땅에 오시기 전에도 사실상 왕이셨습니다.(시103:19,시2:6) 그러나 십자가에 올라가 죽으심으로(막8:29-31) 그리스도(시2:6)라는 왕의 직위에 취임하신 것입니다. 그러면 예수 그리스도께서는 능력 행하실 적에 왕이셨습니까? 아니면 예언하실 때 왕이셨습니까? 둘 다 아닙니다. 주님은 다만 십자가에서 죽으심으로 왕이셨습니다. 우리의 머리 되신 그리스도께서 십자가를 지고 왕이 되셨는데, 지체인 그리스도인이 십자가를 져야 하는 것은 당연합니다. 우리 그리스도인이 예수 그리스도와 함께 십자가를 져야만, 즉 예수 그리스도와 함께 죽어야만 그리스도와 함께 누릴 수 있는 생명과 은혜와 능력과 축복을 유업으로 받을 수 있습니다. 그러므로 예수 그리스도와 함께 십자가에서 죽지 않은 그리스도인이 있을 수 없습니다.

결국 십자가는 자기가 죽어야만 남을 살리는 것입니다. 내가 죽고 그리스도께서 교회의 왕이시라면, 교회는 세상과 세상 주관자들을 다스리는 그리스도와 함께 일하는 그리스도의 대리자로서 권위와 능력을 갖는 하나님의 성전으로 서게 될 것입니다.

그런데 여기서 신앙의 기본 진리인 문제, 즉 어떻게 죽을 것인가, 어떻게 자아를 처리할 것인가를 생각해야 합니다. 사탄은 세상이란 바다에 그물을 쳐 놓고 유혹의 미끼를 달아서 사람의 '자아'를 낚으려고 합니다. 이때 어떤 미끼로 잡으려고 합니까? 율법과 정욕의 미끼입니다. 안다고 하는 사람에게는 율법이라는 미끼로, 모른다고 하는 사람들에게는 정욕이라는 미끼로 잡으려고 합니다. 세상의 어느 누구도 율법과 정욕에 걸려들지 않을 사람이 없습니다. 율법과 사탄은 조금도 틈을 주지 않고 계속해서 사람들에게 접근해 죄인이라고 외칩니다.

그런데 이 지긋지긋한 것에서 우리를 해방시키는 하나님의 능력과 지혜가 나타났으니 그것이 바로 십자가입니다. 사탄과 율법이 하나님의 백성을 죄인이라고 외침은 죄의 형벌을 받으라는 것입니다. 죄의 형벌은 곧 사망입니다. 그러나 예수 그리스도께서 십자가에서 우리를 품으시고 죽으셨습니다. 우리의 자아를 십자가에 못 박으심으로 그리스도와 함께 십자가에서 죽었고, 그 결과 율법의 저주에서, 사탄의 송사에서 우리를 속량해 내셨습니다. 이 율법의 요구를 만족시키기 위해 예수 그리스도는 율법 아래 나서서(갈4:4) 모든 율법을 다 지키고 죽으셨습니다. 법을 만드신 분이 자기 백성을 위해 언약적, 형벌적 책임을 다하기 위해 우리를 안아 율법의 저주를 받고 죽으셨습니다.

> "그리스도께서 우리를 위하여 저주를 받은 바 되사 율법의 저주에서 우리를 속량하셨으니 기록된 바 나무에 달린 자마다 저주 아래에 있는 자라 하였음이라."
> (갈3:13)

예수 그리스도께서 이루어 놓으신 이 진리를 어떻게 내 자신에게 적용해야 실제로 자아가 죽은 상태의 삶을 살 수 있을까요?

> "그런즉 우리가 무슨 말을 하리요 은혜를 더하게 하려고 죄에 거하겠느냐 그럴 수 없느니라. 죄에 대하여 죽은 우리가 어찌 그 가운데 더 살리요. 무릇 그리스도 예수와 합하여 세례를 받은 우리는 그의 죽으심과 합하여 세례를 받은 줄을

알지 못하느냐, 그러므로 우리가 그의 죽으심과 합하여 세례를 받음으로 그와 함께 장사되었나니 이는 아버지의 영광으로 말미암아 그리스도를 죽은 자 가운데서 살리심과 같이 우리로 또한 새 생명 가운데서 행하게 하려 함이라. 만일 우리가 그의 죽으심과 같은 모양으로 연합한 자가 되었으면 또한 그의 부활과 같은 모양으로 연합한 자도 되리라. 우리가 알거니와 우리의 옛 사람이 예수와 함께 십자가에 못 박힌 것은 죄의 몸이 죽어 다시는 우리가 죄에게 종노릇 하지 아니하려 함이니 이는 죽은 자가 죄에서 벗어나 의롭다 하심을 얻었음이라. 만일 우리가 그리스도와 함께 죽었으면 또한 그와 함께 살 줄을 믿노니 이는 그리스도께서 죽은 자 가운데서 살아나셨으매 다시 죽지 아니하시고 사망이 다시 그를 주장하지 못할 줄을 앎이로라. 그가 죽으심은 죄에 대하여 단번에 죽으심이요 그가 살아 계심은 하나님께 대하여 살아 계심이니, 이와 같이 너희도 너희 자신을 죄에 대하여는 죽은 자요 그리스도 예수 안에서 하나님께 대하여는 살아 있는 자로 여길지어다."(롬6:1-11)

위의 말씀은 십자가의 진리를 명쾌히 설파하고 있습니다. 물론 이 말씀은 로마서 4장과 5장의 연장선에서 나온 말씀이기도 합니다. "예수는 우리 범죄함을 위하여 내어줌이 되고 또한 우리를 의롭다 하심을 위하여 살아나셨느니라."(롬4:25)라고 하신 말씀은 십자가를 통해 죄인이 죄 사함과 의롭다 함을 받는 진리를 가르칩니다. 그런데 어떻게 해서 이런 일이 가능한 것일까요?

"우리가 아직 연약할 때에 기약대로 그리스도께서 경건치 않은 자를 위하여 죽으셨도다. 의인을 위하여 죽는 자가 쉽지 않고 선인을 위하여 용감히 죽는 자가 혹 있거니와, 우리가 아직 죄인 되었을 때에 그리스도께서 우리를 위하여 죽으심으로 하나님께서 우리에게 대한 자기의 사랑을 확증하셨느니라. 그러면 이제 우리가 그 피를 인하여 의롭다 하심을 얻었은즉 더욱 그로 말미암아 진노하심에서 구원을 얻을 것이니."(롬5:6-9)

우리가 하나님과 원수 되었을 적에 그리스도께서 우리를 위해 죽으심으로 하나님과 화목하게 되었습니다. 또한 예수 그리스도의 피로 의롭게 되었으며 예수 그리스도의 부활생명에 동참함으로써 구원을 받았습니다. 여기서 더 나아갈 것은 예수 그리스도께서 십자가에서 죽으심은 혼자 돌아가심이 아니라 그의 백성들을 품고 함께 죽으셨다는 사실입니다. 죄와 율법과 세상과 육신의 정욕과 마귀로부터 해방받게 되었다는 진리를(롬6:1-11) 선포하고 있는 것입니다. 예수 그리스도의 십자가는 비단 대속의 십자가일뿐 아니라, 죄와 죄의 권세로부터 해방되는 죽음의 십자가입니다. 율법이 죄를 지적하고, 마귀도 죄를 지적하며, 죄의 결과는 사망입니다.(롬6:23) 죄의 댓가로 우리가 죽으면 율법과 마귀의 요구는 이루어지는 것입니다. 그러나 하나님은 죄 없으신 예수 그리스도로 하여금 그분의 자녀들을 품어 죽게 하셨습니다. 이는 당신의 자녀들에게 하나님의 의(고후5:21)를 입혀주시기 위한 것이요(롬13:14) 영생을 주기 위한 것입니다. 이 일은 세상을 구원하기 위한 하나님의 영원한 비밀입니다.(골1:27, 골2:2)

우리가 자아를 죽이는 방법은 날마다 시마다 분초마다 자신의 신분을 바로 깨닫는 일입니다. 나는 그리스도 안에서 죽은 존재임을 명심하고 자신을 향해 고백하는 일이 그리스도께서 나를 안고 죽으신 십자가를 매일 체험하는 일입니다.(고전15:31) 너무나 단순히 내가 예수 그리스도 안에서, 십자가에서 죽었다는 사실을 믿고 스스로에게 고백해야 합니다. "내가 복음을 부끄러워하지 아니하노니 이 복음은 모든 믿는 자에게 구원을 주시는 하나님의 능력이 됨이라. 먼저는 유대인에게요 그리고 헬라인에게로다…."(롬1:16)

내가 그리스도와 함께 십자가에서 죽었다는 말씀은 실제로 내 자아가 죽는 체험을 하게 합니다. 그리고 이 말씀은 한 번으로 끝나는 것이 아니라 날마다 자신을 향해 선포할 일인 것입니다.(고전15:31) 이렇게 될 때 육체에 속한 정욕과 세상과 사탄과 그의 세력에게 승리할 수 있습니다.

"그리스도 예수의 사람들은 육체와 함께 그 정욕과 탐심을 십자가에 못 박았느니라."(갈5:24)

"그러나 내게는 우리 주 예수 그리스도의 십자가 외에 결코 자랑할 것이 없으니 그리스도로 말미암아 세상이 나를 대하여 십자가에 못 박히고 내가 또한 세상을 대하여 그러하니라."(갈6:14)

정욕과 탐심을 어떻게 십자가에 못 박을 수 있습니까? 우리의 왕이신 예수 그리스도께서 십자가를 지심으로 왕이 되신 것처럼, 우리도 날마다 십자가에 올라가 자아가 죽음으로써 그리스도와 일체가 되어 십자가에서 죽으신 왕의 지체가 되는 것입니다. 십자가에서 자아가 죽은 사람은 마귀의 송사에도 절대로 넘어지지 않습니다. 마귀는 자아가 죽어진 사람인지 아닌지를 귀신같이 알며, 자아가 죽어진 사람 앞에서는 무릎을 꿇든지 도망가든지 택일을 하게 됩니다. 그리스도에게 순종하는 인격은 예수 그리스도와 일체가 되어 있기 때문에 마귀가 떨 수밖에 없습니다. 무릎 꿇고 기도하고, 말씀 먹고 순종하면 날마다 자아가 없어져 주님께 사로잡히고 마귀의 유혹에 넘어갈 시간이 없어집니다. 이래서 십자가의 도는 멸망하는 자들에게는 미련한 것이요 구원을 얻는 우리에겐 하나님의 능력이 되는 것입니다.

> "그러므로 형제들아 우리가 빚진 자로되 육신에게 져서 육신대로 살 것이 아니니라. 너희가 육신대로 살면 반드시 죽을 것이로되 영으로써 몸의 행실을 죽이면 살리니, 무릇 하나님의 영으로 인도함을 받는 사람은 곧 하나님의 아들이라."
> (롬8:12-14)

⦿ 번제에서 자아를 처리하는 법

번제(레1:1-17)에서 하나님께 제물을 드리는 과정을 보면 소, 양, 염소의 흠 없는 수컷과 산비둘기, 집비둘기의 새끼를 예물로 삼았는데 이를 처리하는 과정은 다음과 같습니다.

첫째로, 목을 끊습니다. 짐승을 잡을 때 새의 경우는 목을 비틀어 끊어서 잡았습니다.(레1:15) 일반 짐승의 경우에도 대부분 목을 따서 머리로 가는 호흡과 피를 차단했습니다. 여기에서 알 수 있듯이, 십자가의 진리는 머리로, 즉 이성적으로 깨달아서 알 수 있는 진리가 아니라 믿음으로 깨달아지는 진리입니다. 거짓 없는 믿음과, 믿음으로 역사하는 사랑(갈5:6,요일4:7-8)이 하나님을 아는 길입니다. 자아가 죽어진다는 것은 머릿속에 담긴 자기의 지식과 지혜와 사상과 철학과 주장을 버리고 오로지 하나님의 말씀에만 의지함을 뜻합니다. 목을 끊는 일처럼 자아를 죽이는 일을 중하고 철저히 여기지 않으면 세상으로 가는 수많은 길이 생기고 그 구멍으로 세상 물이 스며들어 결국은 세상에 가라앉아 멸망하고 말 것입니다. 오로지 하나님의 말씀만 의지하는 사람을(요8:47) 하나님은 자기 자녀로서 보호하고 인도하고 축복해 주십니다.

둘째로, 가죽을 벗깁니다.(레1:6) 이는 옛 사람을 벗어 버리고 새 사람을 입으라는 말씀입니다.(엡4:22) 그리스도와 함께 십자가에서 죽은 사람은 인생관이 변하고 우주관이 변합니다. 그러나 십자가에서 죽지 않은 사람은 변하지 않습니다. 교회를 다니며 직분까지 받은 사람이 세상에서 살던 것과 똑같은 생각과 방식으로 살아가고 있다면 근본부터 틀려 있음을 깨달아야 합니다. 이는 그가 아직 예수 그리스도와 일체가 되지 않았다는 증거입니다. 이보다 더 심각한 일이 어디 있겠습니까? 천금과 만금을 쌓아두고 살아도 자기 영혼을 잃으면 무엇이 유익하겠습니까?(눅12:18-21) 이런 사람들 대부분이 하나님의 일에는 태만하며 놀기 좋아하고, 교회 다니는 것을 천국행 열차를 탄 것과 같이 생각합니다. 구약시대 이스라엘 백성들도 이와 같아서 이스라엘 민족이 된 것은 자동적으로 구원을 받은 것 같이 여겼습니다. 그것이 얼마나 심각한 잘못인지 뉘우치고 마치 생 사람의 가죽을 벗기듯이 아픈 마음으로 하나님 앞에 굴복해 뼈를 깎는 몸부림의 통회痛悔가 있어야 합니다. 그리스도인은 옛 사람을 벗어 버리고 예수로 옷 입어야 합니다.(롬13:12-14)

제물을 처리하는 세 번째 순서는 각을 뜨는 것입니다.(레1:6,12) 이는 부분 부분이 철저한 회개를 이루라는 말씀이며, 피 흘리기까지 죄와 싸우라는 말씀입니다. 주님께서 말씀하시길, "만일 네 오른 눈이 너로 실족하게 하거든 빼어 내버리라. 네 백체 중 하나가 없어지고 온몸이 지옥에 던져지지 않는 것이 유익하며, 또한 만일 네 오른손이 너로 실족하게 하거든 찍어 내버리라. 네 백체 중 하나가 없어지고 온몸이 지옥에 던져지지 않는 것이 유익하니라."(마5:29-30)라고 하셨습니다. 눈이 죄 지으면 눈을 빼 버리고, 손이 죄 지으면 손을 찍어 내버리라는 말씀은 구체적인 회개를 철저히 하라는 말씀입니다. 그리고 죄를 짓지 않도록 피 흘리며 싸우라는 말씀입니다. 사람이 죄를 짓는 과정을 보면 눈으로 봄으로써 그것이 마음으로 전달되고, 마음에서 죄를 잉태해 행동으로 옮겨지는 경우가 얼마나 많습니까?(창3:6) 또한 나의 양심과는 상관없이 손이 만지지 말아야 할 것을 만지며, 하지 말아야 할 것을 실행하는 경우가 얼마나 많습니까?(사1:15) 하나님의 뜻과는 상관없이 이해관계에서 모든 일을 결정하는 시대가 오늘이 아닌가 싶습니다.

이러한 생각을 씻어버리는 일을 각을 뜬다는 말로 표현하고 있습니다. 남을 헐뜯고 비방하는 입술이 예수님의 보혈로 씻겨져 남을 축복하고 하나님을 찬양하며 복음을 전하는 복된 입술로 변해야 합니다. 시기와 질투의 눈길, 음란한 눈길, 탐욕의 눈길이 남을 긍휼히 보는 눈길, 하늘을 바라보는 소망의 눈길, 하나님의 뜻을 바라볼 수 있는 신령한 눈길로 변해야 합니다. 또한 손은 하나님의 일을 솔선수범해 기쁨으로 실행하는 손, 약한 자를 일으키고 가난한 자를 돕는 손, 병든 자를 어루만지고 넘어진 자를 일으키는 손으로 변해야 합니다. 발은 복음을 들고 산 넘고 들을 건너 전하러 다니는 복된 발로 변해야 합니다. 눈으로 죄 짓거든 눈을 빼어 버리는 아픔을 생각하며 죄와 싸워야 합니다. 내 몸의 지체 가운데 어느 한 부분도 하나님의 일에 필요치 않은 부분이 없습니다. 우리들 중에 하나님의 교회에 필요치 않은 사람 또한 한 사람도 없습니다. 모든 지체가 우리 인체에 중요한 것처럼 모든 성도는 하나님과 교회에 꼭 필요하고 귀한 존재들입니다.(고전12:12-27)

번제에서 제물을 처리하는 마지막 순서는 내장과 정강이를 물로 씻는 것입니다.(레1:9,13) "입으로 들어가는 것이 사람을 더럽게 하는 것이 아니라, 입에서 나오는 그것이 사람을 더럽게 하는 것이니라."(마 15:11)는 주님 말씀의 의미를 생각해봐야 합니다. 유대인들이 주님께 나아와서 당신의 제자들이 떡을 먹을 때 손을 씻지 않고 먹는 것을 시비하자 주님께서는 이렇게 말씀하셨습니다. "너희는 어찌하여 사람의 계명(인본주의적 외식적 경배행위), 즉 손을 씻고 떡 먹는 일을 지키려고 애를 쓰면서 네 부모를 공경하라 하신 하나님의 계명을 쉽게 범하는가?"(막7:11) 자기의 탐욕을 채우려고 부모 공경을 회피하고 하나님을 이용하는 일은 잘못된 신앙임을 깨우쳐 주시는 말씀으로, 이러한 신앙은 하나님을 헛되이 경배하는 일임을 가르치고 계십니다. 이런 사람은 하나님에게서 먼 사람이며, 안이 더러워서 그런 것임을 일깨워 주십니다. 입으로 들어가는 것이 아니라 입에서 나오는 것, 즉 마음에서 나오는 악한 생각과 살인과 간음과 음란과 도적질과 거짓 증거와 훼방이(마 15:19) 사람을 더럽게 하는 것입니다. 신앙은 외면보다 내면이, 형식보다는 내용이 중요한 것임을 성경 전체에서 가르치고 있습니다. 신자의 마음속에 있는 가나안 7족을 몰아내고 (마15:19) 하나님께 7언 찬송(계 5:12)을 드려야 할 것입니다.

⊙ 소제에서 자아를 처리하는 법

소제에서 예물을 삼는 '고운 가루'$^{tl,so(솔레트)}$는 낟알과 껍질 전체를 갈아 만든 거친 가루가 아니라 오로지 밀의 속알을 갈아 만든 가루였습니다. 고운 가루는 특별히 중요한 손님을 대접할 때 사용되었으며, 값비싼 고급 양식이었습니다.(겔16:13, 겔16:19) 또한 제사장들과 레위인들의 고귀한 소명과 하나님에 대한 그들의 봉사와 헌신에 대해 하나님이 주신 응식^{應食}이었습니다.(레2:3)

곡식이 부서져 고운 가루가 되려면 맷돌에 넣어 으깨져야 하듯이, 우리가 고운 가루가 되려면 말씀으로 철저히 부서져야 합니다. 고운 가루는 한마디로 예수 그리스도를 말합니다. 그리스도께서는 채찍에 난자 당하고, 가시관에 찔리고, 양손과 발이 대못에 박히고, 옆구리에 창을 맞아 가루가 되셨습니다. 심지어 몸이 죽음을 당하고 그의 영혼이 지옥에서 고통을 당하셨습니다. 이는 그리스도인의 영원한 생명의 양식이 되기 위해서였습니다.(요6:53) 그리스도인도 그처럼 부서져야 합니다. 그래야 그리스도의 향기가 나지 않겠습니까?(고후2:15) 그래서 고운 가루 위에 기름을 붓고 유향을 놓으라고 하셨습니다. 가루는 불완전한 예물이며, 기름은 성경에서 성령의 모형을 상징합니다. 주님의 공생애^{公生涯}가 시작될 때 성령의 기름부으심으로 출발하셨습니다.(마3:16, 눅3:22)

"주 여호와의 영이 내게 내리셨으니 이는 여호와께서 내게 기름을 부으사 가난한 자에게 아름다운 소식을 전하게 하려 하심이라. 나를 보내사 마음이 상한 자를 고치며 포로된 자에게 자유를, 갇힌 자에게 놓임을 선포하며…"(사61:1)

"하나님이 나사렛 예수에게 성령과 능력을 기름 붓듯 하셨으매 그가 두루 다니시며 선한 일을 행하시고 마귀에게 눌린 모든 사람을 고치셨으니 이는 하나님이 함께 하셨음이라."(행10:38)

위의 말씀은 고운 가루 위에 기름을 부으셨다는 말씀이 이루어진 것입니다. 주님의 사역이 이러할진대 그리스도의 증인된 성도들은 말해 무엇하겠습니까? 그래서 주님은 "너희는 위로부터 능력을 입히울 때까지 이 성에 유하라."(눅24:49)고 하셨습니다. 성령으로 인침 받은 영혼(엡1:13)이 성령으로 봉사해야(빌3:3) 증인 되는 삶을 감당하게 될 것입니다.(행1:8) 소제물이 하나님 앞에 향기로운 냄새나는 제물이려면 불로(사4:4.렘23:29) 인한 시련의 과정을 거쳐야 합니다. 하나님 앞에서 인간적이고 정욕적인 것을 말씀의 칼과(히4:12) 성령의 불로(사4:4, 마3:11) 잘라내고 태워야 향기로운 제물이 될 수 있습니다. 그래서 고운 가루 위에 놓여진 유향은 하나님께 향기로운 제물로 열납될 것입니다.

소제에서 떡으로 제물을 삼을 때 화덕에 굽거나, 번철에 부치거나, 솥에 삶아서 드림은 예수 그리스도께서 유대인들로부터 받은 온갖 고

초와 불같은 시험과 십자가의 고난과 지옥의 고통을 대신 지심으로 하나님 앞에서나 그의 백성들에게 먹기 좋은 응식이 되셨음을 의미합니다. 이 사실을 요한복음 6장에서 설명하고 있는데, 한 아이의 한 끼 식량을 예수님의 이름으로 나누었더니 5,000명이 먹고도 12바구니나 되는 양이 남았습니다. 생명의 떡을 나누는 일이야말로 하나님 앞에 익은 행실이며, 향기로운 냄새나는 예물입니다.(레2:2,9)

번제에서 드리는 제물이 하나님을 위한 온전한 헌신이었다면, 소제에서는 이웃을 위한 헌신을 강조하고 있습니다. 번제에서는 제물을 전부 불태워 드렸지만 소제에서는 일부만을 드리고 나머지 모두를 사람을 대표하는 제사장에게 돌린 것입니다. 그런데도 하나님은 소제에서 "향기로운 냄새요 지극히 거룩한 것(레2:2-3)"이라고 말씀하십니다.

원래 하나님께서는 소제의 예물인 곡식을 인간의 몫으로 주셨습니다. "하나님이 이르시되 내가 온 지면의 씨 맺는 모든 채소와 씨 가진 열매 맺는 모든 나무를 너희에게 주노니 너희의 먹을거리가 되리라."(창1:29)고 하셨습니다. 여기서 우리는 가장 큰 계명인 하나님 사랑과 이웃 사랑이 순서만 있을 뿐이지 똑같이 중하게 여기심을 알 수 있습니다. 번제가 하나님에 대한 인간의 의무 이행을 가르친다면 소제는 이웃에 대한 인간의 의무 이행을 가르칩니다. 주님께서는 이 문제의 실천 방향을 이렇게 가르치고 계십니다.

"아버지나 어머니를 나보다 더 사랑하는 자는 내게 합당하지 아니하고 아들이나 딸을 나보다 더 사랑하는 자도 내게 합당하지 아니하며 또 자기 십자가를 지고 나를 따르지 않는 자도 내게 합당하지 아니하니라. 자기 목숨을 얻는 자는 잃을 것이요 나를 위하여 자기 목숨을 잃는 자는 얻으리라."(마10:37-39)

하나님을 먼저 사랑하되, 다른 어떤 것을 하나님보다 더 사랑해도 안 된다는 말씀과 십자가를 지지 않는 일도 하나님께 합당치 않다는 말씀은 그리스도인은 주님과 함께 십자가에서 죽은 존재이니(롬6:1-11) 날마다 죽지 않으면 안 된다는(고전15:31) 사실을 가르칩니다. 날마다 죽는 사람은 날마다 자기 목숨을 얻게 됩니다. 나는 죽고 그리스도께서 내 안에서 사시는 일이 신앙생활이기 때문입니다.(갈2:20) 그러므로 날마다 죽는 사람이 진정 하나님 앞에서 사는 사람입니다.

"그러므로 형제들아 내가 하나님의 모든 자비하심으로 너희를 권하노니 너희 몸을 하나님이 기뻐하시는 거룩한 산 제물로 드리라 이는 너희가 드릴 영적 예배니라."(롬12:1)

위의 성경 말씀에서 '산 제물' zavw(자오), qusiva(뒤시아)이란 영원한 생명을 가진 자로서 희생 제사를 드리는 행위를 말합니다. 이는 그리스도인의 삶이 그리스도 안에서 죽어 그리스도와 연합되어 새 생명을 얻은 것을 의미합니다. 예수 그리스도께서는 그를 필요로 하는 모든 사람에게 양식이 되어 주셨고, 그 일을 위해 철저히 죽으셨습니다. 하나님 앞에서나 사람 앞에서 엄청나고 대단한 일을 하는 것이 우선이 아니라, 그리스도 안에서 철저히 죽어지는 일이 우선임을 잊어선 안 됩니다. 모순투

성이 육신을 가진 사람이 성령의 역사와 은혜가 아니고서야 어떻게 하나님이 기뻐하시는 산 제물로 드려질 수 있겠습니까? 부서지지 아니한 인간에게서 어떻게 하나님의 권능을 찾아볼 수 있겠습니까? 그래야만 이웃을 위한 의무 이행을 실천할 수 있는 사람이 될 것입니다.

예수님은 한 알의 밀알로 이 세상에 오셔서 철저히 부서지고 죽으셨지만 많은 열매를 맺으셨습니다.(요12:24) 주님은 부서져서 고운 가루가 되셨으며 빈부와 귀천, 남녀와 노소를 막론하고 누구든지 자기를 필요로 하는 사람들의 응식이 되어주셨습니다. 비록 가루가 되셨지만 거기에 기름이 부어졌었습니다. 주님의 권능은 가루가 되심으로 줄어지지 않았습니다.

하나님께서는 모든 소제물에 소금을 치라고 하셨습니다.(레2:13) 소금은 맛을 내고 부패를 막는 물질이지만 성경에서는 보다 특별한 의미로 인용하고 있습니다. 맛을 내는 일도, 부패를 막는 일도 자신의 녹아짐, 즉 희생 없이는 불가능합니다. 특히 소제에서 '언약의 소금'을 언급하며 빼지 말라고 하셨습니다. 언약의 소금이란 무엇입니까? 하나님과 하나님의 백성과의 관계가 결코 파기될 수 없는 엄격한 일임을 강하게 나타내는 말씀입니다. 언약은 '계약'이나 '협정'이란 의미로 양자 간에 법적 효력을 갖지만, 소금 언약으로 강조된 성경엔 두 가지의 내용이 강조되고 있습니다. 그중 하나는 제사장의 응식입니다.

"이스라엘 자손이 여호와께 거제로 드리는 모든 성물은 내가 영구한 몫의 음식으로 너와 네 자녀에게 주노니 이는 여호와 앞에 너와 네 후손에게 영원한 소금 언약이니라."(민18:19)

여기서 '거제' hm:WrT](테루마)는 하나님께 드려진 제사의 제물들을 일컫는데 특히 백성의 대표격인 제사장을 위해 지정한 응식으로 예수 그리스도를 의미합니다.(롬3:25, 요6:53-54) 이 언약은 영원히 결코 변개할 수 없는 일로 썩어짐에서 해방시키는 일이요(고전15:50-54) 영생하는 양식입니다.(요6:51)

소금 언약으로 강조된 나머지 하나는 하나님의 나라에 대한 약속입니다.

"이스라엘 하나님 여호와께서 소금 언약으로 이스라엘 나라를 영원히 다윗과 그의 자손에게 주신 것을 너희가 알 것 아니냐."(대하13:5)

여기서 하나님께서 언약하신 내용은 영원히 다윗에게 주신 나라는 그리스도의 나라임을 의미합니다. 성경에서 '언약'의 개념은 하나님과 그의 백성들 간의 관계를 규정합니다.(출34:1-35) 하나님은 노아에게 언약하셨고(창6:18), 아브라함에게 언약하셨고(창12:1-3, 왕하13:23), 다윗에게 언약하셨습니다. 이 언약은 그들의 후손들에게로 이어지고(창9:8-19, 창15:8, 삼하7:12-16) 결국은 예수 그리스도와(갈3:16) 하나님의 나라로 종결됩니다.(눅4:43, 눅13:29)

번제와 소제는 예수 그리스도의 죽으심을 통해 그리스도인들이 날마다 죽어야 산다는 결론을 깨닫게 합니다. 십자가에서 이루어진 일이 우리들의 현실 삶에서 이루어질 때 그리스도인은 날마다 승리하게 될 것입니다.

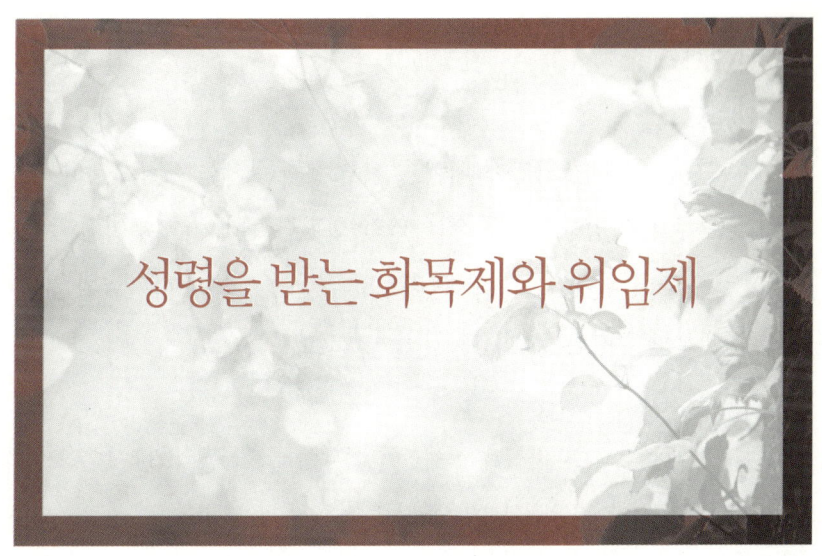

성령을 받는 화목제와 위임제

번제단이 성령을 받는 곳이라는 근거를 먼저 화목제[l,v,(셸렘)]의 의미에서 살펴보겠습니다.

화목제의 첫 번째 의미는 하나님과 인간 사이의 화평을 위한 제사라는 것입니다. 예수 그리스도는 하나님과 인간이 원수 되었던 관계를 회복시키는 화목 제물로 오셨습니다.

"이 예수를 하나님이 그의 피로 인하여 믿음으로 말미암는 화목 제물로 세우셨으니…." 롬3:25)

"그러므로 우리가 믿음으로 의롭다 하심을 받았으니 우리 주 예수 그리스도로

말미암아 하나님과 화평을 누리자."(롬5:1)

　예수 그리스도를 십자가에 내어 주심으로 화목 제물로 삼으시고, 예수님을 구주로 영접한 사람은 하나님과 화평한 관계가 이루어진 것입니다. 그 결과로 하나님은 예수 그리스도를 믿는 자에게 하나님의 자녀임을 성령으로 인치신 것입니다.

　"그 안에서 너희도 진리의 말씀, 곧 너희의 구원의 복음을 듣고 그 안에서 또한 믿어 약속의 성령으로 인치심을 받았으니."(엡1:13)

　화목제의 두 번째 의미는 바쳐진 예물을 나눠 먹을 수 있는 유일한 친교 제사라는 것입니다. 예물을 드리는 자와 제사장과 예물을 받으신 하나님, 모두가 함께 먹었습니다.(레7:11-14, 29-36) 이 사실이 무엇을 말하고 있습니까? 성령 안에서 예수님과 하나님과 내 자신이 교제가 이루어짐을 말합니다.(고후13:13)
　화목제의 세 번째 의미는 번제단이 성령 받는 곳이라는 모형적 의미로, 하나님께 제물을 드렸을 때 하늘에서 불이 내려와 제물을 살랐다는 사실에 주목해야 합니다.

　"아론이 백성을 향하여 손을 들어 축복함으로 속죄제와 번제와 화목제를 마치고 내려오니라. 모세와 아론이 회막에 들어갔다가 나와서 백성에게 축복하매 여호와의 영광이 온 백성에게 나타나며, 불이 여호와 앞에서 나와 제단 위의 번제

물과 기름을 사른지라 온 백성이 이를 보고 소리 지르며 엎드렸더라."(레9:22-24)

위의 구절은 "오순절 날이 이미 이르매 그들이 다같이 한곳에 모였더니 홀연히 하늘로부터 급하고 강한 바람 같은 소리가 있어 그들이 앉은 온 집에 가득하며, 마치 불의 혀처럼 갈라지는 것들이 그들에게 보여 각 사람 위에 하나씩 임하여 있더니."(행2:1-3)라는 말씀을 연상케 합니다. 죄와 이별하고 자아가 죽어져 위탁되어진 심령 위에 성령이 임하신다는 사실을 가르치고 있는데, 이는 신앙생활의 요체로서 믿음으로 성령을 받는다는 사실과(행19:2, 요7:37-39, 갈3:2,5,14) 하나님의 일을 맡은 자에게 성령으로 말씀 배우고(요일2:27), 성령으로 기도하며(엡6:18, 유1:20), 성령으로 말씀 전하고(행1:8, 고전2:4), 성령으로 봉사하며(빌3:3), 성령으로 열매를 맺게 되어야(갈5:22-23) 함을 가르쳐 줍니다.

하나님께서는 하늘과 땅의 모든 권세를 예수 그리스도에게 위임하셨고(마28:18), 예수 그리스도께서는 성령으로 일하셨으며(사61:1-3, 행10:38), 하나님의 사역을 성령을 주셔서 교회에 위임하셨습니다.(마28:19-20, 눅24:49) 그러므로 성령 받은 성도들은 하나님의 일을 위임받은 왕 같은 제사장들이요 거룩한 백성들입니다.

하나님의 일꾼을 세우는 위임식(레8:1-36)을 살펴보면 "또 관유로 아론의 머리에 부어 발라 거룩하게 하고…."(레8:12), "너는 아론과 그 아들들에게 기름을 발라 그들을 거룩하게 하고 그들로 내게 제사장 직분을 행하게 하고…."(출30:30)라는 구절이 있습니다. 이는 기름부음으로 제사장의 직분을 감당케 하셨음을 말합니다. 예수님께서도 기름부음을 받으시고(시132:17, 마3:16) 공생애 사역을 시작하셨습니다. 기름부으심은 성별^{聖別}하여 세우심을 의미하는 것만은 아니며(시133:1-3) 그리스도의 사역을 대신함을 뜻합니다. 왕과 제사장과 선지자를 기름부어 세우심의 규례는 하나님의 일을 위임받은 자들에게 성령의 임하심과 역사하심이 필수조건임을 말합니다. 이는 신약시대에 도래할 만인 제사장 시대가 열릴 것을 구약성경에서 미리 예언하는 것입니다.(욜 2:28-29)

　번제단에서 죄와 이별하고 자아가 죽어지는 데 그칠 것이 아니라 우리가 성령 받아 하나님의 일을 위임받은 왕 같은 제사장이요 거룩한 하나님의 백성임을 인식해야 합니다.

영혼을 단장하는 물두멍

물두멍

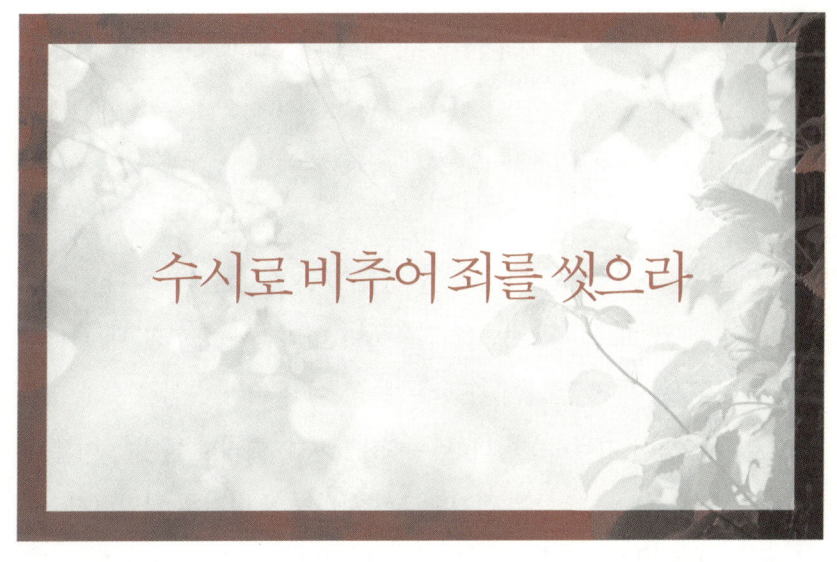

수시로 비추어 죄를 씻으라

'물두멍' r/YKi(키요르)은 놋으로 만들어 물을 담는 그릇으로, 성막에서 봉사하는 제사장의 수족을 씻기 위한 것입니다. 번제단에서 죄를 청산하고 믿음으로 성령을 받은 성도의 몸은 거룩하신 하나님의 성전이 되었습니다. 그러나 우리 몸이 하나님의 성전인 것을 망각한 채 하나님의 영광을 위해 살지 않고 세상에서 정욕대로 살게 되면 다시 죄라는 때가 묻게 됩니다. 그래서 우리는 수시로 죄를 씻어야 합니다. 그래야만 나를 성전 삼으신 하나님께서 내 안에 계속 거할 수 있으시며, 나를 통해 하나님의 뜻을 나타내 보일 수 있습니다. 죄를 수시로 씻지 않고 세상에서 계속 죄에 묻혀 살게 되면 그 사람은 결국 성전의 기능을 상실하고 멸망하게 됩니다.

"너희는 너희가 하나님의 성전인 것과 하나님의 성령이 너희 안에 계시는 것을 알지 못하느냐, 누구든지 하나님의 성전을 더럽히면 하나님이 그 사람을 멸하시리라. 하나님의 성전은 거룩하니 너희도 그러하니라."(고전3:16-17)

우리는 이 사실을 구약 성전의 역사에서 알 수 있습니다. 다윗이 재료를 준비하고 솔로몬이 성전을 건축하여 하나님께 봉헌할 때 하나님의 영광의 구름이 온 성전에 가득해 제사장이 들어가서 섬길 수가 없을 정도로 하나님이 기뻐하셨습니다.(왕상8:10-11) 그러나 다윗을 이은 후대 왕들과 백성들이 우상을 섬김으로써 하나님의 성전은 더럽혀졌습니다. 하나님은 선지자들을 부지런히 보내 권면하고 경고하셨으나, 그들은 끝내 우상숭배에서 돌아서지 않았습니다. 그 결과로 북쪽 이스라엘은 앗수르에 의해 멸망하고 남쪽 유다는 바빌론에 의해 멸망했습니다.

유대 민족은 유력한 자들이 바빌론에 포로로 잡혀가서 70년간 지내게 되었는데, 함께 잡혀간 선지자 중에 에스겔과 다니엘이 있었습니다. 에스겔이 예언 사역을 시작한 시기는 그가 포로로 잡혀간 지 5년쯤 지난 시기였는데, 하나님께서 그를 예루살렘 성전으로 이끌어 유다의 해괴한 범죄로 하나님의 영광이 성전을 떠나 성전이 파괴되고 예루살렘이 멸망하는 모습을 보여주셨습니다. 결국 솔로몬 성전은 기원전 586년에 완전히 파괴되었고 유다는 망하게 되었습니다. 우상을 섬기고 더럽혀져 파괴된 성전들은 하나님의 백성의 심령성전이 어떠해야 하는지 우리에게 가르쳐 줍니다.

물두멍과 물이 의미하는 것

　물두멍은 성막에서 봉사하는 여인들이 화장할 때 사용하는 거울을 하나님께 헌물해 만들었습니다. "그가 놋으로 물두멍을 만들고 그 받침도 놋으로 하였으니 곧 회막 문에서 수종드는 여인들의 거울로 만들었더라."(출38:8)라는 말씀에서 이를 알 수 있습니다. 여기에서 물두멍에 담긴 2가지 의미를 알아야 합니다.

　그 중 하나는 얼굴을 단장하기보다는 영혼을 단장하라는 것입니다. 사람이 화장을 하는 이유는 다른 사람에게 보이기 위함이 아닙니까? 그러나 하나님이 우리를 가납하지 않으시면 화장이 무슨 의미가 있겠습니까? 우리는 영혼의 거울에 주야로 자신의 모습을 비추어 영혼에 묻은 세상의 죄악의 때를 씻어내야 합니다. 그래야 하나님 보시기에 합당한 존재로 설 것입니다.

> "너희의 단장은 머리를 꾸미고 금을 차고 아름다운 옷을 입는 외모로 하지 말고 오직 마음에 숨은 사람을 온유하고 안정한 심령의 썩지 아니할 것으로 하라. 이는 하나님 앞에 값진 것이니라."(벧전3:3-4)

물두멍에 담긴 또 하나의 의미는 신부 단장을 철저히 해 주님 맞을 삶을 준비하라는 말씀입니다. 그리스도의 신부 자격 중에 중요한 것이 바로 '정결' 입니다. 바빌론에 포로로 잡혀간 에스더는 아하수에로 왕의 왕비 간택에 참여하게 됩니다. 왕 앞에 한 번 나아가기 위해 1년간을 준비시키는데, 6개월은 몰약 기름을 쓰고 6개월은 향품과 여자들이 쓰는 화장품을 주어 몸을 정결케 하고 왕에게 나아갔습니다.(에2:12-13) 마태복음 25장에 보면, 신랑 맞으러 간 10명의 처녀 중에 기름을 넉넉히 준비한 5명의 처녀는 혼인잔치에 참석하고, 기름을 넉넉하게 준비하지 못한 5명의 처녀는 잔치에 참석하지 못했음을 알 수 있습니다. 이는 말씀과 성령으로 살라는 말씀으로(시119:105, 갈5:16), 정결케 사는 비결은 주님과 함께 사는 것입니다.(살전5:10)

그러면 물두멍에 담긴 물은 무엇을 의미할까요? "저가 빛 가운데 계신 것같이 우리도 빛 가운데 행하면 우리가 서로 사귐이 있고 그 아들 예수의 피가 우리를 모든 죄에서 깨끗하게 하실 것이요."(요일1:7)라는 말씀은 물두멍에 담긴 물이 예수님의 피라고 말합니다.

"이는 곧 물로 씻어 말씀으로 깨끗하게 하사 거룩하게 하시고…."(엡 5:26)라는 말씀은 물이 하나님의 말씀이라는 것을 의미합니다.

"…명절 끝날, 곧 큰 날에 예수께서 서서 외쳐 이르시되 누구든지 목마르거든 내게로 와서 마시라, 나를 믿는 자는 성경에 이름과 같이 그 배에서 생수의 강이 흘러나오리라 하시니, 이는 그를 믿는 자들이 받을 성령을 가리켜 말씀하신 것이라."(요7:37-39)는 말씀은 물이 성령이라 말합니다. 피와 말씀과 성령은 하나입니다.(요일5:5-8)

"더러운 귀신이 사람에게서 나갔을 때에 물 없는 곳으로 다니며 쉬기를 구하되 쉴 곳을 얻지 못하고, 이에 이르되 내가 나온 내 집으로 돌아가리라 하고 와 보니 그 집이 비고 청소되고 수리되었거늘, 이에 가서 저보다 더 악한 귀신 일곱을 데리고 들어가서 거하니 그 사람의 나중 형편이 전보다 더욱 심하게 되느니라, 이 악한 세대가 또한 이렇게 되리라."(마12:43-45)

위의 말씀은 물이 내 심령성전에 채워져 있으면 마귀가 도망가고, 물이 없으면 마귀가 찾아온다고 말합니다. 본래 귀신은 물 없는 곳으로 다닙니다. 물이 있는 사람은 예수 그리스도의 피 뿌림을 받아 말씀과 성령이 충만하니 누가 감히 그 사람을 침입하겠습니까? 그러므로 성도는 날마다 씻는 일을 게을리해서도 안 되고, 물을 채우는 일을 게을리해서도 안 됩니다.

우리가 하나님과 이웃을 섬기지 않으면 씻어야 할 이유를 찾지 못합니다. 씻지 않아도 살아가기에 별로 불편함이 없기 때문입니다. 그러나 씻지 않으면 죄악의 때가 말라붙어서 심령이 굳어지고 메마르게 되어 사랑과 생명의 공동체인 성전의 기능을 감당하지 못합니다. 그런 상태로 하나님의 일을 하면 자신의 무능함이 그대로 드러나게 됩니다. 영적으로는 갈급함과 가난이 엄습하고(암8:11-13), 환란의 소용돌이에 처하게 되며 (욥1:13-19, 2:7-10, 9:32-33, 14:14, 16:19-21, 19:23-27, 욥42:1-6) 연단의 과정을 겪게 됩니다.(욥23:10, 벧전1:3-9)

하나님이 씻어주시다

　죄를 씻지 않으면 죽기 때문에 제사장이라도 성소에 들어가서 봉사할 수 없습니다. 오늘날에도 제사장인(벧전2:9) 성도가 매일 씻는 삶을 살지 않으면 자기도 모르는 사이에 영적 생명이 서서히 죽어가 하나님을 섬기는 삶을 살 수 없습니다. 성경에서 죄를 씻는다고 할 때, 내가 씻는 것은 '회개'요, 하나님이 씻어주시는 것은 '세례'라는 형식을 취합니다. 세례$^{baptivzw(밥티조)}$의 의미에는 '씻는다'(왕하51:4, 시77:17-20, 고전10:2)는 뜻과, "예수와 함께 죽고 예수와 함께 일으키심을 받는다."(눅12:50, 골2:12)는 두 가지 뜻이 있습니다.

　출애굽 역사에 나타난 세례의 의미는 씻음을 말합니다. 400여 년간 애굽의 종살이 하던 이스라엘을 구출해 내신 하나님은 유월절이라는 행사를 치르게 하십니다. 430년이 마치는 밤에 어린 양을 잡아서 그 피를 문설주와 좌우 인방에 바르고 양고기를 구워서 무교병과 쓴 나물과 함께 허리띠를 띠고 신을 신고 지팡이를 잡고 급히 먹었는데 이것이 유월절 예식입니다. 그 날 밤에 하나님의 사자가 애굽 땅에 두루 다니며 사람이나 짐승이나 처음 난 것은 다 죽이고, 다만 어린 양의 피가 묻어 있는 집에는 죽음의 사자가 뛰어 넘어가서 재앙이 내리지 않게 하셨습니다.(출12:1-14) 이 예식은 죄악 세상에 있는 하나님의 백성을 예수 그리스도의 피로 구속하셨다는 의미로, 심령의 인방에 예수 그리스도의 피가 뿌려진 사람은(벧전1:2) 하나님이 인도하심을 뜻합니다.

이스라엘이 라암셋-숙곳-에담에 이르니 하나님께서 그들 앞에 행하사 낮에는 구름기둥으로, 밤에는 불기둥으로 그들을 인도하셨습니다.(출13:20-22) 그런데 어린 양의 피를 바르고 죽음에서 구원한 이스라엘에게 문제가 생겼습니다. 애굽의 바로왕이 군대를 동원하여 이스라엘을 추격해 온 것입니다. 홍해 강가에 진을 치고 있는 이스라엘이 바라보니 애굽의 바로왕이 모든 병거와 마병을 동원하여 성난 파도처럼 그들을 덮치려 했습니다. 이에 백성들은 두려워 모세를 원망하였습니다.

"그들이 또 모세에게 이르되 애굽에 매장지가 없어서 당신이 우리를 이끌어 내어 이 광야에서 죽게 하느냐, 어찌하여 당신이 우리를 애굽에서 이끌어 내어 우리에게 이같이 하느냐, 우리가 애굽에서 당신에게 이른 말이 이것이 아니냐 이르기를 우리를 내버려 두라. 우리가 애굽 사람을 섬길 것이라 하지 아니하더냐, 애굽 사람을 섬기는 것이 광야에서 죽는 것보다 낫겠노라.

이렇게 원망하는 이스라엘에게 모세가 말했습니다.

> "모세가 백성에게 이르되 너희는 두려워하지 말고 가만히 서서 여호와께서 오늘 너희를 위하여 행하시는 구원을 보라. 너희가 오늘 본 애굽 사람을 영원히 다시 보지 아니하리라. 여호와께서 너희를 위하여 싸우시리니 너희는 가만히 있을지니라."(출14:11-14)

그리고서 모세가 하나님께 부르짖어 기도하자 하나님께서 이르셨습니다.

> "여호와께서 모세에게 이르시되 너는 어찌하여 내게 부르짖느냐. 이스라엘 자손에게 명령하여 앞으로 나아가게 하고, 지팡이를 들고 손을 바다 위로 내밀어 그것이 갈라지게 하라. 이스라엘 자손이 바다 가운데서 마른 땅으로 행하리라."
> (출14:15-16)

모세가 지팡이를 바다 위로 내밀자 좌우로 갈라져 물 벽을 만들고 바다 밑으로 도로가 나타났습니다. 하나님은 어떠한 어려운 처지에서도 그의 백성이 하나님을 믿고 온 마음으로 부르짖으면 누구도 알지 못하는 새로운 길을 열어 주십니다.(시9:10, 렘33:3, 롬8:15, 갈4:5-6) 이에 이스라엘이 바다 밑에 만들어 놓으신 길을 걸어서 행군합니다.(출 12:41) 그런데 중간 지점에 이르렀을 때 갑자기 천둥과 번개를 동반한 비가 쏟아집니다.

> "하나님이여 물들이 주를 보았나이다 물들이 주를 보고 두려워하며 깊음도 진동하였고, 구름이 물을 쏟고 궁창이 소리를 내며 주의 화살도 날아갔나이다. 회오리바람 중에 주의 우렛소리가 있으며 번개가 세계를 비추며 땅이 흔들리고 움직였나이다. 주의 길이 바다에 있었고 주의 곧은 길이 큰 물에 있었으나 주의 발자취를 알 수 없었나이다. 주의 백성을 양 떼 같이 모세와 아론의 손으로 인도하셨나이다."(시77:16-20)

홍해를 건너는 중에 하늘에서 비를 내리게 하신 것이 무엇을 의미합니까?

> "형제들아 나는 너희가 알지 못하기를 원하지 아니하노니 우리 조상들이 다 구름 아래에 있고 바다 가운데로 지나며 모세에게 속하여 다 구름과 바다에서 세례를 받고…."(고전10:1-2)

애굽에서 가나안 땅으로 가려면 해변이 있는 블레셋 길로 가는 것이 훨씬 가깝고 좋은 길이었습니다. 그런데도 홍해로 지나게 하심은 이스라엘로 물 가운데서 세례를 베푸시고 애굽의 군대를 바다에 던져 이스라엘을 구원하시는 하나님의 하나님 되심을 나타내 보이기 위함이었습니다. 이 일은 자자손손 하나님의 백성들에게 교훈으로 주신 사건이었습니다. 즉, 구원받은 백성은 반드시 중생의 씻음이(딛3:5) 필요함을 가르치신 것입니다.

이스라엘은 400여 년간 애굽에서 우상을 섬기며 살았습니다. 유월절이라는 예식을 통해 어린 양의 피를 표적으로 죽음에서 구원받아 광야로 나왔지만 죄를 고백할 처지와 환경과 시간이 되지 못했습니다. 이에 하나님은 이스라엘을 살리기 위해 그들의 죄악을 씻을 필요가 있었습니다. 그래서 이스라엘을 홍해강으로 인도해 집단적으로 세례를 베푸신 것입니다.

> "맑은 물을 너희에게 뿌려서 너희로 정결하게 하되 곧 너희 모든 더러운 것에서와 모든 우상숭배에서 너희를 정결하게 할 것이며, 또 새 영을 너희 속에 두고 새 마음을 너희에게 주되 너희 육신에서 굳은 마음을 제거하고 부드러운 마음을 줄 것이며, 또 내 영을 너희 속에 두어 너희로 내 율례를 행하게 하리니 너희가 내 규례를 지켜 행할지라." (겔36:25-27)

위의 말씀은 이스라엘이 바빌론에 포로로 잡혀갔던 70년간의 생활에서 회복된 역사를 기록한 것으로, 구약시대에 정결 의식에서 죄를 씻는다는 의미는 신약시대의 '세례'(행19:3)를 예표합니다. 이스라엘 백성의 회복은 그들이 해방되어 조국 이스라엘로 귀환하는 것과 그들의 죄를 씻어 정결케 되어 죄 사함에 국한되는 것이 아니라, 내적이고 영적인 갱신에 이르러 공동체를 구성하는 개개인의 변화가 없이는 이루어질 수 없음을 가르쳐 줍니다.

  그러면 이스라엘 백성의 회복의 초점은 무엇입니까? 그것은 하나님이 우리 가운데 거하시는 일입니다. 즉, 우리 개개인이 하나님의 성전이 되는 일입니다. 우리 개개인이 성전이 되기 위해선 최우선적으로 죄를 청산해야 합니다. 특히 이스라엘은 애굽에서 우상숭배의 죄를 청산해야 했습니다. 죄를 청산할 때 하나님은 우리의 하나님이 되시고, 우리 가운데 임재 하시며, 우리가 하나님의 말씀을 지키고(롬8:3-4) 하나님과 함께 사는 일이 이루어지게 됩니다.(살전5:10) 하나님이 이스라엘을 세례로 씻어주신 결과 어떻게 되었을까요?

> "물이 다시 흘러 병거들과 기병들을 덮되 그들의 뒤를 따라 바다에 들어간 바로의 군대를 다 덮으니 하나도 남지 아니하였더라."(출14:28)

  이는 전쟁이 여호와께 속한 것임을 말합니다. 홍해도강의 역사는 자기를 정결케 보존하는 것이 신앙 승리의 관건이라는 대원리를 가르치며, 이스라엘의 역사도 그러합니다. 수많은 전쟁에서 이스라엘이 잘 싸워서 이겼다기보다는 하나님을 의지하거나 회개할 때 하나님이 싸워주셔서 전쟁에서 이기게 해 주셨습니다. 오늘날에도 하나님의 백성들이 날마다 시마다 씻지 않으면 제사장 직분을 감당할 수 없고 신앙에서 승리할 수 없습니다.

그럼 이제부터는 신약에서 씻음의 교훈을 살펴보겠습니다. 유월절 며칠 전 주님께서 하나님께로 돌아가실 것을 아시고 저녁 식사 후 수건으로 허리를 동이시고 제자들의 발을 씻기기 시작합니다. 베드로에게 차례가 이르자 그가 이르기를,

"주께서 내 발을 씻기시나이까."

"…나의 하는 것은 이제는 알지 못하나 이후에는 알리라."

"…내 발을 절대로 씻기지 못하시리이다."

"…내가 너를 씻기지 아니하면 네가 나와 상관이 없느니라."(요13:8)

"…주여 발 뿐 아니라 손과 머리도 씻겨 주옵소서!"

"…이미 목욕한 자는 발밖에 씻을 필요가 없느니라. 온몸이 깨끗하니라."

위에서 알 수 있듯이, 예수를 믿어 구원받은 사람은 이미 목욕한 사람으로 하나님이 씻어주신 것입니다. 출애굽 과정에서 홍해를 건널 때 하나님께서 비를 내려서 이스라엘을 씻기신 것은 세례에 해당됩니다.(고전10:2) 다만, 원천적인 죄에 대해선 해결이 났으나 십자가 앞에서 다시 자기 죄를 돌이켜 보고 회개해야 합니다. 죄악으로 물든 세상에서 살아가며 죄와 싸우는 인간이 날마다 씻는 일은 자기의 영혼을 정결케 함은 물론, 하나님과 이웃을 섬기기 위함입니다.

제사장은 물로 씻지 않으면 죽기 때문에 성소에 들어가서 일을 할 수

가 없습니다. 오늘날의 성도도 '왕 같은 제사장'(벧전2:9)의 직분을 받은 사람입니다. 제사장이 날마다 씻는 삶을 통해 성령과 말씀이 충만한 상태라야 제사장의 직분을 감당할 수 있습니다. 제사장의 직분을 잘 감당한다는 것은 하나님과 동업이 잘 이루어진다는 뜻이니 이보다 더 큰 축복이 어디 있겠습니까?(고전3:9,고후6:1) 하나님을 가까이 하는 것은 복이며(약4:8) 성도는 복음의 제사장(롬15:16)으로서 하나님과 함께 일하는 영광을 받은 자이므로 이 은혜를 소홀히 해선 안 될 것입니다.

또한 매일 수시로 씻으면 깨끗해집니다. 거룩하신 성령님은 깨끗한 곳에 임하시고, 깨끗한 가지가 열매를 맺게 됩니다.

> "무릇 내게 붙어 있어 열매를 맺지 아니하는 가지는 아버지께서 그것을 제거해 버리시고 무릇 열매를 맺는 가지는 더 열매를 맺게 하려 하여 그것을 깨끗하게 하시느니라. 너희는 내가 일러준 말로 이미 깨끗하여졌으니…"(요15:2-3)

> "너희가 나를 택한 것이 아니요 내가 너희를 택하여 세웠나니 이는 너희로 가서 열매를 맺게 하고 또 너희 열매가 항상 있게 하여 내 이름으로 아버지께 무엇을 구하든지 다 받게 하려 함이라."(요15:16)

성도는 매일 말씀을 읽으며 말씀의 거울에 자기를 비춰 보아야 하고, 지적받은 죄를 바로바로 회개해야 합니다. 말씀을 읽는 목적 중의 하나가 죄를 지적받을 수 있는 기회를 갖는 것입니다. 매일 수시로 기도할 때 성령님께서 우리의 죄를 깨닫게 해 주시는 은혜가 있습니다. 이때에도 바로바로 회개해야 합니다. 그러지 않으면 죄가 또 죄를 짓게 만들 뿐입니다.

성소 앞에 서다

성소와 지성소

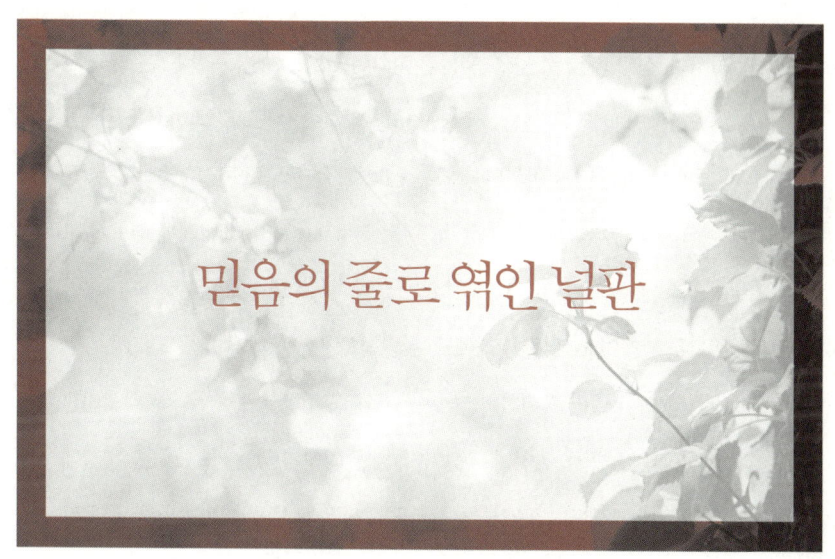

믿음의 줄로 엮인 널판

성소의 문을 들어서기 전에 성소와 지성소의 벽을 이루고 있는 '널판' vr.q.(케레쉬)을 살펴보겠습니다. 널판은 조각목으로 만들어 금으로 쌌습니다. 널판은 남쪽과 북쪽에 각각 20개씩 40개, 서쪽 벽에 6개, 모퉁이에 2개, 모두 48개로 성소와 지성소의 벽을 이루고 있습니다.

"너는 조각목으로 성막을 위하여 널판을 만들어 세우되, 각 판의 장은 십 규빗, 광은 일 규빗 반으로 하고, 각 판에 두 촉씩 내어 서로 연하게 하되 너는 성막 널판을 다 그와 같이 하라. 너는 성막을 위하여 널판을 만들되 남편을 위하여 널판 스물을 만들고, 스무 널판 아래 은 받침 마흔을 만들지니 이 널판 아래에도 그 두 촉을 위하여 두 받침을 만들고 저 널판 아래에도 그 두 촉을 위하여 두 받침을 만들지며, 성막 다른 편 곧 그 북편을 위하여도 널판 스물로 하고, 은 받침 마흔을 이 널판 아래에도 두 받침, 저 널판 아래에도 두 받침으로 하며, 성막 뒤 곧 그 서편을 위하여는 널판 여섯을 만들고, 성막 뒤 두 모퉁이 편을 위하여는 널판 둘을 만들되, 아래에서부터 위까지 각기 두 겹 두께로 하여 윗고리에 이르게 하고 두 모퉁이 편을 다 그리하며, 그 여덟 널판에는 은 받침이 열여섯이니 이 판 아래에도 두 받침이요 저 판 아래에도 두 받침이니라. 너는 조각목으로 띠를 만들지니 성막 이편 널판을 위하여 다섯이요, 성막 저편 널판을 위하여 다섯이요 성막 뒤 곧 서편 널판을 위하여 다섯이며, 널판 가운데 있는 중간 띠는 이 끝에서 저 끝에 미치게 하고, 그 널판들을 금으로 싸고 그 널판들의 띠를 꿸 금고리를 만들고 그 띠를 금으로 싸라, 너는 산에서 보인 식양대로 성막을 세울지니라." (출26:15-30)

널판 하나에 2개씩의 은 받침이 들어가 모두 96개의 은 받침이 성소와 지성소를 떠받치고 있습니다. 이 널판들을 서로 연결시켜 주는 띠가 보이게 4줄로, 보이지 않게 1줄로 엮여 있어 모두 5개의 줄이 연결되어 널판이 넘어지지 않게 세우고 있습니다.

조각목을 다듬어 금을 입한 널판은 광야에 버림받은 조각목처럼 보잘것없는 인간들을 하나님의 말씀과 성령으로 자르고 다듬어서 금을 입히니 존귀한 하나님의 거처로 사용되었음을 의미합니다. 금은 믿음을 의미하며 믿음을 선물로 받은 사람들이 교회를 형성하고 있는 모습입니다. 이 믿음의 사람들은 96개의 은 받침과 5줄의 띠로 든든히 엮여 있습니다.

"그의 안에서 건물마다 서로 연결하여 주 안에서 성전이 되어 가고, 너희도 성령 안에서 하나님의 거하실 처소가 되기 위하여 예수 안에서 함께 지어져 가느니라." (엡2:21-22)

"평안의 매는 줄로 성령의 하나되게 하신 것을 힘써 지키라, 몸이 하나이요 성령이 하나이니 이와 같이 너희가 부르심의 한 소망 안에서 부르심을 입었느니라." (엡4:3-4)

널판의 받침은 은으로 되어 있었는데 이는 '속전' rp,Ko(코페르)을 의미하는 것으로(출30:11-16), 사탄의 종 된 인간을 예수 그리스도의 피로 값 주고 사신 '몸값'입니다. 이는 구속의 진리 위에 세워지고, 성령과 사랑의 띠로 묶어져 하나님의 교회를 이루는 모습입니다. 하나님께서 광야에서 이스라엘 백성의 인구 조사를 하게 하셨는데 20세 이상이 된 남자들은 의무적으로 은 반 세겔유대에서 쓰던 무게의 단위. 1세겔은 11.42그램을 내도록 하였습니다. 부자라고 더 내지 말고, 가난하다고 덜 내지 못하게 하신 것은 예수 그리스도의 피 값이 누구에게나 같기 때문입니다.

"그러므로 주 안에서 갇힌 내가 너희를 권하노니 너희가 부르심을 입은 부름에 합당하게 행하여 모든 겸손과 온유로 하고 오래 참음으로 사랑 가운데서 서로 용납하고 평안의 매는 줄로 성령의 하나되게 하신 것을 힘써 지키라. 몸이 하나요 성령이 하나이니 이와 같이 너희가 부르심의 한 소망 안에서 부르심을 입었느니라. 주도 하나요 믿음도 하나요 세례도 하나요 하나님도 하나이시니 곧 만유의 아버지시라 만유 위에 계시고 만유를 통일하시고 만유 가운데 계시도다."
(엡4:1-6)

몸이 하나이니 그리스도이십니다. 성령도 믿음도 하나님도 하나이십니다. 그리스도 안에서 만유를 통일하게 하시는 하나님의 예정하심을 따라 성령으로 진리로 반드시 하나가 되어야 합니다.

성막 덮개에 숨겨진 비밀

성막의 '덮개'hs,k]mi(미크세)는 '숨기다', '감추다' '덮다' 라는 말에서 유래하였습니다. 이는 예수 그리스도를 외모를 보고 멸시하고(사53:2-3), 육체대로 판단하는(고후5:16) 사람들에게는 비밀임을(엡3:9, 5:32, 골1:27) 설명합니다.

"너는 성막을 만들되 앙장 열 폭을 가늘게 꼰 베실과 청색, 자색, 홍색 실로 그룹을 공교히 수놓아 만들지니, 매 폭의 장은 이십팔 규빗, 광은 사 규빗으로 각 폭의 장단을 같게 하고, 그 앙장 다섯 폭을 서로 연하며 다른 다섯 폭도 서로 연하고, 그 앙장의 연락할 말폭 가에 청색 고를 만들며 다른 연락할 말폭 가에도 그와 같이 하고, 앙장 말폭 가에 고 오십을 달며 다른 앙장 말폭 가에도 고 오십을 달고 그 고들을 서로 대하게 하고, 금 갈고리 오십을 만들고 그 갈고리로 앙장을 연합하여 한 성막을 이룰지며, 그 성막을 덮는 막 곧 앙장을 염소털로 만들되 열한 폭을 만들지며, 각 폭의 장은 삼십 규빗, 광은 사 규빗으로 열한 폭의 장단을 같게 하고, 그 앙장 다섯 폭을 서로 연하며 또 여섯 폭을 서로 연하고 그 여섯째 폭 절반은 성막 전면에 접어 드리우고, 앙장을 연락할 말폭 가에 고 오십을 달며 다른 연락할 말폭 가에도 고 오십을 달고, 놋 갈고리 오십을 만들고 그 갈고리로 그 고를 꿰어 연합하여 한 막이 되게 하고, 그 막 곧 앙장의 나머지 그 반 폭은 성막 뒤에 드리우고, 막 곧 앙장의 길이의 남은 것은 이편에 한 규빗, 저편에 한 규빗씩 성막 좌우 양편에 덮어 드리우고, 붉은 물들인 숫양의 가죽으로 막의 덮개를 만들고 해달의 가죽으로 그 웃덮개를 만들지니라." (출26:1-14)

▶ 성막덮개 ◀

성막의 덮개는 네 겹으로 되어 있는데 바깥쪽에서부터 순서대로 보면 해달 가죽, 붉게 물들인 숫양 가죽, 염소털로 만든 앙장, 그리고 청자홍 베실로 천사를 수놓은 앙장이 있습니다. 한 가지로만 덮어도 될 텐데 왜 굳이 네 개의 덮개로 성소를 덮었을까요? 거기에는 나름의 이유와 의미가 있습니다.

⊙ 해달 가죽

해달 חַטַ (타하쉬)은 홍해 연안에서 떼지어 사는 '돌고래' 혹은 '물돼지'를 의미합니다. 해달 가죽은 질기고 튼튼하며 방수용으로 비에 잘 견딜 수 있습니다. 성막의 맨 바깥쪽 덮개는 건물의 지붕과도 같아 비나 눈, 외부의 먼지와 곤충과 짐승으로부터 내부를 보호해야 하는데, 해달 가죽이 이에 가장 적합합니다.

"수놓은 옷을 입히고 물돼지 가죽신을 신기고…."(겔16:10)라는 성경 구절을 보면 이스라엘 백성들이 해달 가죽으로 신발을 만들었음을 알 수 있습니다. 그들이 애굽에서 나올 때 해달의 가죽을 가지고 나왔는데 하나님께서 광야에 성막을 건축하게 하시면서 이 가죽을 헌물로 받아 지붕을 만들라 하셨습니다. 이에 하나님은 이스라엘에게 이런 축복을 주셨습니다. "주께서 사십 년 동안 너희를 인도하여 광야를 통행케 하셨거니와 너희 몸의 옷이 낡지 아니하였고 너희 발의 신이 해어지지 아니하였으며…."(신29:5) 이스라엘은 광야 40년 동안 신발이 해어지지 않는 복을 받은 것입니다.

　해달의 가죽은 질기고 튼튼해 거친 외부 환경에 잘 견딜 수 있으나, 그 모양이 보잘것없었고 색깔도 우중충한 회색이었습니다. 이는 멸시받은 예수 그리스도의 인성을 의미하고 있습니다.

> "그는 주 앞에서 자라나기를 연한 순 같고 마른 땅에서 나온 줄기 같아서 고운 모양도 없고 풍채도 없은즉 우리의 보기에 흠모할 만한 아름다운 것이 없도다. 그는 멸시를 받아서 사람에게 싫어버린 바 되었으며 간고를 많이 겪었으며 질고를 아는 자라 마치 사람들에게 얼굴을 가리우고 보지 않음을 받는 자 같아서 멸시를 당하였고 우리도 그를 귀히 여기지 아니하였도다."(사53:2-3)

　보통 사람으로 오신 예수님! 더욱이 로마 병정들에게 잡혀 십자가 형을 받으신 예수님! 그분은 온갖 고난을 통해 그의 백성을 보호하고 인도하고 구원하시는 전능하신 하나님이시나, 초림初臨의 예수님은 너무나 초라한 보통 인간의 모습으로 오셨음을 알 수 있습니다. 인간은 외모로 사람을 판단하나 하나님은 중심을 살피시며(행10:34) 주님은 그의 날개로 그의 백성을 덮어 보호하십니다. 예수님을 알고 믿으며 교제를 갖는다면 그분을 사랑하게 되어 그분을 위해 기꺼이 목숨도 바치게 될 것입니다. 이러한 축복은 그분을 사랑할 적에 주시는 축복입니다.(요일4:7) 그러나 예수 그리스도를 믿지 않는 사람에게는 그저 보잘것없는 연약한 인간일 뿐입니다. 그래서 예수 그리스도는 하나님의 비밀인 것입니다.(엡3:4,9, 골1:26-27)

⊙ 붉게 물들인 숫양 가죽

아담이 범죄하여 벗은 줄을 알고 무화과나무 잎을 엮어 옷을 만들어 입었으나 벌거벗은 수치를 가릴 수가 없었습니다. 이에 하나님께서 오셔서 아담과 그 아내에게 가죽 옷을 지어 입히고 수치를 가려주셨습니다.(창3:21) 하나님이 오셔서 짐승을 잡아 피를 흘린 고로 아담과 하와의 수치를 가릴 수 있었다는 것은 붉게 물들인 숫양 가죽을 생각나게 합니다. 이는 율법 아래 매인 바 된 인간을 속량하기 위해 예수님께서 율법 아래 오셔서 십자가를 지고 피를 다 쏟으셨음을 설명하기 위함입니다. 예수님의 피 아래 있는 자는 복이 있는 자니 그 죄를 가리우심을 받기 때문입니다.(롬4:7) 붉게 물들인 숫양 가죽은 보혈로 자기 백성을 구속하신 은혜를 의미합니다.

⊙ 염소털로 만든 앙장

염소털로 앙장을 만들었다는 사실은 특별한 의미가 있습니다. 레위기 16장을 보면 속죄일에 대한 규례를 기록하고 있는데, 이날의 특이한 예식이 아사셀 염소입니다. 유대력 7월 10일인 이스라엘의 속죄일에 대제사장은 염소 두 마리를 준비해 한 마리는 하나님께 속죄 제물로 드립니다. 그리고 나머지 한 마리는 대제사장이 염소 머리 위에 손을 얹고 백성들의 죄를 큰 소리로 외치며 고백해 염소에게 백성의 죄를 전가시킨 다음 광야 무인지경으로 내어 보내는 예식을 치릅니다. 여기서 '아사셀' lzEaz은 '완전히 제거되었다'는 뜻으로 우리 죄를 지고 멀리 달아난 염소처럼 우리 죄뿐만 아니라 양심의 거리낌까지도 예수님께서 도말하여 멀리멀리 사라졌음을 뜻합니다. 그러므로 하나님 앞에 나아가는 일에 있어 머뭇거리지 말라는 말씀이 아닌가 생각됩니다.

⊙ 청자홍 베실로 천사를 수놓은 앙장

"너는 성막을 만들되 앙장 열 폭을 가늘게 꼰 베실과 청색, 자색, 홍색 실로 그룹을 공교히 수놓아 만들지니…."(출26:1)라는 말씀대로 성막의 가장 안쪽 덮개는 청자홍 베실로 천사를 수놓은 앙장입니다. 이미 문에서 설명한 대로 청색은 생명의 주가 되신 그리스도를, 자색은 왕이신 그리스도를, 홍색은 피 흘려 우리를 구속하신 그리스도를 의미합니다. 그리고 흰색은 하나님의 '의'와 부활하신 예수 그리스도를(롬4:25) 의미합니다. 일곱 개의 등잔에서 나오는 불빛이 황금으로 된 벽과 수놓은 앙장을 비추면 아름답기 그지없는데, 구약시대에는 제사장이나 대제사장만 이 모습을 볼 수 있었습니다. 이는 겉모습만 보면 예수님이 보통 사람이나, 그를 믿고 교제하며 은혜 받아서 보면 예수님이 얼마나 거룩하고 자비로우며 은혜로우신지 알 수 있음을 나타냅니다.

"그의 안에서 건물마다 서로 연결하여 주 안에서 성전이 되어 가고, 너희도 성령 안에서 하나님의 거하실 처소가 되기 위하여 예수 안에서 함께 지어져 가느니라."(엡2:21-22)라는 말씀을 보면 성막 덮개가 예수 그리스도를 설명할 뿐 아니라 성도나 교회를 설명함을 알 수 있습니다. 성도 역시 겉으로 드러난 모습만 보면 참으로 보잘것없는 사람으로 보입니다. 왜냐하면 교회는 지혜 없는 사람, 가난한 사람, 무능한 사람, 문벌 없는 사람, 약한 사람, 멸시받고 천대받는 사람들을 부르셔서 모아 놓은 곳이기 때문입니다.(고전1:26) 하나님이 이러한 사람들을 부르신 것은 세상에서 지혜 있는 사람을 부끄럽게 하시고, 강한 사람을 부끄럽게 하시며, 있는 것을 폐하려 하기 위함입니다.(고전1:27-28) 어떤 육체라도 하나님 앞에서 자랑하지 못하게 하기 위함입니다.(고전1:29)

하나님이 임재하시는 거룩한 곳이요 진리와 기둥의 터인(딤전3:15) 교회는 서로의 허물을 사랑으로 덮어주고, 한 피를 받은 형제로서 서로 사랑하며, 하나님의 뜻을 이루어가는 거룩한 사랑과 생명의 공동체가 되어야 합니다.

영원한 천국의 불,
황금 등대

등대

참빛이 되신 예수 그리스도

　이제 성막 덮개를 열고 성소 안으로 들어가 보겠습니다. 안에 들어서면 일단 휘황찬란한 내부 모습에 황홀해지고 놀라게 됩니다. 정면은 천사로 수놓은 휘장이요, 천장도 천사로 수놓은 아름다운 앙장이요, 모두 황금으로 된 3면의 벽에는 7가지로 된 황금 등대가 찬란한 빛을 발합니다. 성소를 덮은 해달 가죽은 우중충한 회색 지붕이라 볼품없지만, 성소 안은 정면에 분향단이 놓여있고 오른쪽에는 떡상이, 왼쪽에는 황금 등대가 놓여 있습니다. 모두 황금으로 만들어져 너무나 아름답습니다.

　황금 등대는 정금 한 달란트 talent:유대인들이 무게를 재는 단위로 쳐서 만들었습니다. 다른 성구는 내부에 조각목을 넣어서 만들었지만 등대는 전체가 한 덩어리의 황금으로 만들어졌습니다.

"너는 순금으로 등잔대를 쳐 만들되 그 밑판과 줄기와 잔과 꽃받침과 꽃을 한 덩이로 연결하고 가지 여섯을 등잔대 곁에서 나오게 하되 다른 세 가지는 이쪽으로 나오고 다른 세 가지는 저쪽으로 나오게 하며 이쪽 가지에 살구꽃 형상의 잔 셋과 꽃받침과 꽃이 있게 하고 저쪽 가지에도 살구꽃 형상의 잔 셋과 꽃받침과 꽃이 있게 하여 등잔대에서 나온 가지 여섯을 같게 할지며 등잔대 줄기에는 살구꽃 형상의 잔 넷과 꽃받침과 꽃이 있게 하고 등잔대에서 나온 가지 여섯을 위하여 꽃받침이 있게 하되 두 가지 아래에 한 꽃받침이 있어 줄기와 연결하며 또 두 가지 아래에 한 꽃받침이 있어 줄기와 연결하며 또 두 가지 아래에 한 꽃받침이 있어 줄기와 연결하게 하고 그 꽃받침과 가지를 줄기와 연결하여 전부를 순금으로 쳐 만들고 등잔 일곱을 만들어 그 위에 두어 앞을 비추게 하며 그 불집게와 불똥 그릇도 순금으로 만들지니 등잔대와 이 모든 기구를 순금 한 달란트로 만들되 너는 삼가 이 산에서 네게 보인 양식대로 할지니라."(출25:31-40)

등대 가운데 축이 되는 줄기가 있고, 좌우에 세 가지씩 여섯 가지가 붙어 있습니다. 매 줄기마다 살구꽃 형상의 잔과 꽃받침을 만들어 잔과 받침을 잇게 하였습니다. 여섯 가지와 가운데 축이 모두 통하여 가운데 축이 되는 줄기에 기름을 부으면 모든 가지로 채워지게 됩니다. 이는 주님께서 "나는 포도나무요 너희는 가지니…"(요15:5)라는 말씀과 일치합니다. 등잔을 간검하는 보조 기구로 불집게와 불똥 그릇이 있는데 이것들도 역시 정금으로 만들었습니다.

금으로 만들어진 황금 등대는 믿음의 주이신 예수 그리스도(히12:2), 진리이신 예수 그리스도(요14:6)를 상징합니다. 그리고 쳐서 만들었음

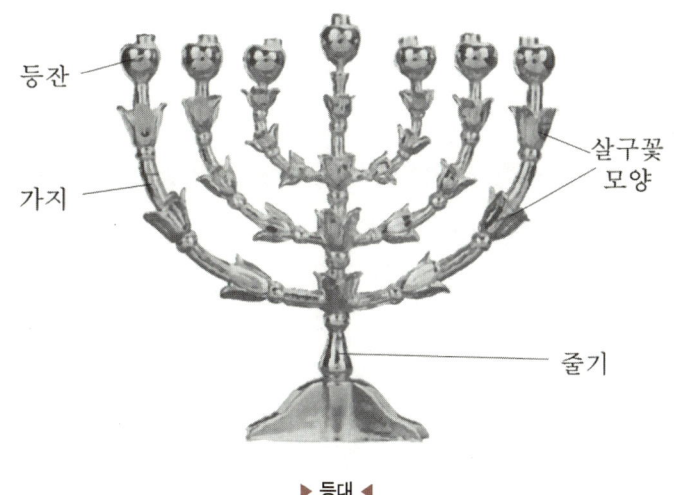

▶ 등대 ◀

은 주님이 사탄의 종인 인간들에게 많이 상함을 당하신 것을 의미합니다. 주님께서는 가죽 채찍에 맞으시고, 양손과 발에 대못이 박히시고, 가시관이 씌워졌으며, 창으로 옆구리를 찔리고, 수염을 뽑히고, 뺨을 맞으시는 등 그의 사역의 완성을 위해 참으로 많이 상하셨습니다. 그러나 고난이 없이 어떻게 세상에 빛을 밝힐 수 있겠습니까? 아브라함과 모세, 다윗, 욥, 12명의 사도, 그리고 주님께서는 모두 고난과 연단의 길을 걸어갔습니다. 주님께서는 헤아릴 수 없는 고난을 겪음으로써 온 인류에 생명의 빛을 비추어 주셨습니다.

"예수께서 또 말씀하여 이르시되 나는 세상의 빛이니 나를 따르는 자는 어둠에 다니지 아니하고 생명의 빛을 얻으리라."(요8:12)

죄악으로 어두워진 이 세상에서 갈 길을 알지 못하고 방황하다 영원한 멸망의 길로 떨어지는 인류에게 주님께서는 생명의 길을 비추는 참 빛으로(요1:9) 오셨습니다. 참 빛이신 예수 그리스도의 빛을 받은 사람은(요1:12) 하나님의 자녀요 빛의 자녀로, 그의 열매로 하나님께 영광을 돌려야 합니다.

"너희는 세상의 빛이라 산 위에 있는 동네가 숨겨지지 못할 것이요, 사람이 등불을 켜서 말 아래에 두지 아니하고 등경 위에 두나니 이러므로 집 안 모든 사람에게 비치느니라."(마5:14-15)

"너희가 전에는 어둠이더니 이제는 주 안에서 빛이라 빛의 자녀들처럼 행하라. 빛의 열매는 모든 착함과 의로움과 진실함에 있느니라. 주를 기쁘시게 할 것이 무엇인가 시험하여 보라 너희는 열매 없는 어둠의 일에 참여하지 말고 도리어 책망하라. 그들이 은밀히 행하는 것들은 말하기도 부끄러운 것이라. 그러나 책망을 받는 모든 것은 빛으로 말미암아 드러나나니 드러나는 것마다 빛이니라."(엡5:8-13)

빛 가운데 살 때 열매를 맺고, 열매를 맺으면 하나님께서 영광을 받으십니다.(요15:8) 그러나 세상에는 예수님이 참 빛이신 줄 모르고 살아가는 사람들이 많습니다. 그래서 주님은 눈은 있으나 보지 못하는 수많은 사람들의 눈을 열어주려고 이 땅에 오셨습니다.

"…그 눈을 뜨게 하여 어둠에서 빛으로, 사탄의 권세에서 하나님께로 돌아오게 하고…"(행26:18)

아담 이후 인류의 영혼은 불이 꺼져 있었습니다. 그래서 다윗은 "주께서 나의 등불을 켜심이여 여호와 내 하나님이 내 흑암을 밝히시리이다."(시18:28)라고 기도하였습니다. 사람의 영혼은 여호와의 등불입니다.(잠20:7) 주님은 몸을 입고 오셔서 하늘과 땅 사이에 세상의 등불로서 생명의 빛을 밝히시고(고후4:6), 그를 주로 영접하는 모든 사람에게 빛을 비추어 눈을 뜨게 하셨습니다. 하나님을 알고 천국을 볼 수 있는 눈을 여신 것입니다. 그러나 믿지 않는 자들에게는 이 빛이 비추지 못하도록 세상 신이 그들의 마음을 혼미하게 합니다.

"만일 우리의 복음이 가리었으면 망하는 자들에게 가리어진 것이라. 그중에 이 세상의 신이 믿지 아니하는 자들의 마음을 혼미하게 하여 그리스도의 영광의 복음의 광채가 비치지 못하게 함이니 그리스도는 하나님의 형상이니라."
(고후4:3-4)

하나님의 자녀들은 생명의 빛을 받아서 이 세상에서 빛을 밝히는(빌2:16) 사명을 감당해야 합니다.(빌2:15-16)

그런데 주님은 어떻게 빛을 비추셨습니까? 십자가에 죽으심으로써 진리를 이루는 영광의 빛을 비추셨습니다. 주님께서는 십자가를 앞에 두고 이렇게 기도하셨습니다. "아버지여, 아버지의 이름을 영광스럽게 하옵소서 하시니 이에 하늘에서 소리가 나서 이르되 내가 이미 영광스럽게 하였고 또다시 영광스럽게 하리라 하시니."(요12:28) 이 말씀은 "내가 진실로 진실로 너희에게 이르노니 한 알의 밀이 땅에 떨어져 죽지 아니하면 한 알 그대로 있고 죽으면 많은 열매를 맺느니라."(요12:24)는 말씀이 있은 후였습니다. 예수님은 죽기까지 순종하셔서(빌2:5-8) 십자가에 죽으심으로 순종의 도를 이루시고(히5:8-9) 온 인류에게 하나님의 사랑을 나타내시어 생명의 빛을 비추셨습니다. 또한 그의 부활로 인해 하나님께서 하나님 되심의 영광을 온 인류에게 나타내셨습니다.(빌2:9-11) 예수님은 십자가와 부활의 진리를 몸소 이루시고 이 진리를 성령으로 밝히셨습니다.

"주 여호와의 영이 내게 내리셨으니 이는 여호와께서 내게 기름을 부으사 가난한 자에게 아름다운 소식을 전하게 하심이라. 나를 보내사 마음이 상한 자를 고치며 포로된 자에게 자유를, 갇힌 자에게 놓임을 선포하며, 여호와의 은혜의 해와 우리 하나님의 보복의 날을 선포하여 모든 슬픈 자를 위로하되…"(사61:1-2)

"하나님이 나사렛 예수에게 성령과 능력을 기름 붓듯 하셨으매 그가 두루 다니시며 선한 일을 행하시고 마귀에게 눌린 모든 사람을 고치셨으니 이는 하나님이

함께 하셨음이라." (행10:38)

예수님은 성령의 기름부음을 받으시고(마3:16), 마귀에게 승리하시고(마4:1-11), 진리의 빛을 밝히셨습니다. 성막 안에는 창문이 하나도 없기 때문에 등대에 불이 켜 있지 않으면 아무 것도 볼 수 없고, 아무 것도 할 수 없습니다. 이와 마찬가지로, 영혼에 불이 꺼진 사람 역시 아무 일도 할 수 없습니다. 주님은 불 꺼진 영혼에 불을 켜 주기 위해 오셨습니다.(시18:28, 132:17) 등대의 불은 순결한 감람유로 끊임없이 밝혀야 하며(레24:2), 아침저녁으로 등불을 간검할 때 필히 분향단의 향을 살라야 했습니다.(출30:7-8) 여기서 향은 기도를 상징하며, 기도 없이는 기름부음이 있을 수 없고 기름부음 없이는 빛을 밝힐 수 없습니다.

우리는 번제단에서 받은 성령을 발전시켜 성소에서 지속적으로 성령의 기름부음을 받아야 합니다. 거듭난 영혼은 필히 성령 충만을 구해야 하며, 성령으로 봉사하고(빌3:3), 성령으로 기도하고(엡6:18, 유20), 성령으로 말씀 배우고(요일2:20), 성령으로 전파해야 합니다.(행1:8, 고전2:4) 비록 거듭난 성도라 할지라도(롬6:1-11, 7:1-6) 실제로 삶에서 무능과 비참함을 수없이 경험하는데(롬7:14-25) 성령님을 의지하고 구하려면(눅11:13) 상당한 기도의 대가를 지불해야 합니다. 이는 성도가 빛을 밝히는 관건이 되기도 합니다.

예수님으로 상징되는 등대의 가운데 줄기에 기름을 부으면 자연히 여섯 가지로 흘러들어 갑니다. 그런데 여기엔 두 가지 조건이 있습니다. 하나는 가지가 줄기에 붙어 있어야 하는 것이고, 또 하나는 가지가 깨끗해야 한다는 것입니다. 가지가 줄기에 붙어 있어야 한다는 것은 지속적인 믿음을 가져 예수 안에 거하는 것을(골1:23) 뜻합니다. 가지의 내부가 깨끗하다는(요15:2-3) 것은 막힘이 없어야 기름이 자연히 흘러 들어 간다는 말씀입니다. 이는 성도가 자기 자신을 어떻게 유지하고 보존해야 하는지 가르치는 말씀이기도 합니다. 기름부음이 이루어지면 하나님은 교회를 통해 영광을 받으시게 됩니다.

세상에 빛을 밝혀라

"네 본 것은 내 오른손에 일곱 별의 비밀과 일곱 금촛대라. 일곱 별은 일곱 교회의 사자요 일곱 촛대는 일곱 교회니라."(계1:20)

교회의 사명은 빛을 밝히는 일로, 예수님께서 하신 일을 교회가 위임 받았습니다.(마28:18-20) 세상은 어두움의 주관자, 악한 자 안에 처해 있으며(요일5:19) 교회는 멸망의 길로 가고 있는 사람들을 생명의 길로 인도해야 합니다. 빛의 자녀인 성도는 참 빛이신 예수 그리스도로부터 빛을 받아서 성령으로 복음을 전파해야 합니다.(행1:8,고전2:4) 그와 함께 하나님의 사랑을 실천함에 있어서도 성령으로 봉사해야 합니다.(빌3:3)

"너희는 세상의 빛이라 산 위에 있는 동네가 숨겨지지 못할 것이요 사람이 등불을 켜서 말 아래에 두지 아니하고 등경 위에 두나니 이러므로 집 안 모든 사람에게 비치느니라. 이같이 너희 빛이 사람 앞에 비치게 하여 그들로 너희 착한 행실을 보고 하늘에 계신 너희 아버지께 영광을 돌리게 하라." (마5:14-16)

빛의 자녀들이 생명의 빛을 밝히는 방법은 크게 두 가지로 생각할 수 있습니다. 그중 하나는 말씀을 전파하는 일이요, 다른 하나는 착한 행실입니다. 이 두 가지 일을 하는데 필수적인 것은 성령이 충만한 삶입니다. 말씀을 전파하는 일은 성령으로 해야 합니다.(행1:8, 고전2:4) 착한 행실을 드러내는 일도 하나님의 사랑을 부음 받아야 합니다.(롬5:5) 예수님께서도 우리에게 모본을 보여주셨습니다. 예수님께서는 성령을 부음 받으시고 (마3:16, 사61:1) 사역을 시작하셨습니다.(눅4:18-19, 행1:2) 하나님의 백성들이 성령 충만하여 힘있게 일하는 것이 중요하나 "오직 성령의 열매는 사랑과 희락과 화평과 오래 참음과 자비와 양선과 충성과 온유와 절제니…."(갈5:22-23)라는 말씀에서처럼 반드시 열매를 맺어야 합니다.(요15:8)

교회가 빛을 밝히는 일을 하지 않으면 이 세상에 존재할 이유가 없습니다. 성전의 역사를 보면 솔로몬 성전은 천문학적인 금액을 들여 건축한 세계의 보물입니다. 그러나 성전 안에서 예배 드리는 사람의 심령성전이 우상숭배로 더러워지자 하나님께서는 성전을 엎어버리고 70년의

긴 세월동안 바빌론에 끌려가서 포로생활을 하는 시련을 받게 하셨습니다.

70년이 다 되자 하나님은 이방왕인 페르시아의 고레스 왕을 통해 유다 백성들에게 귀국 명령을 내려 예루살렘 성전을 재건할 것을 명하였습니다.(대하36:21-23,스1:1-3) 그런데 포로에서 돌아온 유다 백성들이 성전을 건축하려 하자 사마리아인들이 방해를 해 15년간이나 성전 건축이 중단됩니다. 그런데 성전 재건이 중단된 것은 방해꾼들의 방해라는 외부적 이유도 있지만, 실은 성전을 건축하는 것보다 내 집 마련이 더 시급하다고 생각했기 때문입니다.

> "만군의 여호와가 이같이 말하여 이르노라 이 백성이 말하기를 여호와의 전을 건축할 시기가 이르지 아니하였다 하느니라. 여호와의 말씀이 선지자 학개에게 임하여 이르시되, 이 성전이 황폐하였거늘 너희가 이때에 판벽한 집에 거주하는 것이 옳으냐."(학1:2-4)

우상숭배의 죄를 지은 까닭에 70년이라는 긴 세월 동안 포로로 끌려가서 연단을 받았으면 그들의 심령성전이 확고히 건축되어 하나님 앞에 바로 세워졌어야 합니다. 그런데 그들은 여전히 자기 중심의 이기적인 신앙의 틀을 벗어나지 못했습니다. 원래 인간은 끊임없이 자기의 유익을 따라 살려고 하기 때문입니다. 이것이 과거에나 지금에나 우상을 버리지 못하고 우상 신앙으로 발전하게 되는 이유입니다.

"이는 비와 눈이 하늘로부터 내려서 그리로 되돌아가지 아니하고 땅을 적셔서 소출이 나게 하며 싹이 나게 하여 파종하는 자에게는 종자를 주며 먹는 자에게는 양식을 줌과 같이, 내 입에서 나가는 말도 이와 같이 헛되이 내게로 되돌아오지 아니하고 나의 기뻐하는 뜻을 이루며 내가 보낸 일에 형통함이니라."(사 55:10-11)

성전 건축은 하나님의 명령으로 반드시 건축되는 것이며 하나님께서 유다를 포로에서 해방시켜 예루살렘 성전을 세우게 하심은 그들의 신앙을 바로 세우기 위함입니다. 70년의 포로생활 동안 그들의 신앙이 바로 세워졌는가, 그렇지 못했는가의 여부는 성전을 건축하라는 하나님의 명령에 순종하는가, 불순종하는가에 달려 있었습니다. 어떠한 방해도 무릅쓰고 성전을 건축했다면 그들이 회개하고 하나님과 하나님의 말씀을 믿었다는 증거입이다. 반면 어떠한 이유로든 성전 건축을 중단했다면 그들의 신앙이 바로 세워지지 못했다는 증거입니다. 그들이 만사를 극복하고 성전을 건축했다면 그들이 70년의 포로생활 동안 진심으로 뉘우치고 참된 회개의 열매를 맺었음을 보여주는 것입니다. 한마디로 예수살렘 성전 재건은 그들이 70년 동안 연단 받은 열매라 할 수 있습니다. 그들이 하나님의 성전을 건축했다면 하나님은 그들 가운데 임재하셔서 성전 건축뿐 아니라 삶의 모든 분야에서도 그들의 하나님 되심을 나타내어 보여주셨을 것입니다.

이스라엘에 있어서 '성전'은 특별한 의미를 갖습니다. 이는 언약 공동체의 구심점으로, 하나님이 그들 중에 임재하셔서 그들을 인도하고,

보호하고, 축복하시는 제일의 관건입니다. 성전 없는 이스라엘은 유명무실한 존재일 뿐입니다. 왜냐하면 성전은 생명의 주가 되시는 예수 그리스도가 성전이시기 때문입니다.(요2:21, 계21:22) 이러한 이유로 하나님께서는 성전 건축을 명하신 것입니다. 또한 이 사실은 앞으로 오실 참 성전이신 예수 그리스도와 그의 백성들의 성전(고전3:16, 고전6:19)으로서의 삶의 의미와 방식을 가르치고 있습니다.

그러면 성전을 재건하라는 하나님의 명령은 어떻게 되었습니까?

> "여호와께서 스알디엘의 아들 유다 총독 스룹바벨의 마음과 여호사닥의 아들 대제사장 여호수아의 마음과 남은 모든 백성의 마음을 감동시키시매 그들이 와서 만군의 여호와 그들의 하나님의 전 공사를 하였으니, 그때는 다리오 왕 제이년 여섯째 달 이십사일이었더라."(학1:14-15)

하나님께서는 신앙의 잠을 자고 있던 유다 백성을 각성시키고, 성령으로 감동시켜 성전 재건의 역사를 시작하게 하셨습니다. 성막을 건축할 때에도 브살렐에게 하나님의 신을 충만케 하사 지혜와 총명과 지식과 여러 가지 재조를 주셔서 공교한 일을 하게 하셨습니다.(출31:1-4) 이와 같이 교회를 부흥시키는 일도 상황 인식을 갖게 하고 각성시켜 참된 회개를 이루는 것이 우선입니다.

당시 유다인들은 성전 건축이 그들의 생명과 생활과 직결된, 중요하고 시급한 일이라는 사실을 몰랐습니다. 그들을 일깨우기 위해 선지자 학개와 동시대에 사역하였던 스가랴를 통해서 성전을 건축하게 하심은 구약 교회를 일으키는 사명을 다하게 하는 일로, 오늘날에 있어서 교회 부흥의 원리를 가르치고 있습니다. 그 원리는 성막의 성소에 계시된 황금 등대의 환상입니다.

"내게 말하던 천사가 다시 와서 나를 깨우니 마치 자는 사람이 잠에서 깨어난 것 같더라. 그가 내게 묻되 네가 무엇을 보느냐 내가 대답하되 내가 보니 순금 등잔대가 있는데 그 위에는 기름 그릇이 있고 또 그 기름 그릇 위에 일곱 등잔이 있으며 그 기름 그릇 위에 있는 등잔을 위해서 일곱 관이 있고, 그 등잔대 곁에 두 감람나무가 있는데 하나는 그 기름 그릇 오른쪽에 있고 하나는 그 왼쪽에 있나이다 하고, 내게 말하는 천사에게 물어 이르되 내 주여 이것들이 무엇이니이까 하니 내게 말하는 천사가 대답하여 이르되 네가 이것들이 무엇인지 알지 못하느냐 하므로 내가 대답하되 내 주여 내가 알지 못하나이다 하니, 그가 내게 대답하여 이르되 여호와께서 스룹바벨에게 하신 말씀이 이러하니라. 만군의 여호와께서 말씀하시되 이는 힘으로 되지 아니하며 능력으로 되지 아니하고 오직 나의 영으로 되느니라. 큰 산아 네가 무엇이냐 네가 스룹바벨 앞에서 평지가 되리라. 그가 머릿돌을 내어 놓을 때에 무리가 외치기를 은총, 은총이 그에게 있을지어다 하리라 하셨고, 여호와의 말씀이 또 내게 임하여 가라사대, 스룹바벨의 손이 이 전의 지대를 놓았은즉 그 손이 또한 그것을 마치리라 하셨나니 만군의 여호와께서 나를 너희에게 보내신 줄을 네가 알리라 하셨느니라. 작은 일의 날이라고 멸시하는 자가 누구냐 이 일곱은 온 세상에 두루 행하는 여호와의 눈이라 다림줄이 스룹바벨의 손에 있음을 보고 기뻐하리라. 내가 그에게 물어 가로되 등대 좌우의 두 감람나무는 무슨 뜻이니이까 하고 다시 그에게 물어 가로되 금 기름을 흘려내는 두 금관 옆에 있는 이 감람나무 두 가지는 무슨 뜻이니이까, 그가 내게 대답하여 가로되 네가 이것이 무엇인지 알지 못하느냐. 대답하되 내 주여 알지 못하나이다 가로되 이는 기름 발리운 자 둘이니 온 세상의 주 앞에 모셔 섰는 자니라 하더라."(슥4:1-14)

이 말씀은 어려움에 처한 스룹바벨에게 낙심하지 말도록 격려하면서 성전 재건(교회 부흥)의 방식을 가르치고 있습니다. 감히 성전 재건을 교회 부흥이라고 말하는 이유는 신구약 교회가 존재하는 목적은 예수 그리스도를 통한 인류 구원의 사역에 하나님의 뜻대로 사용되어야 함을 전제로 하기 때문입니다.

스가랴서는 메시아께서 오셔서 신약 교회에 일어날 부흥의 영광을 기록하고 있습니다. 그것은 기름부음을 받은 하나님의 일꾼이 성령으로 생명의 빛을 밝히는 것입니다. 빛을 밝히기 위해선 예수 그리스도의 몸에 붙어 있는 지체들이 그리스도로부터 지속적으로 기름을 공급받아야 합니다.

황금 등대의 환상을 본 스가랴가 황금 등대 좌우의 두 감람나무가 무엇이냐고 천사에게 묻는 대목을 잠시 살펴보겠습니다. 여기서 두 감람나무는 기름부음 받아 세운 '왕'과 '제사장'을 의미합니다.(레21:10, 삼상10:1) 이 두 직책은 하나님께 쓰임을 받는 특별한 권위를 가리키는(계11:3-4) 것으로, 당시는 대제사장 여호수아와 총독 스룹바벨을 가리킵니다. 그 당시 유다는 왕이 없었고 총독이 다스렸는데, 이들은 성령으로 백성을 다스리고 통치하고 인도하는 역할을 했으며, 이는 곧 메시아를 예표하고 있습니다.

신약에서는 이 두 감람나무를 복음을 전하는 일꾼으로 설명합니다. "그들은 이 땅의 주 앞에 서 있는 두 감람나무와 두 촛대니…."(계11:4) 두 증인이 될 사람은 하나님의 말씀을 먹은 사람임을 설명하면서(계10:10-11) 말씀 먹은 사람은 기름부음을 받아 하나님 앞에 서게 된다고 말합니다. 여기서 이 두 사람은 누구입니까? 충성스러운 사람입니다.(딤후2:2) 연합된 사람입니다. 이처럼 목사와 성도가 한마음이 되어야 교회가 부흥됩니다.

"진실로 다시 너희에게 이르노니 너희 중의 두 사람이 땅에서 합심하여 무엇이든지 구하면 하늘에 계신 내 아버지께서 그들을 위하여 이루게 하시리라."(마18:19)

나아가서 복음의 제사장인 목사가 기름부음을 받으면 어떻게 되겠습니까?

"보라 형제가 연합하여 동거함이 어찌 그리 선하고 아름다운고. 머리에 있는 보배로운 기름이 수염 곧 아론의 수염에 흘러서 그의 옷깃까지 내림 같고, 헐몬의 이슬이 시온의 산들에 내림 같도다. 거기서 여호와께서 복을 명령하셨나니 곧 영생이로다."(시133:1-3)

예수님의 기름부으심으로 온 세상이 구원을 얻는 역사가 일어난 것처럼 목사도 기름부음을 받아야 합니다. 목사와 성도가 하나 되어 목숨을 걸면 머지않아 교회가 부흥할 것입니다.

황금 등대는 구약의 성막과 성전 안에서 유일한 빛으로, 하나님의 임재하심과 하나님의 통치의 중심입니다. 또한 이스라엘 백성의 심령 속에 여호와 신앙이라는 거룩한 등불을 밝히는 역할을 했습니다. 때문에 이스라엘은 제사장 나라로서의(출19:6) 은총을 입어 세계 만방에 그 빛을 밝힐 사명을 받았습니다. 성도들 역시 빛의 자녀로 살아가야 할 운명이며(엡5:8) 자신의 존재 이유를 분명히 알아야 합니다. 진리의 빛을 밝히는 일에 신실한 교회(성도)는 하나님의 큰 은총을 받을 것입니다.

"일어나라 빛을 발하라 이는 네 빛이 이르렀고 여호와의 영광이 네 위에 임하였음이니라. 보라 어둠이 땅을 덮을 것이며 캄캄함이 만민을 가리려니와 오직 여호와께서 네 위에 임하실 것이며 그의 영광이 네 위에 나타나리니 나라들은 네 빛으로, 왕들은 비치는 네 광명으로 나아오리라. 네 눈을 들어 사방을 보라 무리가 다 모여 네게로 오느니라. 네 아들들은 먼 곳에서 오겠고 네 딸들은 안기어 올 것이라. 그때에 네가 보고 기쁜 빛을 내며 네 마음이 놀라고 또 화창하리니 이는 바다의 부가 네게로 돌아오며 이방 나라들의 재물이 네게로 옴이라."(사 60:1-5)

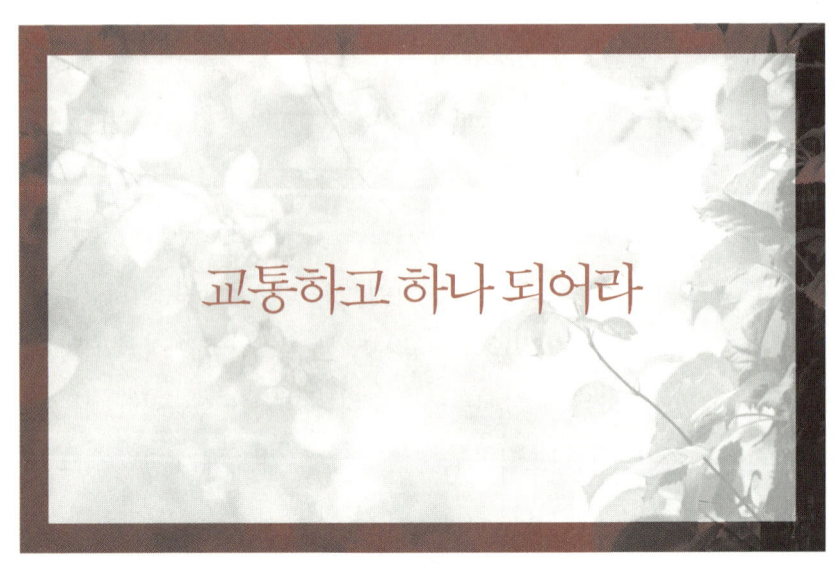

교통하고 하나 되어라

등대를 살펴보면 가운데 촛대를 중심으로 좌우에 가지가 세 개씩 붙어 있습니다. 이는 예수 그리스도를 중심으로 그에게 붙어 있는 성도를 상징합니다. 등대의 가운데 줄기에 기름을 부으면 좌우 여섯 가지에 고르게 들어가게 됩니다. 이것은 그리스도 안에서 성령으로 하나 되는 것과 교통하는 것을 설명하고 있습니다.(엡4:3-6) 성도는 필히 주님과의 교제가 이루어져야 합니다. 그래야 기쁨과 즐거움으로 일할 수 있고, 열매가 맺히고, 능력이 나타나며, 하나님께 영광 돌리게 됩니다.(요15:8) 빛이신 주님과 교제가 이루어지면 빛 가운데 살게 되어(요일1:5-7) 자연히 빛을 밝힐 수 있습니다.

성도는 복음에서 교제를 갖는 일이 중요합니다.(빌1:5) 교회가 진리로, 성령으로 하나가 되어야(요일5:7) 부흥의 조건을 갖추게 됩니다. 서로 비방하거나 싸우는 교회는 결코 부흥이 일어나지 않습니다.

광야 노정에서 모세가 상처 후 구스 여자를 취해 아내로 삼았습니다.(민12:1-16) 이에 아론과 미리암이 비방하는 것을 하나님이 듣고 이르시기를, "나의 종 모세 비방하기를 두려워 아니하느냐."(민12:8)라고 하셨습니다. 미리암은 즉시 문둥병에 걸려 눈과 같이 희어졌습니다. 모세가 구스 여자를 취함은 목이 곧은 이스라엘에게 이방인이나 이스라엘이나 하나님 앞에선 동등하다는 것을 보이기 위함입니다. 그리고 아내가 죽은 후 모세의 목회를 돕기 위함입니다. 성도는 주의 종의 허물에 대해 함부로 왈가왈부하지 말아야 합니다. 주의 종을 영접하는 일은 주님을 영접하는 일이요(요13:20), 주의 종에게 순종하고 복종해야 하며, 그렇지 않으면 아무 유익이 없습니다.(히13:17) 예수 그리스도의 군대는(딤후2:4) 일사분란하게 나아갈 때에 원수에게서 승리하고 진리의 빛을 밝힐 수 있습니다.

교회가 빛을 밝히는 일에 믿음이 자라고, 선을 알게 되고(몬1:6), 성도가 신앙생활에서 만족을 얻게 되려면 반드시 성도끼리의 교제가 이루어져야 합니다. 그래야만 진리가 교회 안에 고르게 퍼질 수 있습니다.

기름부음을 받으라

등대가 빛을 밝히기 위해선 반드시 기름을 부어야 합니다. 번제단에서 성령을 받았어도 봉사하기엔 아직 넉넉지 못합니다. 날마다 죄를 씻는 삶을 통해 번제단에서 받은 성령을 유지하고 발전시켜야 합니다. 그래야 성소에 들어가서 제대로 섬길 수가 있습니다.

번제단에서 성령을 받은 것과 등대에서 기름부음을 받은 것의 차이가 무엇입니까? 성령을 받았다고 곧바로 사역에 들어가는 것은 아니라는 것이 성경의 교훈입니다. 예수님께서도 성령의 부으심을 받은 후 성령에게 이끌리어 광야로 가서 40일간 금식하고 주리신 터에 마귀에게 시험을 받으셨습니다.(마3:16-마4:1-11) 사도 바울도 아나니아에게 안수를 받고 성령이 충만한 채 아라비아로 갔지만 거기서 3년 동안 훈련을 받아야 했습니다.(갈1:16-18) 제사장의 직분을 감당하려면 번제단에서 받은 성령으로는 부족하기 때문에 성소의 등대에서 기름부음을 받아 사역해야 합니다. 성령으로 거듭난 성도는 부단히 봉사할 것을 목표로 기름부음을 받도록 기도해야 합니다.(눅11:13) 예수님의 제자들은 성령을 부음받기 전에 이미 거듭났으며(요13:10), 3년여 동안 주님으로부터 훈련을 받았습니다. 그들은 예수님의 죽으심과 부활을 직접 목도했지만 예수님의 증인 되기에는 충분치 않았습니다.

> "볼지어다 내가 내 아버지께서 약속하신 것을 너희에게 보내리니 너희는 위로부터 능력으로 입혀질 때까지 이 성에 머물라 하시니라." (눅24:49)

예수 그리스도의 증인 되는 사역에서 기름부음이 절대적으로 필요하다는 것을 이르는 말씀입니다. 기독교 역사는 교회의 영광이 이 기름부음으로 되어진 일이라는 것을 보여주고 있으며 이는 성경에도 예언되어 있습니다.

> "그 후에 내가 내 영을 만민에게 부어 주리니 너희 자녀들이 장래 일을 말할 것이며 너희 늙은이는 꿈을 꾸며 너희 젊은이는 이상을 볼 것이며 그때에 내가 또 내 영을 남종과 여종에게 부어줄 것이며…." (욜2:28-29)

구약시대 사람들은 이 말씀을 듣지도 못했고, 이해할 수도 없었습니다. 구약시대에는 선지자나 나실인^{성별된 자라는 뜻으로 하나님의 사사로서 순수성을 보존키}

위해 하나님께 헌신한 사람을 말하며 대표적인 인물로 삼손을 들 수 있습니다 같은 지극히 제한된 사람들에게 성령을 주어 예언하거나 능력을 보이게 하셨습니다.

  이 말씀은 신약시대에 살아가는 우리에게 주어진 축복의 말씀으로, 이것이 응해진 것은 사도행전입니다. 초대 예루살렘 교회의 성도들이 주님의 분부대로 오로지 기도에 힘쓰던 중, 오순절 날에 하늘로부터 급하고 강한 바람 같은 소리가 있어 저희가 앉은 온 집에 가득하며, 불의 혀같이 갈라지는 것이 각 사람 위에 임하더니 모두가 성령의 충만함을 받게 되었습니다. 이에 베드로가 회중 가운데 일어서서 이 사실에 대해 (행2:14-21) 요엘서 2장 28절의 말씀을 풀어 설명하였습니다. 기름부음을 받은 성도들은 기쁨이 충만하였고, 담대히 하나님의 말씀을 증거하였으며, 복음을 전하다 옥에 갇히고 매 맞는 일을 당연시 여겼습니다. 두려워 떨며 문을 걸어 잠그던 예전과는 다르게 변화가 일어난 것입니다. 가는 곳마다 하나님이 함께 역사하사 따르는 표적으로 확실히 말씀을 증거하게 된 것입니다.

  그런데 요엘이 외친 기름부음의 배경은 무엇일까요? 하나님의 백성이 마땅히 누려야 할 기쁨과 축복을 잃어버리고 세상과 타협하며 육신의 정욕대로 신앙생활을 하고 있을 때, 하나님은 그의 백성들을 징계하신다는 사실을 알 수 있습니다. 어렵게 하시고, 병들게 하시고, 가난하게 하신 후에 그들이 하나님께 부르짖어 통회하고 자복할 때 성령을 부어주심으로 교회의 영광을 되찾게 하시겠다는 뜻입니다.

"너희는 금식일을 정하고 성회를 소집하여 장로들과 이 땅의 모든 주민들을 너희 하나님 여호와의 성전으로 모으고 여호와께 부르짖을지어다."(욜1:14)

"여호와의 말씀에 너희는 이제라도 금식하고 울며 애통하고 마음을 다하여 내게로 돌아오라 하셨나니 너희는 옷을 찢지 말고 마음을 찢고 너희 하나님 여호와께로 돌아올지어다. 그는 은혜로우시며 자비로우시며 노하기를 더디하시며 인애가 크시사 뜻을 돌이켜 재앙을 내리지 아니하시나니 주께서 혹시 마음과 뜻을 돌이키시고 그 뒤에 복을 내리사 너희 하나님 여호와께 소제와 전제를 드리게 하지 아니하실는지 누가 알겠느냐. 너희는 시온에서 나팔을 불어 거룩한 금식일을 정하고 성회를 소집하라. 백성을 모아 그 모임을 거룩하게 하고 장로들을 모으며 어린이와 젖 먹는 자를 모으며 신랑을 그 방에서 나오게 하며 신부도 그 신방에서 나오게 하고 여호와를 섬기는 제사장들은 낭실과 제단 사이에서 울며 이르기를 여호와여 주의 백성을 불쌍히 여기소서. 주의 기업을 욕되게 하여 나라들로 그들을 관할하지 못하게 하옵소서. 어찌하여 이방인으로 그들의 하나님이 어디 있느냐 말하게 하겠나이까 할지어다."(욜2:12-17)

이러한 회개의 결과는 성령의 기름부으심에 관한 약속입니다. 성령이 부어지기만 하면 아무리 타락하고 침체되고 병들었던 교회도 하나님의 거룩을 되찾고 능력을 되찾아 세상에서 빛을 밝히는 교회로 일어설 수 있습니다. 신앙의 끈을 놓쳐 버리고 하나님의 말씀을 무시하며 정욕대로 살아갈 때, 하나님은 성령을 일시적으로 거두어 가십니다. 교회가 세상에서 빛의 역할을 감당하지 못할 때, 세상에서 무시를 당하고 하나님의 영광을 잃어버리게 됩니다.

  이제 교회는 그 영광을 되찾아야 합니다. 에베소서에서 가르치는 교회, 세상을 영적으로 지배하며 다스리는 교회, 그것이 영광스러운 교회의 모습입니다. 성도는 여호와를 찾으면 삽니다.(암5:6) 옷을 찢지 말고 마음을 찢고 하나님께 자복하며 부르짖어야 합니다. 우리의 죄악이 씻음을 받고 우리의 자아가 철저히 깨어질 때까지 부르짖어야 합니다. 죄 씻음 받고 깨어지게 되면 기름이 부어지는 것은 하나님의 약속입니다. 이렇게 될 때 교회는 본래의 모습을 찾아 뜨거워져 세상을 변화시킬 것이고, 뜨거운 복음의 불길이 세상을 덮을 것입니다.

떡상에서 생명의 양식을

떡상

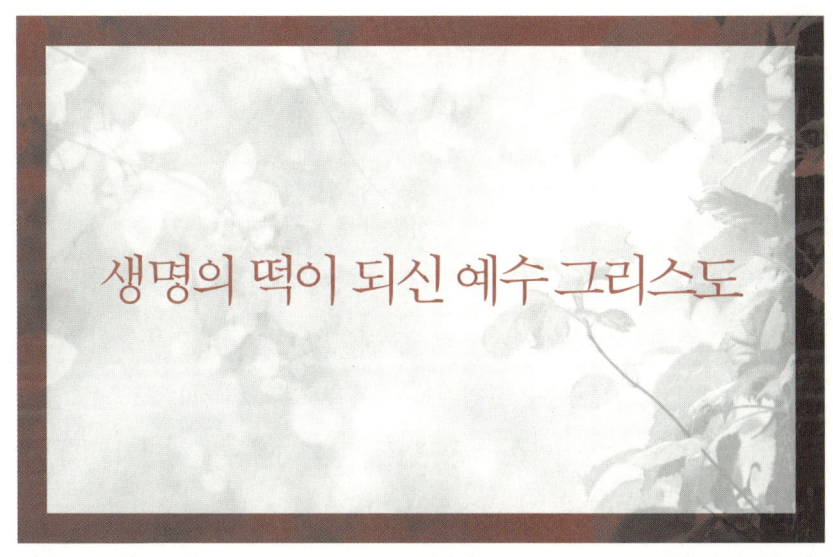

생명의 떡이 되신 예수 그리스도

성소에 들어서면 진설병[j,l,!ynIP(레헴,파님)]을 차려놓은 떡상이 오른쪽에 있습니다. 떡상은 조각목을 정금으로 싸서 만들었습니다. 길이가 2규빗, 폭이 1규빗, 높이가 1.5규빗으로 운반하기에 편리하도록 금 고리 4개가 양쪽에 2개씩 있습니다.

"너는 조각목으로 상을 만들되 길이는 두 규빗, 너비는 한 규빗, 높이는 한 규빗 반이 되게 하고 순금으로 싸고 주위에 금테를 두르고 그 주위에 손바닥 넓이만 한 턱을 만들고 그 턱 주위에 금으로 테를 만들고 그것을 위하여 금 고리 넷을 만들어 그 네 발 위 네 모퉁이에 달되 턱 곁에 붙이라. 이는 상을 멜 채를 꿸 곳이며 또 조각목으로 그 채를 만들고 금으로 싸라 상을 이것으로 멜 것이니라. 너는 대접과 숟가락과 병과 붓는 잔을 만들되 순금으로 만들며 상 위에 진설병을 두어 항상 내 앞에 있게 할지니라."(출25:23-30)

식탁을 뜻하는 '상' @j;llvu(슐한)은 짐승으로부터 벗겨낸 가죽에서 유래한 말로 식탁으로 사용하기 위해 가죽을 땅에 펼쳐놓고 음식을 먹는 식습관에서 유래한 것입니다. 이 떡상은 예수 그리스도의 가족들이 한 상에 둘러 앉아 피 묻은 예수 그리스도의 복음으로 교제하는 모습을 연상케 합니다. 또한 진설이라는 떡은 '얼굴'을 의미하는데 생명의 떡인 예수 그리스도가 하나님을 계시하는 분으로서 하나님의 얼굴이라는 뜻으로 해석할 수 있습니다. 또한 예수님께서는 베들레헴^{Bhqleevm}이란 곳에서 탄생하셨는데 베들레헴은 '떡집'이라는 뜻입니다.

"너는 고운 가루를 가져다가 떡 열두 개를 굽되 각 덩이를 십분의 이 에바로 하여 여호와 앞 순결한 상 위에 두 줄로 한 줄에 여섯씩 진설하고 너는 또 정결한 유향을 그 각 줄 위에 두어 기념물로 여호와께 화제를 삼을 것이며 안식일마다 이 떡을 여호와 앞에 항상 진설할지니 이는 이스라엘 자손을 위한 것이요 영원한 언약이니라. 이 떡은 아론과 그의 자손에게 돌리고 그들은 그것을 거룩한 곳에서 먹을지니 이는 여호와의 화제 중 그에게 돌리는 것으로서 지극히 거룩함이니라 이는 영원한 규례니라."(레24:5-9)

떡상 위에는 6개씩 두 줄로 떡을 차려놓았고 안식일마다 새 떡으로 올렸습니다. 하나님께 드리는 거룩한 떡인 진설병은 우리 생명의 떡이 되신 예수 그리스도를 의미합니다.

"예수께서 이르시되 나는 생명의 떡이니 내게 오는 자는 결코 주리지 아니할 터이요 나를 믿는 자는 영원히 목마르지 아니하리라."(요6:35)

"진실로 진실로 너희에게 이르노니 믿는 자는 영생을 가졌나니 내가 곧 생명의 떡이니라. 너희 조상들은 광야에서 만나를 먹었어도 죽었거니와 이는 하늘에서 내려오는 떡이니 사람으로 하여금 먹고 죽지 아니하게 하는 것이니라. 나는 하늘에서 내려온 살아 있는 떡이니 사람이 이 떡을 먹으면 영생하리라 내가 줄 떡은 곧 세상의 생명을 위한 내 살이니라 하시니라."(요6:47-51)

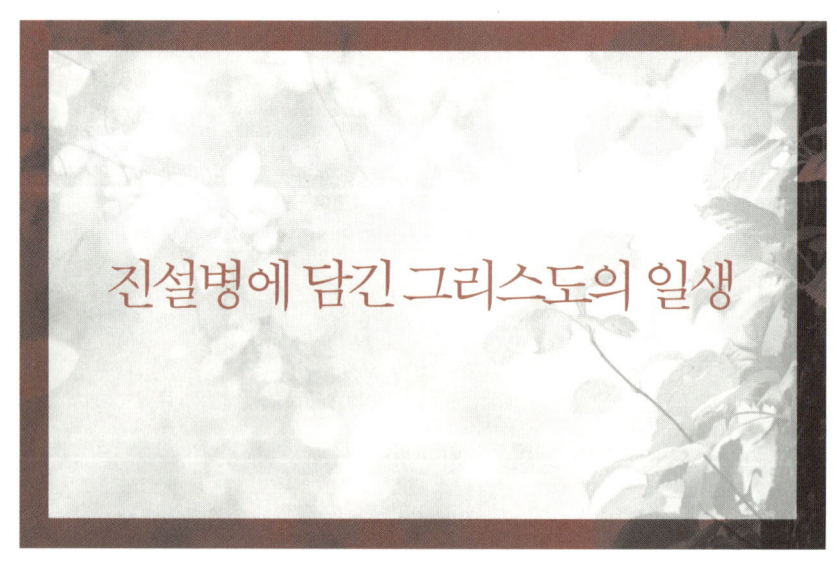

진설병에 담긴 그리스도의 일생

곡식이 떡이 되려면 일단 가루가 되어야 합니다. 맷돌에 넣어져 깨뜨려지고 부서지는 과정을 거쳐야 합니다. 예수님 또한 이 땅에 오셔서 사탄의 세력에게 온갖 고초를 겪으셨습니다. 그분의 심신뿐 아니라 영혼까지도 압박당하고, 짓이겨지고, 부서져 가루가 되셨습니다. 그러나 주님께서는 하나님을 위해 모든 것을 다 바치신 것과 같이 자기를 따르는 이웃을 위해서도 매일같이 스스로를 바치셨습니다. 영적 생명을 위해서만이 아니라 살아가는 의식주에서까지 그렇게 하셨습니다. 예수님은 그를 따르는 자들에게 영의 응식뿐 아니라 육신의 응식이 되셨습니다.

고운 가루는 질이 고르고 미세하며, 이는 어제나 오늘이나 모든 사람에게 똑같이 자상한 사랑을 베푸시는 주님을 뜻합니다. 주님은 자기를 향해 십자가에 못 박으라고 데모를 벌인 원수마저도 용서해 달라고 하나님께 기도하셨습니다.

고운 가루가 떡이 되려면 기름을 붓고 반죽을 해야 합니다.(레2:5) 성경은 주님이 오셔서 사역하실 일에 대해 이렇게 기록하고 있습니다.

> "주 여호와의 영이 내게 내리셨으니 이는 여호와께서 내게 기름을 부으사 가난한 자에게 아름다운 소식을 전하게 하려 하심이라. 나를 보내사 마음이 상한 자를 고치며 포로된 자에게 자유를, 갇힌 자에게 놓임을 선포하며…"(사61:1)

> "하나님이 나사렛 예수에게 성령과 능력을 기름 붓듯 하셨으매 그가 두루 다니시며 선한 일을 행하시고 마귀에게 눌린 모든 사람을 고치셨으니 이는 하나님이 함께 하셨음이라."(행10:38)

주님은 성령이 임하신 후에 공생애 사역을 시작하셨습니다. 예수님께 성령이 임하심은 인간인 요한에게 물세례를 받으신 직후였습니다.(마3:16) 하나님이 사람에게 세례를 받으신 것입니다. 그러니 우리가 얼마나 낮아지고 겸손해져야 하겠습니까?

하나님께서는 고운 가루를 기름으로 반죽한 떡 위에 유향을 놓으라고 하셨습니다.(레2:1) 유향은 귀한 향입니다. 그리고 예수 그리스도는 향내 나는 떡입니다. 성경에 보면 "나의 사랑하는 자는 내 품 가운데 몰약 향주머니요."(아1:13)라는 구절이 있습니다. 이는 예수님을 상징한 노래로 예수님이 향주머니란 뜻입니다. 이 향주머니가 으깨어졌으니 그 향기가 얼마나 진동하였겠습니까? 예수님은 인류 최대의 고통을 당하셨지만 그 향기는 전 세계에, 인류 역사에 널리 퍼졌습니다. 그리하여 구원받은 사람에겐 생명의 냄새요, 눈먼 자에게는 빛을 비추는 냄새요, 마음이 상한 자에겐 위로의 향기요, 죽음 앞에 떠는 사람에겐 부활의 향기가 되셨습니다. 이렇듯 성소의 떡상에 드린 떡은 하나님께 드려진 예수 그리스도를 의미합니다. 믿고 구원받은 사람은 예수님과 일체가 된 존재이므로 당연히 향기가 나는 것입니다.

"우리는 구원 받는 자들에게나 망하는 자들에게나 하나님 앞에서 그리스도의 향기니…."(고후2:15)

그리스도께서 깨어져 가루가 되고 떡이 되셔서 향기를 발하셨으니 우리 그리스도인들도 당연히 그리스도를 소유하고 자아가 깨어짐으로 향기를 발할 수 있는 존재입니다. 그러면 그 향기를 어떻게 퍼뜨려야 하겠습니까?

"그 소제물의 남은 것은 아론과 그의 자손에게 돌릴지니 이는 여호와의 화제물 중에 지극히 거룩한 것이니라."(레2:3)

번제는 제물을 완전히 불태우지만 소제는 기념할 것을 한 줌만 불에 사르고 나머지 것은 제사장들에게 돌립니다. 생명의 떡을 먹은 복음의 제사장들은 온 세상에 하나님의 사랑을 전해야 할 의무가 있으며 그 일

을 성령으로 해야 합니다.(행1:8,고전2:4-5)

　고운 가루는 마지막으로 구워져서 고루고루 잘 익은 떡이 되어야 소제의 예물로 쓰입니다. 그러려면 고운 가루의 반죽을 화덕에 굽든지 번철에 부치든지 해야 합니다.(레2:4-5) 이는 하나님의 응식이 되기 위해서 갖은 시험과 연단과 마지막엔 지옥의 고통까지도 당하신 예수 그리스도를 의미합니다. 한 개의 떡이 만들어지는 과정은 바로 예수 그리스도의 일생이 그러하심을 우리에게 보여줍니다. 그분의 지체인 그리스도인들도 갖은 연단과 시험을 통해 더욱 순결해지고 강해지며, 잘 구워진 떡은 하나님께 향기로운 제물이 됩니다.

　그런데 떡상에 놓인 떡이 왜 12덩이일까요? 여기서 12는 선택의 숫자를 의미하는 것으로, 하나님의 선택된 백성을 가리킵니다. 예수님께서 하나님께 드려진 향내 나는 제물이 되신 것처럼 성도들도 하나님께 드려진 존재임을 인식해야 합니다. 성도는 예수의 것(롬1:6)으로 예수님의 피로 사서 하나님께 드려진 존재입니다.(계5:9) 구약시대에는 짐승이나 떡으로 제물로 드렸지만 오늘날은 우리의 전 존재를 드려야 합니다.(롬12:1) 성도는 자신을 하나님께 드림으로써 자신의 존재를 삶의 현장에서 증거하는 것입니다.

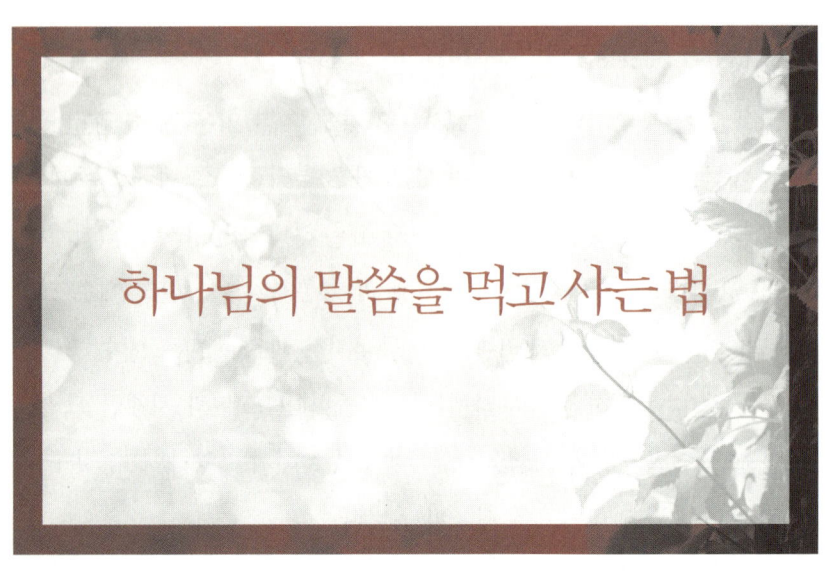

하나님의 말씀을 먹고 사는 법

떡상에 놓인 12덩이 떡은 하나님의 말씀*logos*(로고스)입니다. 예수님은 말씀이 육신이 되신, 살아계신 하나님의 말씀이십니다.(요1:1)

"말씀이 육신이 되어 우리 가운데 거하시매 우리가 그의 영광을 보니 아버지의 독생자의 영광이요 은혜와 진리가 충만하더라."(요1:14)

"예수께서 이르시되 내가 진실로 진실로 너희에게 이르노니 인자의 살을 먹지 아니하고 인자의 피를 마시지 아니하면 너희 속에 생명이 없느니라. 내 살을 먹고 내 피를 마시는 자는 영생을 가졌고 마지막 날에 내가 그를 다시 살리리니." (요6:53-54)

"이것은 하늘에서 내려온 떡이니 조상들이 먹고도 죽은 그것과 같지 아니하여 이 떡을 먹는 자는 영원히 살리라."(요6:58)

아담 이후 인간은 영적으로 죽은 존재이기에 외부로부터 생명을 받아야 합니다. 이 생명의 떡이 바로 예수 그리스도이십니다. 그리스도는 우리 육체에 생명을 주시는 것이 아니라 영에 생명을 주십니다. 그래서 예수님을 영이라고 하는 것입니다.

"살리는 것은 영이니 육은 무익하니라 내가 너희에게 이른 말은 영이요 생명이라."(요6:63)

우리가 예수님으로부터 받은 생명은 영원한 부활 생명입니다. 육은 무익하다는 말은 예수 그리스도가 육을 살리는 것이 아니라 영을 살리려고 이 땅에 오셨음을 말합니다. 영이 살면 육은 마지막 날에 신령한 몸으로 살 것이기 때문입니다.

떡상 위의 떡은 하나님의 말씀을 의미하며 누구든지 이 말씀을 먹어야 영생합니다. 예수님은 육신의 떡으로 사는 것이 아니라 말씀의 떡으로 산다는 사실을 우리에게 가르쳐 주십니다. 즉, 떡(밥) 먹고 산다는 인간의 상식을 엎어버린 것입니다. 그리스도인이 사는 대원리를 가르치신 것입니다. 그러면 우리는 하나님의 말씀을 어떻게 먹어야 할까요?

첫째, 매일 매일 먹어야 합니다. 육신을 위해 매일 음식을 먹는 것과 같이, 말씀을 매일 먹어야 합니다. 하나님께서는 광야에서 이스라엘이 먹을 양식을 매일 아침에 나가서 걷도록 하셨습니다. "아침에는 너희가 여호와의 영광을 보리라."(출16:7) 아침에 주님의 얼굴을 대하는 일이 얼마나 영광스러운 것입니까?

둘째, 회개하고 순종할 목적으로 먹어야 합니다. 말씀을 이용하려고 하기보다는 회개하고 순종하기 위해서 먹어야 합니다. 성도가 순종하면 복이 되고 하나님을 체험하게 됩니다.

셋째, 등대의 빛을 받으며 먹어야 합니다. 성소 안에는 창문이 없기 때문에 오직 등대에서 비치는 빛 외에는 다른 빛이 없습니다. 이처럼 우리는 성령의 빛을 받아서 하나님의 말씀을 먹어야 합니다. 말씀을 깨닫게 해달라고 더 많이 기도하고 먹어야 합니다.

> "너희는 주께 받은 바 기름부음이 너희 안에 거하나니 아무도 너희를 가르칠 필요가 없고 오직 그의 기름부음이 모든 것을 너희에게 가르치며 또 참되고 거짓이 없으니 너희를 가르치신 그대로 주 안에 거하라."(요일2:27)

넷째, 객관적 진리가 주관적 체험이 되도록 먹어야 합니다. 성경은 기록된 말씀으로, 오늘날 가나안의 땅은 성경이라 할 수 있으며 우리는 이를 정복해야 합니다. 쌀독에 쌀이 가득 들어 있어도 그것으로 밥을 지어 먹어 소화된 것만이 내게 힘이 되고 육체의 생명이 됩니다. 이와 마찬가지로 기록된 하나님의 말씀을 먹을 때, 그 말씀에 생명의 역사가 일어나서 나에게 능력이 되고 힘이 됩니다. 그렇게 되려면 우리가 어떻게 해야 합니까? 간절히, 간절히 하나님의 말씀을 사모하고, 또 사모해야 합니다.

"내가 주의 법도들을 사모하였사오니 주의 의로 나를 살아나게 하소서… 내 눈이 주의 구원과 주의 의로운 말씀을 사모하기에 피곤하니이다… 내가 주의 계명들을 사모하므로 내가 입을 열고 헐떡였나이다." (시119:40, 123, 131)

주님의 말씀을 사모하며 헐떡이듯이 하면 하나님은 당신을 우리에게 많이 나타내어 주십니다. 그리하여 사모하는 자는 하나님을 알게 되고, 하나님을 아는 자는 하나님을 의지하며 사랑하게 됩니다. 하나님께서는 말씀 먹고 사는 하나님의 자녀를 결코 버리지 않으십니다.

"여호와여 주의 이름을 아는 자는 주를 의지하오리니 이는 주를 찾는 자들을 버리지 아니하심이니이다." (시9:10)

다섯째, 하나님의 말씀을 먹을 때는 모여서 교제하며 먹어야 합니다. 성막의 제사장들은 둘러서서 교제하면서 떡을 먹었습니다. 초대 교회의 성도들은 날마다 성전에 모여 말씀을 배우고 떡을 떼며 기도하기를 힘썼습니다. (행2:42-46) 성도는 복음 안에서 교제가 이루어져야 합니다. (빌1:3-5)

그런데 복음으로 교제하는 것이 왜 중요합니까? 그것은 교제를 통해 진리가 고루 나누어지기 때문입니다. 교회에는 신앙이 어린 신자부터 성숙한 신자까지 여러 종류의 사람들이 있습니다. 이러한 성도들이 모여서 진리를 나누면 진리가 회중에게 고루고루 전달될 수 있습니다. 음식을 먹으면 그 영양이 온몸에 고루 퍼지는 것처럼, 지체를 통해 온몸에 퍼져서 고루고루 성장하게 됩니다. 고린도 교회처럼 육신의 신자와 신령한 신자 사이에 대립이 일어난 것은 진리가 보편화되지 않았기 때문입니다. 성도들이 진리로 교제하면 벽이 무너지고 소통이 이루어집니다. 오늘날 교회가 대형화되면서 성도의 교제가 원만하지 못한 점은 반드시 개선해야 할 문제입니다.

하나님이 광야에서 이스라엘에게 만나를 주신 이유가 무엇입니까? 그것은 말씀 먹고 사는 진리를 가르치기 위함입니다.

> "너를 낮추시며 너를 주리게 하시며 또 너도 알지 못하며 네 조상들도 알지 못하던 만나를 네게 먹이신 것은 사람이 떡으로만 사는 것이 아니요 여호와의 입에서 나오는 모든 말씀으로 사는 줄을 네가 알게 하려 하심이니라."(신8:3, 마4:4)

오늘날 그리스도인들은 성경이 이론적으로 옳다는 것을 알고 있습니다. 그러나 그들이 정말 알고 싶어하는 것은 성경대로 살면 굶어 죽지 않고 살 수 있느냐는 것입니다. 하나님께서 광야 40년간 200만 명이 넘는 사람들에게 먹이신 만나는 이 땅에 생명의 양식으로 오신 예수 그리스도와, 말씀으로 오신 예수 그리스도를 가장 정확하게 설명하고 있습니다.

"그들이 묻되 그러면 우리가 보고 당신을 믿도록 행하시는 표적이 무엇이니이까, 하시는 일이 무엇이니이까, 기록된 바 하늘에서 그들에게 떡을 주어 먹게 하였다 함과 같이 우리 조상들은 광야에서 만나를 먹었나이다. 예수께서 이르시되 내가 진실로 진실로 너희에게 이르노니 모세가 너희에게 하늘로부터 떡을 준 것이 아니라 내 아버지께서 너희에게 하늘로부터 참 떡을 주시나니 하나님의 떡은 하늘에서 내려 세상에 생명을 주는 것이니라." (요6:30-33)

광야에서 40년간 이스라엘 백성을 먹이신 하나님께서 오늘날에도 특별한 방식으로 하나님의 백성을 먹여 살릴 수 있는 길이 있음을 알아야 합니다. 그 길은 살아계신 말씀이신 예수 그리스도를 먹고 사는 것입니다.

분향단에서 기도를

분향단

중보기도의 힘

떡상과 황금 등대 사이에 있는 '분향단' ʃBezlm tr,foq(미즈베아흐 게토레트)은 성소 중앙에 위치해 있습니다. 분향단 역시 조각목을 금으로 싸서 만들었는데, 길이가 1규빗, 폭이 1규빗, 높이가 2규빗으로 네 모퉁이에 네 개의 뿔이 있습니다. 또한 네 개의 고리가 양쪽에 둘씩 달려서 메고 다닐 수 있게 하였습니다.

"너는 분향할 제단을 만들지니 곧 조각목으로 만들되 길이가 한 규빗, 너비가 한 규빗으로 네모가 반듯하게 하고 높이는 두 규빗으로 하며 그 뿔을 그것과 이어지게 하고, 제단 상면과 전후좌우 면과 뿔을 순금으로 싸고 주위에 금테를 두를지며, 금테 아래 양쪽에 금 고리 둘을 만들되 곧 그 양쪽에 만들지니 이는 제단을 메는 채를 꿸 곳이며 그 채를 조각목으로 만들고 금으로 싸고 그 제단을 증거 궤 위 속죄소 맞은편 곧 증거궤 앞에 있는 휘장 밖에 두라. 그 속죄소는 내가 너와 만날 곳이며 아론이 아침마다 그 위에 향기로운 향을 사르되 등불을 손질할 때에 사르며 또 저녁때 등불을 켤 때에 사를지니 이 향은 너희가 대대로 여호와 앞에 끊지 못할지며, 너희는 그 위에 다른 향을 사르지 말며 번제나 소제를 드리지 말며 전제의 술을 붓지 말며 아론이 일 년에 한 번씩 이 향단 뿔을 위하여 속죄하되 속죄제의 피로 일 년에 한 번씩 대대로 속죄할지니라. 이 제단은 여호와께 지극히 거룩하니라."(출30:1-10)

분향단은 하나님께 향을 피워드리는 곳으로, 지성소에 가장 가까이 위치해 있으며 성구 중에 제일 키가 큽니다. 그리고 상단 가장자리에 금으로 만든 왕관이 부착되어 있습니다. 성경에서 향은 일반적으로 기도를 의미하며(계8:3-4) 분향단은 중보기도 하시는 예수 그리스도의 모형이라 할 수 있습니다.

예수 그리스도는 하나님과 인간 사이의 유일한 중보자로서 지상에서 올라오는 모든 기도 중에 예수 그리스도의 이름으로 올라오는 기도를 접수하시고, 그 많은 기도 중에서 하나님의 뜻대로 하는 기도가 응답이 됩니다.(요일5:14) 예수님은 하나님이시요 사람이시기에 가장 하나님의 뜻대로 사셨고, 하나님의 뜻대로 기도하셨습니다. 성도가 하나님의 뜻대로 기도하기 위해선 무엇보다도 예수님의 인격을 닮아야 합니다.

성막 문에서부터 성소까지의 과정은 성도가 '참 성전'이신 예수 그리스도의 인격을 닮아가는 전 과정을 설명하고 있습니다. 이 과정에서 기도가 어떻게 발전하는지 살펴보겠습니다.

번제단에서의 기도는 죄를 청산하는 회개의 기도이며 자아가 죽어지기 위해 드리는 기도로, 가장 기본적인 것입니다. 이는 신앙생활에서 가장 문제가 되는 일이 자아임을 깨닫게 합니다.

물두멍에서의 기도는 일상의 죄를 씻는 기도입니다. 세상에서 살다 보면 죄를 짓게 됩니다. 그럴 때면 거듭남으로 받은 은혜조차도 상실해 버리고 다시 육신으로 돌아간 느낌이 듭니다. 이때 죄를 씻는 기도를 통해 번제단에서 믿음으로 받은 성령을 유지하고 발전시켜야 합니다. 헌신을 위한 기도를 드리고 하나님의 일을 하게 될 때 자기의 무능을 철저히 느끼게 됩니다. 우리는 매일 죄를 씻는 삶을 통해 성소에 들어가서 봉사하는 제사장이 되어야 합니다.(벧전2:9) 살아난 자아를 위해 다시 십자가를 찾아야 합니다.

등대에서의 기도는 기름부음입니다. 예수 그리스도의 증인의 삶은 성령으로 되는 것이므로 주님으로부터 기름부음을 받아야 하는데(사61:1, 행1:8, 고전2:4), 이때 상당한 기도의 대가를 지불해야 합니다.

"너희는 이 모든 일의 증인이라 볼지어다 내가 내 아버지께서 약속하신 것을 너희에게 보내리니 너희는 위로부터 능력으로 입혀질 때까지 이 성에 머물라 하시니라."(눅24:48-49)

증인의 삶이 성령으로 능력을 입히울 때까지, 즉 기름부음을 받을 때까지(행2:1-4) 기다리라는 말씀입니다. 제자들은 예수님께서 승천하신 후 마가와 요한의 다락방에 모여 마음을 같이 하여 오로지 기도에 힘썼습니다. 그리하여 열흘 후 오순절 날에 제자들은 성령의 충만을 받고 담대히 복음을 증거하게 되었습니다.

떡상에서의 기도는 말씀을 먹으며 성령이 운행하시기까지 사모하고 간구하는 기도입니다. 주님과 성령으로뿐 아니라 말씀으로 교제가 이루어져야 합니다. 진리를 충분히 먹은 자가 하나님의 일꾼으로 사용됩니다.(계10:9-11) 진리를 사모하는 열정이 기도로써 나타나야 하고, 성도는 걸어다니는 말씀이어야 합니다.

그런데 분향단의 기도는 지금까지의 기도와는 차원이 다릅니다. 중보기도는 한마디로 기도의 최고봉입니다. 성막의 모든 단계는 기도와 연결되어 있는데, 번제단과 물두멍, 등대와 떡상, 그리고 분향단에 이르기까지 기도가 점차 발전되어 온 것을 알 수 있습니다. 그러면 어디까지 기도가 발전했습니까? 예수 그리스도의 인격의 분량에까지 오게 되었습니다.

신앙의 승리는 기도의 승리라 해도 과언이 아니며, 분향단은 중보기도 하시는 예수님을 설명합니다. 예수님의 중보기도는 100% 응답받는 기도입니다. 지금도 주님은 보좌에서 자기 백성을 위해 중보기도 하십니다.(롬8:34, 히7:25) 오늘날 주님의 백성들이 세상에서 실패해도 다시 일어설 수 있는 이유는 주님이 우리를 위해 중보기도 하시기 때문입니다.

주님의 중보기도가 얼마나 위대한 능력을 지니고 있는가를 베드로와 가룟 유다의 이야기에서 발견할 수 있습니다. 베드로와 유다는 둘 다 주님을 배신하였습니다. 그런데 유다는 멸망하는 자의 표본이 되었고, 베드로는 승리자의 표본이 되었습니다. 그 이유가 무엇일까요? 주님께서 베드로를 위해서는 기도를 해 주셨고 유다에게는 그러지 않았기 때문입니다. 유월절 만찬 석상에서 주님은 베드로를 향해 이렇게 말씀하셨습니다.

> "시몬아, 시몬아, 보라 사탄이 너희를 밀 까부르듯 하려고 요구하였으나 그러나 내가 너를 위하여 네 믿음이 떨어지지 않기를 기도하였노니 너는 돌이킨 후에 네 형제를 굳게 하라."(눅22:31-32)

주님은 베드로가 세 번이나 주를 부인하고 사탄의 시험을 받아 배신할 것을 미리 아시고서 베드로를 위해 기도하셨습니다. 베드로가 주님을 세 번이나 부인하게 된 것은 겟세마네 기도에서 실패한 연유임을 짐작할 수 있습니다. "주여 내가 주와 함께 옥에도, 죽는 데에도 가기를 각오하였나이다."(눅22:33)하고 베드로가 말하자 주님께서 이르셨습니다. "베드로야 내가 네게 말하노니 오늘 닭 울기 전에 네가 세 번 나를 모른다고 부인하리라."(눅22:34)

기도가 실패하면 치명적인 죄를 지을 수 있습니다. 지구상의 수많은 그리스도인들이 믿음을 얻은 후에도 얼마나 많은 죄를 짓습니까? 그리하여 다시 회개하고 돌아오는 사람이 또 얼마나 많습니까? 이러한 일들이 어떻게 가능합니까? 예수 그리스도의 중보기도 능력 때문입니다.

> "예수는 영원히 계시므로 그 제사장 직분도 갈리지 아니하느니라. 그러므로 자기를 힘입어 하나님께 나아가는 자들을 온전히 구원하실 수 있으니 이는 그가 항상 살아 계셔서 그들을 위하여 간구하심이라." (히7:24-25)

> "누가 정죄하리요 죽으실 뿐 아니라 다시 살아나신 이는 그리스도 예수시니 그는 하나님 우편에 계신 자요 우리를 위하여 간구하시는 자시니라." (롬8:34)

구약의 대제사장들은 하나님의 백성들의 이름과 처지를 다 모릅니다. 그리고 죽어버립니다. 그러나 주님은 우리의 대제사장으로서 전지전능하신 하나님이시기에 영원히 살아 계셔서 처음부터 미래에 이르기까지 다 아시고, 우리를 위하여 구체적으로 기도하십니다. 그래서 자기를 믿고 나아오는 자를 온전히 구원할 수 있으십니다.

기도가 응답받으려면

　기도는 응답을 받도록 해야 합니다. 아무리 유창한 기도라도 응답을 받지 못하면 신앙의 힘을 잃게 됩니다. 기도가 응답받을 때 성도는 힘을 얻고, 기쁨을 누리며, 하나님이 나와 함께 하시는 은혜를 체험합니다. 이미 우리는 번제단에서부터 기도를 시작했습니다. 그러나 분향단에서의 기도는 기도의 최고봉으로, 중보기도 하시는 예수님의 인격이 우리에게서 기도를 통해 드러나야 합니다. 그러면 분향단에서 응답받는 기도의 비밀을 살펴보겠습니다.

⊙ 성령으로 기도하라

번제단에서 가져온 불로 향을 사르란 말은 성령으로 기도하라는 말씀입니다. 분향단에서의 기도는 기도의 최고봉으로 반드시 응답되는 기도입니다. 때문에 여기서 횡설수설하면 안 됩니다. 또한 향을 사를 때는 반드시 불이 필요한데, 이때 아무 불이나 사용하면 안 됩니다. 아론의 아들 나답과 아비후가 다른 불을 사용하다가 즉사한 사건이 일어났습니다.

> "아론의 아들 나답과 아비후가 각기 향로를 가져다가 여호와께서 명령하시지 아니하신 다른 불을 담아 여호와 앞에 분향하였더니 불이 여호와 앞에서 나와 그들을 삼키매 그들이 여호와 앞에서 죽은지라." (레10:1-2)

대제사장의 아들이라도 하나님의 법을 어겨 번제단의 불이 아닌 다른 불을 가져다 향을 사르면 변을 당하는 것입니다. 그런데 어떻게 해서 이런 일이 일어났을까요? 그들은 대제사장의 아들인데 몰라서 그랬을까요?

> "여호와께서 아론에게 말씀하여 이르시되 너와 네 자손들이 회막에 들어갈 때에는 포도주나 독주를 마시지 말라. 그리하여 너희 죽음을 면하라 이는 너희 대대로 지킬 영영한 규례라." (레10:8-9)

그들이 하나님이 정하신 규례를 어기고 다른 불을 담아간 이유를 여기에서 짐작할 수 있습니다. 그들은 술을 마시고 성소에 들어가 분향했던 것입니다. 분향단의 기도는 초심자의 기도가 아니며 기도의 최고봉으로, 제사장은 예수님의 인격에서 나오는 기도를 해야 합니다. 여기서 우리가 주의해야 할 것은 하나님의 거룩을 침범한 사람은 지위 여하를 막론하고 엄격히 징계하신다는 사실과, 하나님께서 지시하신 방법대로 드리는 기도와 제사만 받으신다는 사실과, 하나님의 일을 태만히 하면 저주를 받는다는 사실입니다.(렘48:10)

제사장에게는 크게 세 가지 임무가 있는데 첫째는 제사 드리는 일이고, 둘째는 율법을 가르치는 일이며 셋째는 백성을 축복하는 일입니다. 제사는 범죄한 백성이 하나님과의 관계를 회복하는 일로 이때에 동물을 잡아서 피를 뿌리고 제사를 드림으로써 예수 그리스도의 구속사역을 예표하는 거룩한 행위를 구현합니다.

하나님과 언약 관계에 있는 백성은 율법을 지키는 일이 중요하기 때문에(갈3:24) 제사장은 이들에게 율법을 가르쳐야 합니다. 그런데 이를 행할 때 제사장이 술을 먹고 정신이 혼미해서 잘못 가르친다면 백성들은 큰 타격을 입게 됩니다. 백성들이 잘못 가르침을 받아서 멸망케 되면 잘못 가르친 제사장이 그 책임을 져야 합니다. 이것은 오늘날도 마찬가지입니다. 주의 종들은 성별되었다는 사실을 알고, 항상 맑고 밝은 정신으로 하나님을 섬기며 백성들을 위해 봉사해야 합니다. 술에 취했다는 것은 성령에 취했다는 말의 반대방향으로 가는 길입니다.

하나님의 일을 태만히 하다 저주를 받은 사례는 성경에 기록되어 있습니다. 창세기 38장에서 유다의 가정을 보면 하나님께서는 유다의 가계를 통해 그리스도가 오실 통로를 열고자 하셨습니다. 장자 엘이 악하므로 죽이시고 차자 오난도 형수에게서 낳은 아들이 자기 아들이 되지 않을 것을 알고 땅에다 설정하자 하나님이 보시기에 악하므로 죽이셨습니다. 셋째 셀라가 장성하였으나 자기에게 남편으로 주지 않음으로 며느리 다말은 시아버지 유다에게 접근해 잉태하여 그리스도의 가계를 이루는 길을 열게 되었습니다.(마1:3) 이 일은 다말이 죽음을 각오한 일이었습니다.(창38:1-30)

분향단의 기도는 반드시 응답받아야 하므로, 하나님의 뜻을 이루기 위해 목숨이라도 바칠 각오가 있어야 합니다. 다말은 기생이라는 누명을 쓰는 한이 있어도, 돌멩이 맞아 죽는 한이 있어도 하나님의 뜻을 이루려고 불륜을 저질렀습니다. 그러나 그의 이름은 천국 문루에 찬란히 빛나고 있습니다. "유다는 다말에게서 베레스와 세라를 낳고…."(마1:3)

또한 분향단의 기도는 예수님의 인격에서 나오는 기도와 동일시되어야 합니다. 그것은 그가 성전이 되었다는 증거이기 때문입니다. 입술로 고백하는 기도의 내용이 그 증거이기 때문입니다. 그런데 주님은 무엇 때문에 중보기도를 하실까요? 주님은 주님과 같은 기도를 해야 할 제사장들을 위해 중보기도 하십니다. 제사장은 그리스도의 인격에 이르러야 할 사람이기 때문입니다.

하나님께서는 감람유가 아침저녁 계속 공급되어 등대의 불이 꺼지지 않게 하고, 등불을 정리할 때에 향을 사르라 하셨습니다.

> "아론이 아침마다 그 위에 향기로운 향을 사르되 등불을 손질할 때에 사를지며 또 저녁때 등불을 켤 때에 사를지니 이 향은 너희가 대대로 여호와 앞에 끊지 못할지며…"(출30:7-8)

분향단의 향 피우는 일과 등대의 기름을 공급하는 일을 동시에 하라는 명령은 성령으로 기도하라는 말씀입니다.(롬8:26, 엡6:18) 그리고 기도가 응답이 되려면 하나님의 뜻대로 해야 합니다.(요일5:14) 그러면 누가 하나님의 뜻을 100% 다 알고 있습니까? 이는 바로 성령이십니다. "성령은 모든 것, 곧 하나님의 깊은 것까지도 통달하시느니라."(고전2:10)고 하셨습니다. 그렇기 때문에 성령으로 기도하면 100% 응답받을 수 있습니다.

성령님은 우리로 하여금 성령님께 감동받아 기도를 드리게 합니다.(삼상19:20-24) 갑자기 성령께서 임하셔서 어떤 사람이나 지역이나 사건을 위해 기도하게 하십니다. 이때에 기도를 미루어선 안 되며, 이때를 놓쳐버리면 내게 주실 하나님의 은혜와 사명이 소멸되고 맙니다.

또한 성령께서는 우리 마음에 간절한 소원을 일으켜서 기도하게 하십니다. "너희 안에서 행하시는 이는 하나님이시니 자기의 기쁘신 뜻을 위하여 너희에게 소원을 두고 행하게 하시나니."(빌2:13)라는 말씀에서 이를 알 수 있습니다. 그럼에도 성도가 기도를 하지 않는 이유가 무엇일까요? 시간이 없다는 것은 이유가 되지 못합니다. 힘이 없어서 못한다는 것도 이유가 되지 못합니다. 진짜 이유는 '간절한 소원'이 없기 때문입니다. 간절한 소원의 기도는 주님으로부터 받은 기도입니다. 주님으로부터 기도하라고 명을 받았다면 능히 주님께서 이루어주실 것을 믿고 끊임없이 간절하게 기도해야 합니다.

그런데 문제는 주님에게 명 받은 기도의 내용이 자신과 직접적인 이해관계가 없을 경우입니다. 이 경우 간절히 지속적으로 기도하는 것을 장담할 수 없습니다. 그러나 성령님이 우리에게 소원을 불러 일으켜서 기도하게 하시는 일은 하나님의 일입니다. 반드시 그 사람에게 주실 것이라도 하나님은 기도하여 받으시기를 원하십니다.

> "너희 사방에 남은 이방 사람이나 여호와가 무너진 곳을 건축하며 황폐한 자리에 심은 줄을 알리라. 나 여호와가 말하였으니 이루리라 주 여호와께서 이같이 말씀하셨느니라. 그래도 이스라엘 족속이 이같이 자기들에게 이루어 주기를 내게 구해야 할지라…."(겔36:36-37)

이스라엘을 이끌고 홍해에 다다른 모세는 애굽의 군대가 당도하자 부르짖어 기도하였습니다.(출14:15) 이스라엘도 애굽의 종살이가 너무 괴로워 하나님께 부르짖어 기도하였습니다.(출2:23-25, 3:9-10) 부르짖어 기도하는 일은 겸비謙卑한 자세로 낮아져서 회개의 심령으로 전적으로 하나님께 의지하며 가장 간절히 하는 기도입니다. 하나님은 이처럼 진실한 부르짖음의 기도를 외면치 않고 들어주시며, 이 부르짖음의 기도는 '양자의 특권' 이라 할 수 있습니다.

우리가 하나님의 자녀인 것은 하나님께서 우리를 낳아주셨기 때문입니다. 이를 거듭남, 혹은 중생이라고 합니다. 하나님이 낳아주셨으므로 친자녀가 되는데, 거기에 '양자' uiJoqesiva(휘오데시아)라는 법적 효력이 있는 천국 입양절차를 밟게 하시는 것은 우리의 구원이 얼마나 확실한 것인지 알려주시기 위함입니다. 또한 하나님의 자녀들이 사탄에게서, 삶에서 승리할 수 있는 이중 삼중의 장치입니다.

양자의 의미를 더 잘 이해하기 위해 로마서 7장에 있는 내용을 예로 들겠습니다. 여기에서는 성도의 지위가 어떻게 변화되었는지 설명하고 있습니다. 한 여인이 율법이라는 남편과 결혼했으나, 율법에 매인 삶을 살 수가 없었습니다. 사랑과 칭찬이 없을 뿐 아니라 매사에 허물만 지적당하니 도저히 살 수가 없었습니다. 그렇다고 이혼을 할 수 있을까요? 이는 불가합니다. 율법이라는 남편에게서 자유로워지려면 남편이 죽어야 합니다. 아니면 아내가 옛 남편인 율법에 대해서 죽고, 새 남편 되시는 예수 그리스도와 결혼해야 합니다. 성도는 이 두 가지 죽음을 확실히 이해해야 합니다. 그리스도인이 주님을 믿으면 율법에 대해 죽었기 때문에 율법에서 해방받았다는 사실을(갈3:13, 갈4:5) 확실히 알아야 합니다. 왜냐하면 우리 죄를 지고 십자가에 죽으신 예수 그리스도를 믿을 때 예수 그리스도 안에서 예수와 함께 내 자아가 율법에 대해서, 죄에 대해서 죽었기 때문입니다.(롬7:4, 롬6:2, 고후5:13-18)

이렇게 되었는데도 옛 생각에 사로잡히거나, 마귀가 찾아와서 "너는 내거다. 너는 내거다." 하는 소리에 귀 기울이거나, 자신이 죽은 사실을 확신하지 못해 넘어지는 경우가 허다합니다. 그리스도인은 확실히 율법에서 해방받았고 예수 그리스도와 연합되었습니다. 그런데도 왜 넘어지게 됩니까? 그것은 열매를 맺지 못했기 때문입니다.

> "그러므로 내 형제들아 너희도 그리스도의 몸으로 말미암아 율법에 대하여 죽임을 당하였으니 이는 다른 이, 곧 죽은 자 가운데서 살아나신 이에게 가서 우리가 하나님을 위하여 열매를 맺게 하려 함이라."(롬7:4)

율법에서 해방받은 그리스도인은 예수 그리스도를 남편으로 맞이했으니 당연히 열매를 맺어야 합니다. 열매를 맺음으로써 그가 예수 그리스도의 신부가 된 것을 스스로 증명하면 사탄이 와서 유혹해도 결코 넘어지지 않습니다.

그러면 어떻게 열매를 맺어야 할까요? 성령으로 열매를 맺어야 합니다.(갈5:22-23, 요15:1-5) 성령은 믿는 자의 기업에 대한 보증일 뿐만 아니라(엡1:13-14) 생명의 열매를 맺게 하는 선물입니다. 하나님은 성령을 받은 자에게 '양자'의 특권을 주셨습니다.

> "너희는 다시 무서워하는 종의 영을 받지 아니하고 양자의 영을 받았으므로 우리가 아빠 아버지라고 부르짖느니라."(롬8:15)

여기서 성령을 양자의 영이라 호칭하고, 양자의 영을 받은 사람의 특징은 부르짖게 된다는 것을 알 수 있습니다.

"때가 차매 하나님이 그 아들을 보내사 여자에게서 나게 하시고 율법 아래에 나게 하신 것은 율법 아래에 있는 자들을 속량하시고 우리로 아들의 명분을 얻게 하려 하심이라. 너희가 아들이므로 하나님이 그 아들의 영을 우리 마음 가운데 보내사 아빠 아버지라 부르게 하셨느니라."(갈4:4-6)

'부르게' kravzw(크라조) 한다는 말은 '크게 부르짖는다' 는 뜻입니다. 성령을 받은 사람은 부르짖어 기도하는 특권을 받은 자임을 알아야 하며, 이 기도가 성령으로 하는 것임을 알아야 합니다. '아빠' 라는 말은 아기가 태어나서 가장 먼저 배우는 말로, 성령께서 하나님이 아빠라는 사실을 알게 하시고 믿게 하신다는 의미입니다. 이는 친아버지에게만 부르는 칭호이며, 성령 받은 사람은 하나님 아버지께 부르짖어 구할 특권이 있는 것입니다.

하나님께서는 간구하는 자들에게 주실 것을 약속하십니다.(시91:15, 사58:9) 하나님은 부르짖어 기도하는 자녀에게 응답해 주시고, 만나주시고(렘29:12-13), 새로운 길을 열어주십니다.(렘33:3) 모든 교회마다 부르짖는 기도가 회복될 때 부흥의 역사가 온 세계로 펼쳐질 것입니다. 이 일은 우리 믿음의 백성들이 살 길이요, 사명을 감당할 수 있는 길이요, 번성케 되는 길이기에 반드시 부르짖는 기도가 회복되어야 합니다. 특히 기도가 침체되어 가는 교회에서는 가장 시급한 일입니다.

⊙ 방언으로 기도하라

방언은 은사 중에 하나이기에 모든 성도들이 다 받는 것은 아닙니다.(고전12:28-30) 그러나 이 은사는 유익한 것입니다.(고전12:7) 급박하거나 혼란스러운 상황에서 방언기도가 자연스레 터져 나오는 경우, 그리고 장시간 기도해야 할 경우, 방언기도를 함으로써 때로는 방언이 통역으로 유익을 끼칠 때가 있습니다. 방언에 대해서는 이론이 많으나 그 의미를 필요 이상으로 확대하거나 축소해서는 안 됩니다. 방언은 자신이 배우지 않았던 언어로, 혹은 영으로 하나님께 말하는 것이므로(고전14:2) 유익을 줍니다. 그러나 통역하기를 힘써야 하며(고전14:5) 통역함으로써 타인에게 유익을 줍니다. 방언기도 하는 것을 막아선 안 되며(고전14:18,고전14:39) 통역하는 자가 없으면 교회에선 잠잠해야 합니다. 개인의 덕을 세우고 유익을 위해 하나님께만 해야 합니다.(고전14:28)

⊙ 믿음으로 기도하라

출애굽한 이스라엘 무리가 홍해에 당도하자 바로왕과 그의 군대들이 추격하여 덮칠 기세였습니다. 이에 백성들이 부르짖다가 모세를 향해 원망하자 모세가 이렇게 말했습니다.

> "너희는 두려워하지 말고 가만히 서서 여호와께서 오늘 너희를 위하여 행하시는 구원을 보라 너희가 오늘 본 애굽 사람을 영원히 다시 보지 아니하리라. 여호와께서 너희를 위하여 싸우시리니 너희는 가만히 있을지니라." (출14:13-14)

모세는 급박한 상황에서도 담대한 믿음을 발휘했습니다. 하나님을 믿었기에 조금도 의심하지 않고 하나님이 구원해 주실 것을 믿었습니다. 기도에 있어서 믿음의 역할은 절대적입니다.

믿음의 차원을 분류해 보면 인격적인 하나님을 경험해 보고 알고 믿는 것, 약속의 말씀을 믿는 것, 지금까지 경험해 본 결과 앞으로의 섭리까지도 믿는 것, 은사로서 믿는 것이 있습니다. '은사'로서의 믿음은(고전12:9) 특정한 시기나 특별한 사건에 임해 상상할 수 없는 믿음을 주셔서 그 어려운 난관을 극복할 수 있는 경우를 이릅니다. 어떤 경우에도 기도 응답에서 믿음은 중요한 관건이 됩니다. 믿음의 기도에 대해서 주님은 이렇게 말씀하셨습니다.

> "내가 진실로 너희에게 이르노니 누구든지 이 산더러 들리어 바다에 던져지라 하며 그 말하는 것이 이루어질 줄 믿고 마음에 의심하지 아니하면 그대로 되리라. 그러므로 무엇이든지 기도하고 구하는 것은 받은 줄로 믿으라 그리하면 너희에게 그대로 되리라." (막11:23-24)

⊙ 권세로 기도하라

분향단 위의 네 모서리에는 네 개의 뿔이 세워져 있습니다. 번제단에도 네 개의 뿔이 세워져 있습니다. 번제단의 뿔은 하나님의 구원의 능력을 의미하고, 분향단의 뿔은 권세 있는 기도를 의미합니다.

기도는 번제단에서부터 점차 발전하여 왔습니다. 이제 분향단에서는 자녀의 권세가 기도에서 나타나야 합니다. "영접하는 자, 곧 그 이름을 믿는 자들에게는 하나님의 자녀가 되는 권세를 주셨으니…."(요1:12)라는 말씀을 보면 자녀의 권세 중에 명령권이 있음을 알 수 있습니다. 주님의 사역을 살펴보면 악한 무리들을 명하여 처리하셨습니다. 제자들도 그러했습니다.

> "…진실로 너희에게 이르노니 만일 너희에게 믿음이 겨자씨 한 알 만큼만 있어도 이 산을 명하여 여기서 저기로 옮겨지라 하면 옮겨질 것이요 또 너희가 못할 것이 없으리라."(마17:20)

모세는 반석에서 물이 나게 했고, 여호수아는 태양을 머물게 하였고, 베드로는 40년 된 앉은뱅이를 일으켰으며, 바울은 귀신 들린 여자 아이에게서 귀신을 쫓아냈습니다. 모두 명하여서 된 일입니다. 십자가의 진리를 깨닫고, 순종이 습관화되고, 자아가 죽어진 그리스도인이 성령으로 충만한 삶을 살게 되면 자연히 기도에 권세가 따릅니다.

구약시대에는 분향단에서 제사장 외에 그 누구도 기도할 수 없었습니다. 심지어 왕도 분향단에서 기도할 수 없었습니다. 여로보암 왕이 분향단에서 기도하다가 손이 말라버렸고(왕상13:4), 웃시야 왕은 문둥병이 걸려서 평생 동안 문둥이로 지냈습니다.(대하26:19) 분향단의 기도가 어떤 것이기에 이처럼 권세가 따랐습니까? 그것은 분향단이 중보기도 하시는 예수 그리스도의 모형이기 때문입니다.

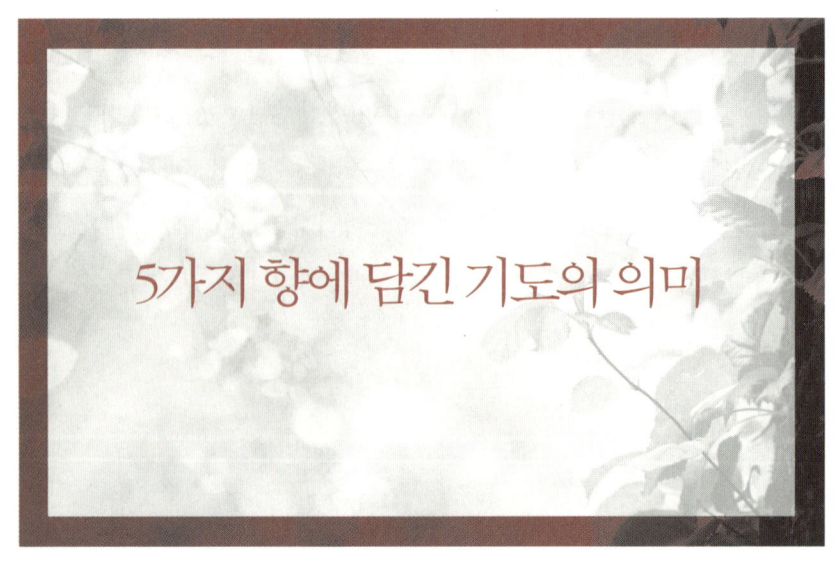

5가지 향에 담긴 기도의 의미

분향단에서 사용될 향은 5가지를 섞어서 만들게 하셨는데 소합향, 나감향, 풍자향, 유향, 그리고 소금입니다. 하나님께서는 개인 용도로 이 향을 만들어 사용하는 것을 엄금하셨습니다.

"여호와께서 모세에게 이르시되 너는 소합향과 나감향과 풍자향의 향품을 가져다가 그 향품을 유향에 섞되 각기 같은 분량으로 하고, 그것으로 향을 만들되 향 만드는 법대로 만들고 그것에 소금을 쳐서 성결하게 하고 그 향 얼마를 곱게 찧어 내가 너와 만날 회막 안 증거궤 앞에 두라. 이 향은 너희에게 지극히 거룩하니라. 네가 여호와를 위하여 만들 향은 거룩한 것이니 너희를 위하여는 그 방법대로 만들지 말라. 냄새를 맡으려고 이와 같은 것을 만드는 모든 자는 그 백성

중에서 끊어지리라."(출30:34-38)

우리는 이 말씀을 기도와 연관 지어 이해해야 합니다. 즉, 자기를 위해서 기도하지 말라는 말씀입니다. 중보기도의 자리에서 자기를 위해 기도한다는 것 자체가 모순입니다. 그러나 우리는 연약한 인간인지라 하나님의 뜻을 이루는 데 한계가 있으며 자아를 극복할 수 있는 은혜를 받아야 합니다. 하나님의 뜻을 이루기 위해 자아가 죽어지는 기도가 필요합니다. 예수님께서는 오로지 자기 백성을 위해, 그리고 하나님의 일과 영광을 위해 중보기도 하셨습니다.

그럼 우리는 분향단에서 어떤 내용으로 기도해야 할까요? 이를 알기 위해 분향한 향의 종류와 그 의미를 해석해 보겠습니다.

소합향#f:n:(나타프)의 히브리어 의미는 '스며 나온 나무진의 작은 방울', '흐르는 물방울'이며, '스타이렉스'라는 나무에서 자연스럽게 흘러내리는 진으로 된 향입니다. 이와 같이 성도들의 마음으로부터 자연스럽게 흘러나오는 기도가 무엇이겠습니까?

> "큰 음성으로 이르되 죽임을 당하신 어린 양은 능력과 부와 지혜와 힘과 존귀와 영광과 찬송을 받으시기에 합당하도다 하더라."(계5:12)

내 안의 악한 죄악들, 가나안 7족을(마15:19) 몰아내고 주님이 임재하시면 7언 찬송이(계5:12) 절로 터져 나오는 것이 당연지사가 아닙니까? 억지로 드리는 것이 아니라 하나님에 대한 감사와 능력과 부와 지혜와 존귀와 영광과 찬송이 저절로 나오는 기도가 소합향의 기도입니다. 하나님을 믿을 뿐만 아니라 사랑하게 되면 저절로 하게 되는 기도입니다. 이것이 마음에 배어야 하며, 이는 주님과 일체가 되었다는 증거입니다.

나감향ʰⁿːⱼˌvⁱ(세헬레트)은 '오닉스'라는 조개껍질을 빻아서 만든 향입니다. 이 조개는 향기로운 식물만 먹어서 조개껍질을 빻으면 향기가 난다고 합니다. 이것은 예수 그리스도께서 육신을 입고 오셔서 찢기고, 부서지고, 갈라지고, 터져서 한 알의 밀알로서 생명의 떡이 되신 것을 의미합니다. 기도를 통해 성도의 자아가 날마다 죽어지면 주님께서 내 안에 왕으로서 사십니다. 그리하여 주님과 연합이 이루어지고 성령으로 많은 열매를 맺게 되므로 성도는 십자가에서 날마다 죽어지는 체험을 기도로 이루어야 합니다. 우리가 잠시 방심하면 자아가 다시 살아나 주님의 일을 그르치는 경우가 얼마나 많습니까? 주님은 겟세마네에서 이 나감향의 기도를 드림으로써 십자가를 질 수 있는 은혜를 받으셔서(히 5:7) 십자가로 승리하셨습니다.

풍자향ʰⁿːBⅠⅠⱼˌ(헬베나)은 고무나무에서 나오는 향으로, 해충을 제거하거나 소독할 때 사용하는 것입니다. 우리 영혼에 묻어있는 죄악을 제거하는 유일한 것은 오로지 예수 그리스도의 피입니다. "내가 너를 씻기지 않으면 네가 나와 상관이 없다."(요12:8)고 하신 예수님을 생각할 때마다 예수님의 보혈의 공로를 생각지 않을 수 없습니다. 그러므로 우리는 예수님의 보혈을 찬양하고 의지하고 기도해야 합니다. 내 심령에 항상 주님의 보혈이 흐르도록 사모해야 합니다. 보혈을 찬미하면 할수록 내 심령에 보혈이 더 많이 흘러넘칠 것입니다. 주님의 보혈은 많은 권세가 따릅니다.

유향hn:/bll(레보나)은 아라비아 사막에 많이 서식하는 것으로, 악취를 제거하거나 방부제로 사용되었습니다. 막달라 마리아가 새벽에 유향을 가지고 예수님의 무덤을 찾은 것은 썩지 않음을 위한 조치로, 유향은 예수 그리스도의 부활을 상징하는 예물이기도 합니다. "저로 영존하여 썩음을 보지 않게 못하리니."(시49:9) 여기서 부활은 예수 그리스도의 부활을 의미할 뿐 아니라 기도의 삶에서 구체적으로 체험되어지는 부활을 뜻합니다.

> "내가 그리스도와 그 부활의 권능과 그 고난에 참여함을 알고자 하여 그의 죽으심을 본받아 어떻게 해서든지 죽은 자 가운데서 부활에 이르려 하노니."(빌 3:10-11)

유향의 기도는 예수 그리스도의 부활의 권능을 현실에서 체험하는 것입니다. 이는 그리스도의 남은 고난을 짊어지고 사나 죽으나 내 삶에서 그리스도를 나타내고자 하는 자에게 체험되어집니다.(골1:24-29) 성도의 길은 고난의 길을 걷는 것이며, 십자가 지는 길입니다. 성도가 십자가를 외면하고 편안한 길을 간다면 부활의 권능을 체험할 수 없습니다. 신앙의 타락은 그리스도를 지적으로만, 머리로만 아는 데서 비롯됩니다.

위의 네 가지 향을 만들 때 소금ḥ'm,(멜라흐)을 쳐서 섞었습니다. 소금은 언약의 상징입니다.(레2:13) "그러므로 너는 그들에게 이르기를 주 여호와의 말씀에 나의 말이 하나도 다시 더디지 아니할지니 내가 한 말이 이루어지리라 나 주 여호와의 말이니라 하셨다 하라."(겔12:28) 성도가 하나님의 언약의 말씀을 붙잡고 기도할 때 끝내는 응답이 되고 하나님의 뜻이 이루어집니다.

이상의 다섯 가지 기도의 내용을 보면 예수 그리스도의 심정으로 철저히 날마다 자아를 십자가에 못 박고, 예수님의 보혈을 의지하며, 예수님의 피로써 내 심령을 적시어 간구할 때, 날마다 예수 그리스도의 부활의 권능이 나타나 새로운 역사가 쓰여지는 것입니다. 분향단의 기도는 하나님의 뜻을 이루는 기도입니다. 이러한 기도로 엎드리면 하나님께 감사와 영광과 찬양을 드리지 않을 수 없습니다. 이것이 제사장의 특권이요 우리는 복음의 제사장입니다. (롬15:16)

지성소 휘장을 젖히다

지성소 앞 휘장

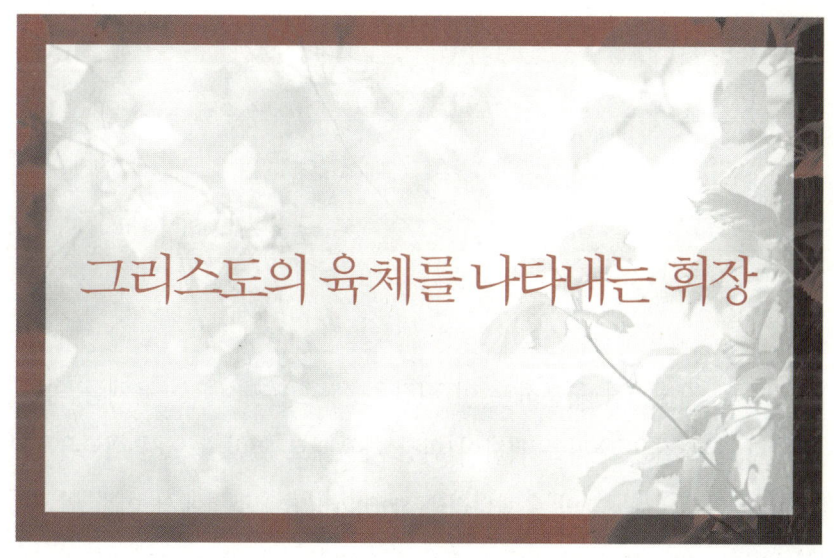

그리스도의 육체를 나타내는 휘장

성소와 지성소를 가려놓은 두꺼운 천으로 된 커튼이 휘장tk,r〈Po(포레케트) 입니다. 구약시대의 대제사장은 일 년에 한 번씩 속죄일에 지성소에 들어가 하나님을 만났습니다. 지성소 앞 휘장은 네 가지 색의 천으로 천사를 수놓아 만들었는데 이 네 가지 색깔은 이미 성막 문에서 살펴보았습니다. 흰색은 죄가 없으며 성결하신, 하나님의 '의' 되시는 예수 그리스도를 나타내고(롬4:25), 생명을 상징하는 하늘 색깔인 청색은 예수 그리스도가 우리의 생명이심을(요10:10) 나타냅니다. 자색은 왕이신(시2:6, 눅19:27) 예수 그리스도를 설명하고, 홍색은 피 흘려 성도를 구속하신 예수 그리스도를 나타냅니다.(벧전1:18-19)

"너는 청색 자색 홍색 실과 가늘게 꼰 베실로 짜서 휘장을 만들고, 그 위에 그룹들을 정교하게 수놓아서 금 갈고리를 네 기둥 위에 늘어뜨리되 그 네 기둥을 조각목으로 만들고 금으로 싸서 네 은 받침 위에 둘지며, 그 휘장을 갈고리 아래에 늘어뜨린 후에 증거궤를 그 휘장 안에 들여놓으라 그 휘장이 너희를 위하여 성소와 지성소를 구분하리라."(출26:31-33)

성소와 지성소를 구분하는 이 휘장은 예수 그리스도의 육체를 의미합니다. "그 길은 우리를 위하여 휘장 가운데로 열어 놓으신 새로운 살 길이요 휘장은 곧 그의 육체니라."(히10:20)라는 구절에서 이를 알 수 있습니다. 휘장은 하나님이 임재하시는 지성소를 예수 그리스도의 육체로 가로막고 있는 형상인데, 그것이 무엇을 의미할까요? 그것은 구약 시대에 하나님을 직접 본 자는 살 자가 없었음을 말합니다.

"여호와께서 모세에게 이르시되 네 형 아론에게 이르라 성소의 휘장 안 법궤 위 속죄소 앞에 아무 때나 들어오지 말라 그리하여 죽지 않도록 하라. 이는 내가 구름 가운데에서 속죄소 위에 나타남이니라."(레16:2)

"또 이르시되 네가 내 얼굴을 보지 못하리니 나를 보고 살 자가 없음이니라."(출33:20)

모세조차도 하나님의 얼굴을 직접 보지 못했습니다. "사람이 자기의 친구와 이야기함 같이 여호와께서는 모세와 대면하여 말씀하시며 모세는 진으로 돌아오나 눈의 아들 젊은 수종자 여호수아는 회막을 떠나지 아니하니라."(출33:11)는 말씀은 모세가 하나님과 친밀한 관계 속에서 교제를 나눴다는 뜻일 뿐, 하나님을 직접 보았다는 것은 아닙니다. 구약시대 사람들은 하나님의 임재 가운데에서 하나님의 영광을 보았던 것입니다. 하나님의 영광만 보아도 혼비백산하여 이사야나 다니엘은 까무라칠 정도였습니다. 사실 하나님은 영이시니 육안으로는 볼 수가 없습니다. 오직 대제사장만이 대속죄일에 지성소에 들어가서 향을 피우고 짐승의 피를 뿌려 제사를 드림으로써 하나님 앞에 설 수 있었습니다.

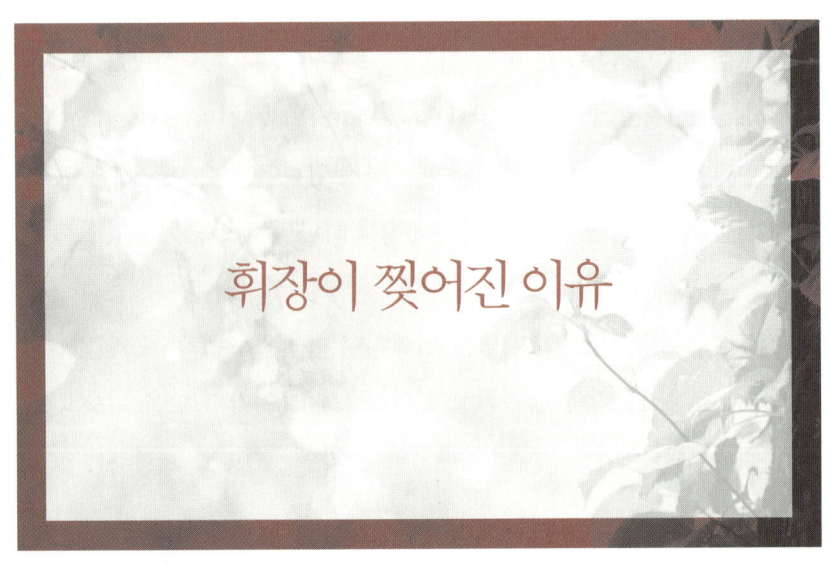

휘장이 찢어진 이유

휘장은 인성을 입고 오신 예수 그리스도를 의미합니다. 그러므로 휘장이 열려야만, 다시 말해서 예수 그리스도의 몸이 갈라져야만, 상하셔야만 하나님께로 가는 길이 열립니다.

> "예수께서 이르시되 내가 곧 길이요 진리요 생명이니 나로 말미암지 않고는 아버지께로 올 자가 없느니라."(요14:6)

율법 아래서 하나님께로 가는 길을 막았던 장애물을 예수 그리스도께서는 자신의 몸으로 갈라 길을 열어 주셨습니다. 즉, 우리 죄를 갈보리 십자가에서 담당하시고 죄의 대가를 지불하셨습니다. 죄 없으신 그리스도의 몸이 찢어지고 갈라져서 희생 제물이 되시고, 주님께서 다 이루었다고 하실 적에 하나님과 인간 사이에 화목의 문이 활짝 열린 것입니다. 이때 하나님께서는 성소와 지성소를 가로막고 있는 휘장을 위로부터 아래로 찢으셨습니다. 이것이 바로 '새로운 살길'(히10:20)입니다.

> "예수께서 다시 크게 소리 지르시고 영혼이 떠나시니라 이에 성소 휘장이 위로부터 아래까지 찢어져 둘이 되고 땅이 진동하며 바위가 터지고 무덤들이 열리며 자던 성도의 몸이 많이 일어나되…"(마27:50-52, 막15:37-38, 눅23:45)

하나님께서 임재하시는 지성소를 막고 있는 이 휘장이 위로부터 아래로 찢어졌다는 사실은 인간의 죄로 인해 하나님과 만남이 제한되었으나, 예수 그리스도께서 십자가에서 죽으심으로써 하나님께로 가는 문이 활짝 열렸음을 뜻합니다. 구약시대에는 대제사장이 짐승의 피를 가지고 일 년에 한 번씩 하나님을 만났지만, 이제는 예수 그리스도의 피를 의지하면 누구든 하나님 앞에 담대히 나아갈 수 있는 길이 열렸습니다.(히4:16) 하나님은 독생자의 몸을 갈라서 영생의 길을 열고, 독생자의 철저한 희생으로 원수 되었던 자들을 자녀로 맞이하셨습니다.

지구상에는 두 가지 종류의 사람이 있습니다. 예수 그리스도가 하늘 가는 유일한 길이라는 사실을 믿는 사람이 있는가 하면, 오히려 예수의 육체에 가리워져 걸려서 넘어지는 사람이 있습니다. 넘어지는 자는 예수 그리스도를 육체대로 판단하기 때문입니다.(고후5:16) 유대인들은 예수님을 육체대로 판단해 십자가에 못 박혀 죽을 이단의 괴수로 생각했습니다. 그러나 예수님은 우리를 위해 대제사장의 직분을 감당코자 육체를 입고 오셔서, 율법 아래에서 인간 대제사장이 담당하였던 불완전한 직분을 청산하고 영원한 대제사장이 되셨습니다.

> "그리스도께서는 장래 좋은 일의 대제사장으로 오사 손으로 짓지 아니한 것 곧 이 창조에 속하지 아니한 더 크고 온전한 장막으로 말미암아 염소와 송아지의 피로 하지 아니하고 오직 자기의 피로 영원한 속죄를 이루사 단번에 성소에 들어가셨느니라."(히9:11-12)

우리는 이 진리 안으로 들어가서 마음껏 기뻐하고 누려야 합니다. 주님께서 다 이루셔서 하나님께로 나아가는 새로운 살 길이 활짝 열렸으니 담대히 나아갑시다.

성결한 대제사장

part 12

대제사장

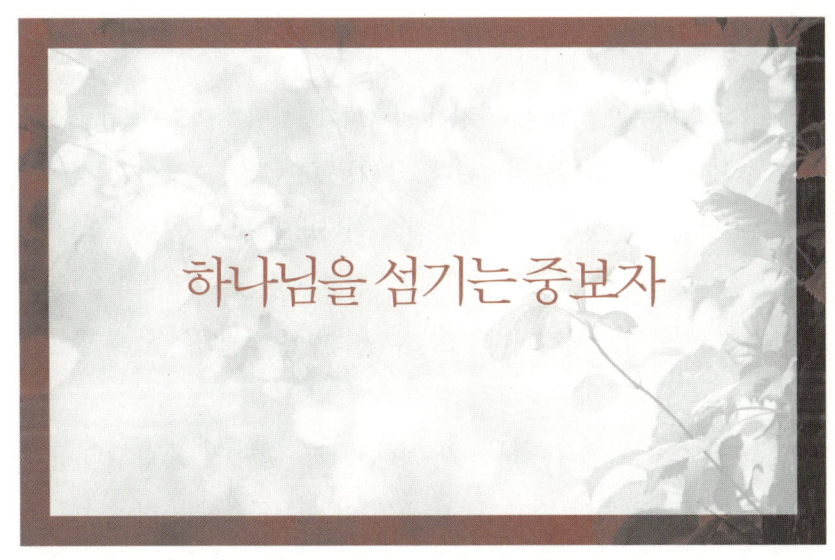

하나님을 섬기는 중보자

　제사장은 하나님과 사람과의 중보자로서 애굽, 미디안, 블레셋, 그리스, 로마 등 고대 민족에 있어서 특별한 계급을 구성하고 있습니다. 성경에 기록된 카인과 아벨의 이야기를 보면 제사장직이 공식적으로 마련되기 이전부터 제사장의 기능이 존재했음을 알 수 있습니다. 족장시대에는 노아, 아브라함, 이삭, 야곱, 욥 같은 가족, 또는 지파(부족)의 대표자가 제사장의 직무를 맡았습니다.
　시내산에서 하나님의 율법과 성막이 이스라엘 백성에게 전해지면서 여호와 하나님의 권위와 위엄을 보이는 자가 제사를 주관해야 했으므로 아론과 그 아들들이 제사장에 임명되었습니다. 제사장직은 그 일족의 세습으로 한정되었고, 아론의 자손은 특별한 율법적 지장이 없는 한 제사장이 될 수 있었습니다.

제사장의 직무는 크게 세 가지가 있습니다. 첫째는 여호와 앞에 있는 성소와 제단에 봉사하는 일입니다. 둘째는 하나님의 율법을 백성에게 가르치는 일이고, 셋째는 백성을 위해 하나님의 뜻을 묻는 일입니다. 제사장은 이 밖에도 소송을 취급하고, 전쟁 시에는 양각 나팔을 불고 언약궤를 메는 일을 했습니다. 또는 문둥병자를 식별하는 일을 맡았습니다.

제사장은 하나님께서 정하신 '부정한 것'과 '정한 것'을 분별할 규례를 백성에게 가르쳐야 했고, 백성 중에 어느 누구보다도 하나님께 더 가까이 나아가야 했으며, 성물과 더 친숙해야 했으므로 하나님께서는 더러운 모든 것에서 다른 사람들보다 더 큰 구별을 두도록 그들에게 요구하셨습니다.

"여호와께서 모세에게 이르시되 아론의 자손 제사장들에게 고하여 이르라. 백성 중의 죽은 자로 인하여 스스로 더럽히지 말려니와 골육지친인 부모나 자녀나 형제나 출가하지 아니한 처녀인 친자매로 인하여는 몸을 더럽힐 수 있느니라. 제사장은 백성의 어른인즉 스스로 더럽혀 욕되게 하지 말지니라. 제사장들은 머리털을 깎아 대머리 같게 하지 말며 그 수염 양편을 깎지 말며 살을 베지 말고 그 하나님께 대하여 거룩하고 그 하나님의 이름을 욕되게 하지 말 것이며 그들은 여호와의 화제 곧 그 하나님의 식물을 드리는 자인즉 거룩할 것이라. 그들은 기생이나 부정한 여인을 취하지 말 것이며 이혼당한 여인을 취하지 말지니 이는 그가 여호와께 거룩함이니라. 너는 그를 거룩하게 하라 그는 네 하나님의 식물을 드림이니라 너는 그를 거룩히 여기라 나 여호와 너희를 거룩하게 하는 자는 거룩함이니라 아무 제사장의 딸이든지 행음하여 스스로 더럽히면 그 아비를 욕되게 함이니 그를 불사를지니라."(레21:1~9)

제사장이 입는 거룩한 옷

　제사장의 옷은 성소 안 하나님 면전에서 거룩하신 하나님을 섬길 때 입는 옷입니다. 제사장의 옷은 그 자체로 거룩해야 했고, 제사장은 하나님을 섬길 때 반드시 예복을 입어야 했습니다. 제사장의 옷은 에봇과 청색 겉옷, 흰 세마포 속옷이 있고, 그 밖에 흉패와 금패, 견대, 허리띠 등이 있습니다.
　성막의 모든 일을 지휘하고 감독하는 제사장의 예복을 살펴보는 것은 우리가 하나님을 섬기는 일에 있어 많은 것을 가르쳐 주므로 하나하나 살펴보겠습니다.

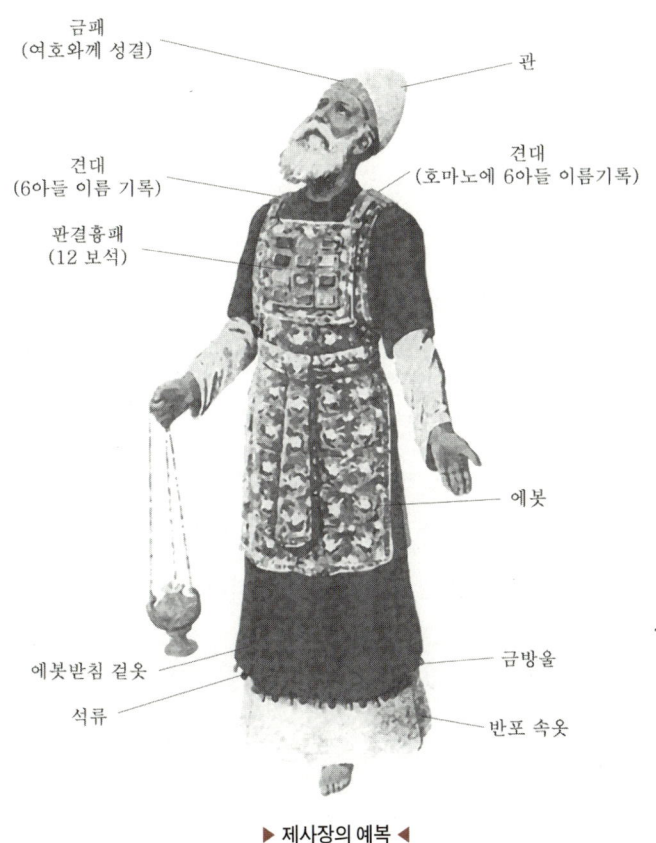

▶ 제사장의 예복 ◀

⊙ 고의

고의sn:k]mi(미크나스)는 제사장들이 제일 먼저 입는 옷으로, 허리에서부터 넓적다리까지 하체를 가리는 긴 속옷(속바지)이라고 생각하면 됩니다.

"또 그들을 위하여 베로 속바지를 만들어 허리에서부터 두 넓적다리까지 이르게 하여 하체를 가리게 하라. 아론과 그의 아들들이 회막에 들어갈 때에나 제단에 가까이 하여 거룩한 곳에서 섬길 때에 그것들을 입어야 죄를 짊어진 채 죽지 아니하리니 그와 그의 후손이 영원히 지킬 규례니라." (출28:42-43)

이는 속살이 보여서 경건치 않거나 예의에 어긋나는 복장을 금하신 말씀으로, 제사장으로 인해 다른 사람이 범죄치 않도록 조치한 것입니다. 하나님 앞에 설 예배자는 복장을 단정히 해야 하고 몸이 노출되는 옷을 삼가야 합니다. 고의는 세마포로 만들어졌으며 이는 성결을 의미합니다. 성결은 하나님의 종들에게 가장 우선시해야 할 기본적인 덕목으로, 성결치 못하면 사명을 감당키 어렵습니다.

⦿ 반포 속옷

반포 속옷 'tn⟨toK$Be ˋ]T](케토네트, 타쉬베츠)은 가는 베실로 짠 것으로, 짙은 남색실과 흰 실을 섞어 바둑판 무늬로 짜서 만든 긴 속옷입니다. 이는 바둑판 같은 그물망을 엮어서 한 사람의 영혼도 잃어버리지 않도록 그에게 맡긴 영혼의 구속을 위해 제사장이 심한 고뇌를 짊어짐을 의미합니다. 예수님께서 십자가를 앞에 두고 기도하신 내용에서 그 의미를 찾아볼 수 있습니다.

"내 것은 다 아버지의 것이요 아버지의 것은 내 것이온데 내가 그들로 말미암아 영광을 받았나이다. 나는 세상에 더 있지 아니하오나 그들은 세상에 있사옵고 나는 아버지께로 가옵나니 거룩하신 아버지여 내게 주신 아버지의 이름으로 그들을 보전하사 우리와 같이 그들도 하나가 되게 하옵소서. 내가 그들과 함께 있을 때에 내게 주신 아버지의 이름으로 그들을 보전하고 지키었나이다. 그중의 하나도 멸망하지 않고 다만 멸망의 자식뿐이오니 이는 성경을 응하게 함이니이다." (요17:10-12)

⦿ 에봇 받침 겉옷

제사장이 에봇 아래 입는 옷이 에봇 받침 겉옷lely[imdwOpa](메일, 에포드)입니다. 이 옷은 청색으로 하늘의 권능과 위엄, 그리고 생명을 나타냅니다. 성경에서 에봇을 입은 사람들의 면면을 보면 모두 믿음의 용사들입니다. 사무엘이 에봇을 입었고(삼상2:18) 놉에 있던 85명의 제사장들은 베 에봇을 입었습니다.(삼상22:18) 다윗도 궤를 예루살렘으로 운반하는 행렬을 따를 때 에봇을 입었습니다.(삼하6:14, 대상15:27)

"너는 에봇 받침 겉옷을 전부 청색으로 하되 두 어깨 사이에 머리 들어갈 구멍을 내고 그 주위에 갑옷 깃 같이 깃을 짜서 찢어지지 않게 하고 그 옷 가장자리로 돌아가며 청색 자색 홍색 실로 석류를 수놓고 금방울을 간격을 두어 달되 그 옷 가장자리로 돌아가며 한 금방울, 한 석류, 한 금방울, 한 석류가 있게 하라."(출

28:31-34)

에봇 받침 겉옷 가장자리에 금방울과 석류를 번갈아가며 달게 했는데, 여기서 금방울은 복음의 소리를 상징합니다. 이 옷을 입은 대제사장이 가는 곳마다 금방울이, 복음이 울렸습니다. 우리의 대제사장이신 (히5:10) 예수님께서도 가는 곳마다 복음을 전하셨습니다.

그러나 대제사장이 지성소에 들어갈 때는 이 옷을 입지 않고, 세마포 옷을 입고 들어갑니다.(레16:1-4) 왜냐하면 하나님 앞에서는 복음을 전할 일이 없기 때문입니다.

에봇 받침 겉옷 가장자리에 금방울과 교차되어 달린 석류는 생명이 충만함을 나타냅니다. 석류를 쪼개 보면 피 색깔의 붉은빛 알갱이가 알알이 꽉 찬 모습입니다. 이것은 예수 그리스도의 피로 구속받은 영혼들이 석류와 같이 생명이 충만하며, 한 알 한 알 떨어져 있지 않고 한데 어우러져 교회를 이루는 모습을 나타내기 위함입니다.

⦿ 에봇

에봇$^{dwOpae(에포드)}$은 금색, 청색, 자색, 홍색 실을 짜서 만든 것으로 청색 겉옷 위에 걸치는 조끼, 혹은 앞치마 같은 옷입니다. 에봇은 대제사장이 입는 가장 화려하고 특별한 옷입니다.

"그들이 금실과 청색 자색 홍색 실과 가늘게 꼰 베실로 정교하게 짜서 에봇을 짓되 그것에 어깨받이 둘을 달아 그 두 끝을 이어지게 하고, 에봇 위에 매는 띠는 에봇 짜는 법으로 금실과 청색 자색 홍색 실과 가늘게 꼰 베실로 에봇에 정교하게 붙여 짤지며, 호마노 두 개를 가져다가 그 위에 이스라엘 아들들의 이름을 새기되 그들의 나이대로 여섯 이름을 한 보석에, 나머지 여섯 이름은 다른 보석에 새기라. 보석을 새기는 자가 도장에 새김 같이 너는 이스라엘 아들들의 이름을 그 두 보석에 새겨 금테에 물리고, 그 두 보석을 에봇의 두 어깨받이에 붙여 이스라엘 아들들의 기념 보석을 삼되 아론이 여호와 앞에서 그들의 이름을 그 두 어깨에 메워서 기념이 되게 할지며, 너는 금으로 테를 만들고 순금으로 노끈처럼 두 사슬을 땋고 그 땋은 사슬을 그 테에 달지니라. 너는 판결 흉패를 에봇 짜는 방법으로 금실과 청색 자색 홍색 실과 가늘게 꼰 베실로 정교하게 짜서 만들되 길이와 너비가 한 뼘씩 두 겹으로 네모 반듯하게 하고 그것에 네 줄로 보석을 물리되 첫 줄은 홍보석 황옥 녹주옥이요, 둘째 줄은 석류석 남보석 홍마노요, 셋째 줄은 호박 백마노 자수정이요, 넷째 줄은 녹보석 호마노 벽옥으로 다 금테에 물릴지니 이 보석들은 이스라엘 아들들의 이름대로 열둘이라. 보석마다 열두 지파의 한 이름씩 도장을 새기는 법으로 새기고, 순금으로 노끈처럼 땋은 사슬을 흉패 위에 붙이고, 또 금 고리 둘을 만들어 흉패 위 곧 흉패 두 끝에 그 두 고리를 달고 땋은 두 금 사슬로 흉패 두 끝 두 고리에 꿰어 매고, 두 땋은 사슬의 다른 두 끝을 에봇 앞 두 어깨받이의 금테에 매고, 또 금 고리 둘을 만들어 흉패 아래 양쪽 가 안쪽 곧 에봇에 닿은 곳에 달고, 또 금 고리 둘을 만들어 에봇 앞 두 어깨받이 아래 매는 자리 가까운 쪽 곧 정교하게 짠 띠 위쪽에 달고, 청색 끈으로 흉패 고리와 에봇 고리에 꿰어 흉패로 정교하게 짠 에봇 띠 위에 붙여 떨어지지 않게 하라. 아론이 성소에 들어갈 때에는 이스라엘 아들들의 이름을 기록한 이 판결 흉패를 가슴에 붙여 여호와 앞에 영원한 기념을 삼을 것이니라. 너는 우림과 둠밈을 판결 흉패 안에 넣어 아론이 여호와 앞에 들어갈 때에 그의 가슴에 붙이게 하라. 아론은 여호와 앞에서 이스라엘 자손의 흉패를 항상 그의 가슴에 붙일지니라."(출28:6-30)

에봇을 짜는 금실에서 금은 믿음을, 청색 실은 생명을, 자색 실은 왕을, 홍색 실은 피 혹은 고난을 의미합니다. 제사장은 믿음의 사람으로서 예수 그리스도의 피 복음을 전하며 영혼을 구원하고 하늘 소망으로 충만케 하는 사명을 감당해야 합니다. 이는 예수 그리스도의 왕권에 동참하는(시2:6, 마28:18, 엡1:22) 일입니다.

◉ 견대와 흉패

제사장은 에봇을 입고 그 위에 견대#teK;(카테프) 둘을 달아 그 끝을 연결시켜 양쪽 어깨에 맸습니다. 견대에는 호마노라는 보석이 둘 달려 있는데, 이스라엘 12지파의 이름을 양쪽에 각각 6지파씩 새겨 넣었습니다.(출28:9-12) 이는 주님께서 하나님이 맡기신 영혼을 하나도 잃어버리지 않고 구원하신 것처럼 오늘날 복음의 제사장들도 하나님의 양 떼를 어깨에 짊어짐으로써 보호하고 양육할 중보적 책임이 있음을 뜻합니다.(겔34:1-16)

흉패는 에봇처럼 여러 색상의 실로 만들어졌으며 에봇에 고정되어 대제사장의 가슴에 걸려지는 표장입니다. 흉패에는 이스라엘의 12지파를 상징하는 12개의 보석이 3개씩 4줄로 장식되어 있습니다.

녹주옥(스불론)	황옥(잇사갈)	홍보석(유다)
홍마노(갓)	남보석(시므온)	석류석(르우벤)
자수정(베냐민)	백마노(므낫세)	호박(에브라임)
벽옥(납달리)	호마노(아셀)	녹보석(단)

▶ 흉패에 장식된 12개의 보석 ◀

"너는 판결 흉패를 에봇 짜는 법으로 금실과 청색 자색 홍색 실과 가늘게 꼰 베실로 공교히 짜서 만들되 장광이 한 뼘씩 두 겹으로 네모 반듯하게 하고 그것에 네 줄로 보석을 물리되 첫 줄은 홍보석 황옥 녹주옥이요, 둘째 줄은 석류석 남보석 홍마노요, 셋째 줄은 호박 백마노 자수정이요, 넷째 줄은 녹보석 호마노 벽옥으로 다 금테에 물릴지니 이 보석들은 이스라엘 아들들의 이름대로 열둘이라 매 보석에 열두 지파의 한 이름씩 인을 새기는 법으로 새기고…"(출28:15-21)

이스라엘의 12지파는 야곱의 예언과(창49:2-27)과 모세의 예언대로 (신33:2-29) 존재해 왔는데 각기 다른 특성을 갖고 있습니다. 여기서 놀라운 것은 12개의 보석의 각기 다른 색깔과 특징이 12지파의 특성과 일치한다는 사실입니다.

예를 들어 유다 지파를 살펴보겠습니다. 흉패에 장식된 유다 지파의 보석은 홍보석인데, 성경에 나타난 예언을 보면 유다 지파가 "형제의 찬송이 될 것이며, 원수의 목을 잡을 것이고, 홀이 유다를 떠나지 아니하며 아비의 아들들이 절할 것이고, 그에게 모든 백성이 절할 것이며 복장을 포도주에 빨 것…."이라고 했습니다. 이 말씀들은 유다 지파에서 만왕의 왕이신 구주가 오셔서 피를 흘리고 자기 백성을 구원하실 것, 사탄의 세력을 깨뜨리고 승리하실 것, 그리고 영원히 만왕의 왕이요 만주의 주로서 서실 것과 하나님께 영광을 돌릴 것을 이르고 있습니다. 이와 같이 제사장도 하나님의 백성을 보석보다 귀하게 여기고, 어미가 자식을 품에 안고 사는 것처럼 제사장에게 맡겨주신 하나님의 자녀를 가슴에 안고 살아야 한다는 것을 의미합니다.

⊙ 우림과 둠밈, 띠와 관

우림!yriWa과 둠밈!yMiTu은 제사장이 하나님의 뜻을 알아내는 데 사용한 넓적한 돌로, 우림은 흰 돌이요 둠밈은 검은 돌입니다. "너는 우림과 둠밈을 판결 흉패 안에 넣어 아론으로 여호와 앞에 들어갈 때에 그 가슴 위에 있게 하라 아론이 여호와 앞에서 이스라엘 자손의 판결을 항상 그 가슴 위에 둘지니라."(출28:30)

성경에는 우림과 둠밈으로 하나님의 뜻을 물은 기록이 있습니다.(민27:21, 삼상28:6-7, 삼상30:7-8) 예를 들어 "전쟁에 나가야 합니까?

나가지 말아야 합니까?"하고 하나님의 뜻을 물을 때, 돌을 꺼내 보아 흰 돌인 우림이면 긍정이고, 검은 돌인 둠밈이면 부정입니다. 가부를 묻는 질문에 긍정과 부정의 징표를 가슴에 있는 흉패에서 꺼내 판결했다는 데서 인간의 양심을 통해 역사하시는(행23:1) 하나님의 뜻을 알 수 있습니다.

제사장이 예복을 입고 허리에 매는 띠$^{fnEbla'}$ (아브네트)는 섬김과 봉사의 띠입니다.(출28:4-5, 출39:29) 진리로 허리띠를 하라는(엡6:14) 말씀처럼, 주님께서는 수건으로 허리를 동이시고 제자들의 발을 씻겨 우리에게 모범을 보이셨습니다. 제사장 또한 이와 같이 섬기고 봉사하는 자세를 가져야 함을 알 수 있습니다.

제사장이 머리에 쓰는 하얀 관$^{tp,n,x]mi}$ (미츠네페트), 혹은 두건은 성결과 충성의 표시입니다. 제사장의 우선 요건은 성결로, 영혼과 몸을 정결히 한 자만이 그리스도인의 신부 될 자격이 있습니다. 또한 하나님께 충성하는 것이 그리스도인의 삶의 방식입니다.

하나님이 임재하시는 법궤

지성소의 법궤

여호와의 거룩한 궤

    지성소는 하느님께서 임재하시는 곳으로 성막에서 가장 중요한 부분입니다. 이곳은 대제사장 한 사람만이 하느님께서 정하신 속죄의 날, 일 년에 한 번만 백성의 죄를 대신할 짐승의 피를 가지고 들어가 속죄의 제사를 드리는 거룩한 곳입니다.

    지성소는 하나님을 만나기 위한, 하나님의 방입니다. 성소와 지성소를 구분하는 칸막이로 휘장이 있는데, 이것은 예수 그리스도께서 십자가에 죽으심으로 인해 위에서 아래로 찢어졌습니다.(마27:51) 그리하여 예수 그리스도의 피를 의지하는 사람은 하나님이 임재하시는 은혜의 보좌 앞에 담대히 나아갈 수 있게 되었습니다.(히4:16)

    법궤@/Ra;(아론)는 지성소 안에 있는 유일하고도 귀중한 성구입니다. 싯 딤나무로 만들어서 안팎으로 금을 싼 상자로, 여기에 뚜껑을 만들었는데 이것이 바로 속죄소입니다. 속죄소 위에는 정금으로 만든 두 그룹^{하나님의 보좌를 지키는 천사}이 날개를 펴고 마주보고 있습니다. 속죄소 뚜껑의 가장자리는 왕관의 테를 둘렀고 그룹과 속죄소는 한 덩어리로 만들었습니다. 법궤는 길이가 2.5규빗, 폭이 1.5규빗, 높이가 1.5규빗으로, 금 고리 2개씩을 좌우에 4개 만들어서 메고 다니게 만들었습니다.

"그들은 조각목으로 궤를 짜되 길이는 두 규빗 반, 너비는 한 규빗 반, 높이는 한 규빗 반이 되게 하고, 너는 순금으로 그것을 싸되 그 안팎을 싸고 위쪽 가장자리로 돌아가며 금테를 두르고 금 고리 넷을 부어 만들어 그 네 발에 달되 이쪽에 두 고리 저쪽에 두 고리를 달며 조각목으로 채를 만들어 금으로 싸고, 그 채를 궤 양쪽 고리에 꿰어서 궤를 메게 하며 채를 궤의 고리에 꿴 대로 두고 빼내지 말지며 내가 네게 줄 증거판을 궤 속에 둘지며 순금으로 속죄소를 만들되 길이는 두 규빗 반, 너비는 한 규빗 반이 되게 하고 금으로 그룹 둘을 속죄소 두 끝에 쳐서 만들되 한 그룹은 이 끝에 또 한 그룹은 저 끝에 곧 속죄소 두 끝에 속죄소와 한 덩이로 연결할지며, 그룹들은 그 날개를 높이 펴서 그 날개로 속죄소를 덮으며 그 얼굴을 서로 대하여 속죄소를 향하게 하고 속죄소를 궤 위에 얹고 내가 네게 줄 증거판을 궤 속에 넣으라. 거기서 내가 너와 만나고 속죄소 위 곧 증거궤 위에 있는 두 그룹 사이에서 내가 이스라엘 자손을 위하여 네게 명령할 모든 일을 네게 이르리라." (출25:10-22)

법궤는 궤(출25:10, 신10:1), 혹은 증거궤(출26:33-34), 여호와의 언약궤(민10:33), 나무궤(신10:1), 하나님의 궤(삼상3:3, 수3:13), 여호와의 궤(삼상6:1, 수3:13), 이스라엘 신의 궤(삼상5:7), 거룩한 궤(대하35:3), 권능의 궤(시132:8) 등 여러 가지 이름으로 불렸습니다. 하나님께서 성막을 세우라고 명하실 적에 맨 먼저 법궤를 만들 것을 명하심은 거기에서 하나님이 현현하셨고, 만나주셨고, 말씀해 주셨기 때문입니다.

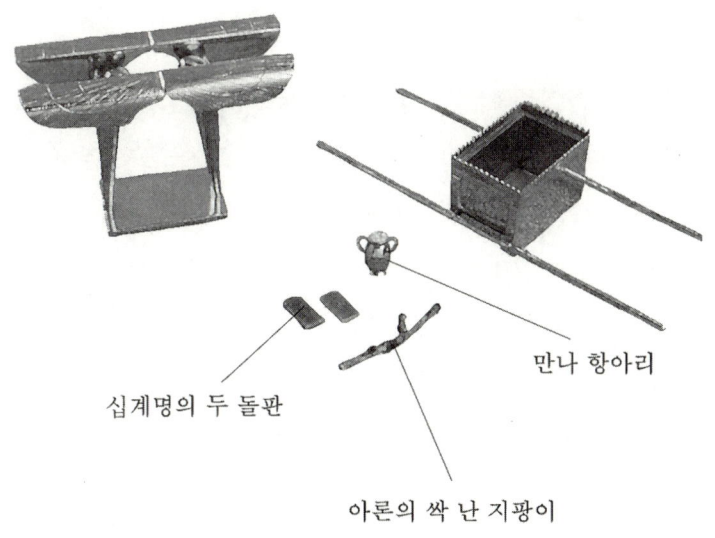

만나 항아리
십계명의 두 돌판
아론의 싹 난 지팡이

▶ 법궤와 성물들 ◀

이 법궤 안에는 십계명이 새겨진 돌판과 만나 항아리, 그리고 아론의 지팡이가 들어있다고 많은 사람들이 믿었습니다. 성경에 보면 "또 둘째 휘장 뒤에 있는 장막을 지성소라 일컫나니 금 향로와 사면을 금으로 싼 언약궤가 있고 그 안에 만나를 담은 금 항아리와 아론의 싹난 지팡이와 언약의 돌판들이 있고"(히9:3-4)라는 구절이 있기 때문입니다. 또한 제사장들이 이동할 때 만나 항아리와 지팡이를 들고 다니기 거추장스러워 당연히 법궤 안에 넣었을 거라 생각했습니다. 그러나 하나님께서는 십계명의 두 돌판만을 법궤 안에 넣으라고 지시하셨고, 만나 항아리와 지팡이는 법궤 앞에 두라고 하셨습니다.

"내가 네게 줄 증거판을 궤 속에 둘지며(출25:16)…모세가 아론에게 이르되 항아리를 가져다가 그 속에 만나 한 오멜을 담아 여호와 앞에 두어 너희 대대로 간수하라. 아론이 여호와께서 모세에게 명령하신 대로 그것을 증거판 앞에 두어 간수하게 하였고(출16:33-34)…그 지팡이를 회막 안에서 내가 너희와 만나는 곳인 증거궤 앞에 두라."(민17:4)

기원전 959년경, 솔로몬 왕이 성전을 건축하고 법궤를 지성소에 안치하려고 열어 보았더니 두 돌판만 있고 만나 항아리와 지팡이는 없었습니다.

"그 궤 안에는 두 돌판 외에 아무 것도 없으니 이것은 이스라엘 자손이 애굽 땅에서 나온 후 여호와께서 저희와 언약을 맺으실 때에 모세가 호렙에서 그 안에

넣은 것이더라."(왕상8:9)

 십계명의 돌판과 만나 항아리, 아론의 지팡이 중 가장 값진 것이 무엇이겠습니까? 당연히 십계명이 새겨진 돌판 아니겠습니까? 십계명의 두 돌판은 하나님이 친히 기록한 것이니(출34:28) 감히 값으로 그 가치를 계산할 수 없는 귀중한 것입니다.

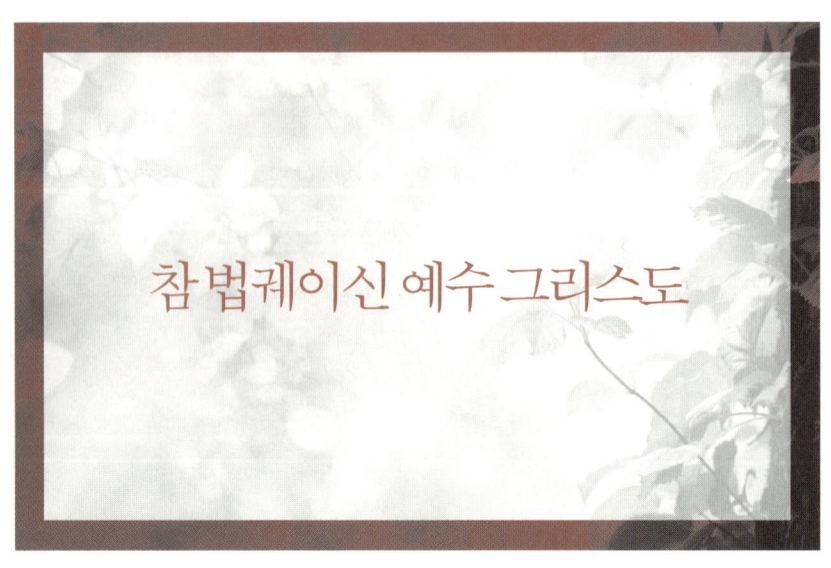

참 법궤이신 예수 그리스도

하나님께서 친히 쓰신 십계명의 두 돌 판이 담긴 법궤는 신앙적으로나 역사적으로나 그 어떤 것보다 귀한, 인류의 보물입니다. 그런데 문제는 이 법궤가 사라졌다는 사실입니다. 여기에는 많은 추측과 설이 있습니다.

기원전 586년 바빌론의 느부갓네살 왕이 예루살렘을 침입해 성전을 파괴시켰는데 그때 법궤를 가져갔다는 설이 있습니다. 예레미야 선지자가 예루살렘 멸망 직전에 법궤와 성막의 여러 성물들을 느보산에 숨겨 두었다는(마카비서2:4) 설도 있습니다. 유대인들이 사용하는 구약외전인 마카비서에는 기원전 70년 로마의 타이터스가 예루살렘을 침입해 성전을 무너뜨리며 성물들과 법궤를 가져갔다는 설이 있습니다.

법궤가 어디로 사라졌는지 아무도 알지 못합니다. 그래서 유대인들은 지금도 법궤를 찾는 데 엄청난 노력을 들이고 있습니다. 그러나 우리들에게는 더 이상 법궤가 필요 없습니다. 법궤는 곧 예수 그리스도를 의미하는데 이미 주님께서 우리와 함께하시기 때문입니다. 이에 대해 예레미야 선지자는 다음과 같은 말씀을 남겼습니다.

> "여호와의 말씀이니라 너희가 이 땅에서 번성하여 많아질 때에는 사람들이 여호와의 언약궤를 다시는 말하지 아니할 것이요 생각하지 아니할 것이요 기억하지 아니할 것이요 찾지 아니할 것이요 다시는 만들지 아니할 것이며"(렘3:16)

이 말씀은 예레미야 선지자가 이스라엘이 70년의 포로생활에서 해방되어 오는 상황을 기록한 것인데, 사실 그보다는 멀리 메시아 시대의 번영을 내다보고 예언한 것입니다. 훗날 참 법궤이신 예수 그리스도가 오실 것이므로 그때에는 법궤가 필요 없다는 말씀입니다. 참 법궤는 지금 하늘성전 안에 있습니다.(계11:19)

성막은 전체적으로나 부분적으로나 예수 그리스도를 설명하는데, 그렇다면 어째서 법궤가 예수 그리스도이신가요? 그것은 하나님께서 법궤 위에 현현顯現하셨고, 계시하셨고, 속죄하셨고, 섭리攝理하셨기 때문입니다.

> "거기서 내가 너와 만나고 속죄소 위 곧 증거궤 위에 있는 두 그룹 사이에서 내가 이스라엘 자손을 위하여 네게 명령할 모든 일을 네게 이르리라."(출25:22)

"모세가 회막에 들어가서 여호와께 말하려 할 때에 증거궤 위 속죄소 위의 두 그룹 사이에서 자기에게 말씀하시는 목소리를 들었으니 여호와께서 그에게 말씀하심이었더라."(민7:89)

법궤는 하나님이 계시하는 곳으로, 모세는 지성소에 수시로 들어가 법궤 앞에서 하나님으로부터 말씀을 받았습니다. 시내산에 출현하셨던 하나님께서는 그의 백성들이 가는 곳마다 영광의 구름이 법궤 위 속죄소, 그룹의 날개 사이에서 나타나게 하셨고(출25:22,b40:34) 거기서 말씀해 주셨습니다. 이와 마찬가지로 하나님은 예수 그리스도를 통해 백성들에게 나타내 보이셨고(요14:9) 하나님의 말씀을 전하셨습니다.

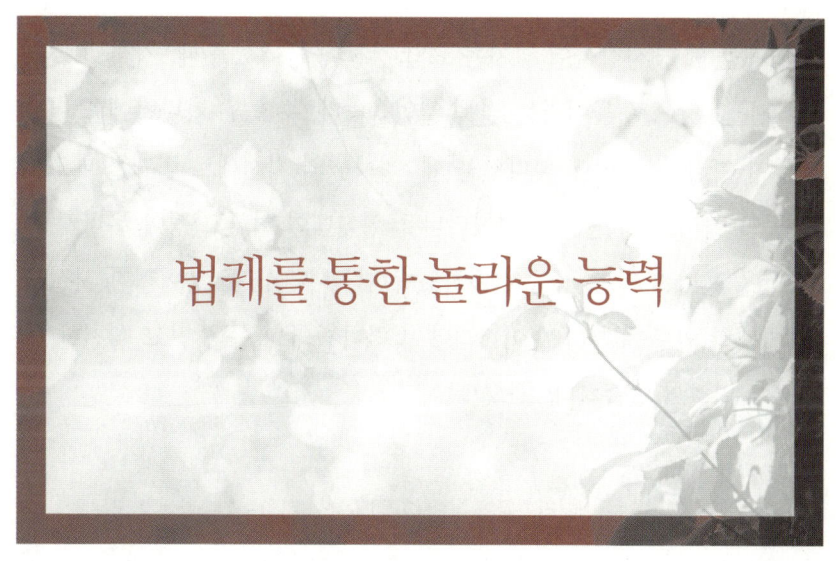

법궤를 통한 놀라운 능력

　성막을 세운 날부터 낮에는 구름기둥이, 밤에는 불기둥이 법궤 위에 나타나서 백성들을 인도하고 보호했습니다. 구름이 뜨거운 햇볕을 가려주고 불이 추위를 막아주어 구름이 떠오를 때는 앞으로 진행하였고 (출40:36, 민10:11) 구름이 성막 위에 머무를 때에는 백성들도 머물렀습니다. 법궤는 이스라엘 진영을 앞서가면서 대적들을 쫓아버리는 사역을 했고, 맹수와 독사와 해충들을 쫓아내고 쉴 곳을 찾았습니다.

　"궤가 떠날 때에는 모세가 말하되 여호와여 일어나사 주의 대적들을 흩으시고 주를 미워하는 자가 주 앞에서 도망하게 하소서 하였고, 궤가 쉴 때에는 말하되 여호와여 이스라엘 종족들에게로 돌아오소서 하였더라."(민10:35-36)

법궤를 멘 제사장들이 넘치는 요단 강물에 들어섰을 때, 강물이 갈라져 가나안 땅으로 들어가는 길을 열었습니다.(수3:17) 가나안에 들어간 그들이 여리고 성 앞에 다다랐을 때, 하나님의 지시대로 법궤를 메고 7일 동안 여리고 성을 돌며 외쳤더니 금성철벽인 여리고 성이 무너져 피 한 방울 흘리지 않고 성을 점령하였습니다.(수6:15-20) 이러한 사실들은 법궤의 인도를 따라간 이스라엘이 하나님의 말씀을 믿고 실천한 역사를 설명하고 있습니다.

> "믿음으로 칠 일 동안 여리고를 도니 성이 무너졌으며 믿음으로 기생 라합은 정탐꾼을 평안히 영접하였으므로 순종하지 아니한 자와 함께 멸망하지 아니하였도다."(히11:30-31)

법궤가 가는 곳마다 하나님의 능력이 나타나자 법궤에 대한 경외심이 고조되었습니다. 이러한 사실은 훗날 예수 그리스도께서 이 땅에 오셔서 행할 사역의 그림자인 것입니다. 예수님은 성령과 말씀으로 그의 백성들을 인도하시고, 평강을 주셨습니다. 또한 십자가를 지심으로써 마귀의 세력을 무장해제 시키고 마귀를 제어할 수 있는 권세를 주셨습니다. (엡1:22, 6:10-18, 골2:14-15, 약4:7) 주님께서 가시는 곳마다 하나님의 능력이 나타나 앉은뱅이가 일어나고 소경이 눈을 뜨며(사29:18, 사35:5) 귀머거리가 들으며(사29:18, 사35:5) 벙어리의 입이 열리고(사35:6) 문둥병자가 고침을 받고(마8:2-3, 막1:42, 눅17:14) 죽은 자가 살아나며(요11:44) 가난한 자에게 복음이 전파되었습니다.(사61:1,

눅4:18) "하나님이 나사렛 예수에게 성령과 능력을 기름 붓듯 하셨으매 그가 두루 다니시며 선한 일을 행하시고 마귀에게 눌린 모든 사람을 고치셨으니 이는 하나님이 함께 하셨음이라."(행10:38)는 말씀이 응했습니다.

    법궤의 역사에서 특이한 사건을 발견할 수 있는데 블레셋과의 전쟁에서 이스라엘이 큰 살육을 당해 그들에게 법궤를 빼앗긴 사건입니다.(삼상4:11) 제사장 엘리의 두 아들 홉니와 비느하스도 이 전쟁에서 죽었고, 이 소식을 들은 제사장 엘리는 의자에 앉았다가 놀라 떨어져 목이 부러져 죽었습니다. 이스라엘에게서 법궤를 빼앗아 간 블레셋은 그들의 신인 다곤 신당에 법궤를 두었습니다. 그런데 이튿날 그들이 신당에 와보니 다곤이 법궤 앞에 엎드려져 얼굴이 땅에 닿아 있었습니다. 그를 일으켜 세우고 보니 목이 부러지고 두 손목이 부러져 몸뚱이만 남아 있었습니다.
    아스돗으로 옮겨진 법궤가 그곳 사람들을 독종의 재앙으로 쳐서 망하게 하자 그들이 법궤를 가드로 옮겼습니다. 그런데 가드에서도 어른 아이 할 것 없이 독종의 큰 환란이 일어나자 법궤를 에그론으로 보냈습니다. 이에 에그론 사람들이 모여 부르짖기를, "이스라엘 신의 궤를 우리에게 가져와서 우리를 죽이게 한다."고 하였습니다.
    그러자 블레셋 방백들이 모여 백성들이 죽음을 면케 하자고 합의한 끝에 법궤를 본래의 자리로 돌려보내게 되었습니다.

법궤는 누구의 도움도 없이 블레셋을 단단히 혼내주고 하나님이 어떠한 분이신지 알렸을 뿐 아니라, 금으로 만든 독종 다섯과 금으로 만든 쥐 다섯을 예물로 받아 당당히 이스라엘로 돌아온 것입니다.(삼상 5:1-6:18) 이 사건은 블레셋에게 하나님을 알리기 위함이며, 이스라엘에겐 하나님을 섬기는 방법이 잘못되었음을 가르치시기 위함입니다.

참 법궤이신 예수 그리스도도 가시는 곳마다 역사가 일어났습니다. 그러나 자기를 배척한 고향에서는 어떻게 하셨습니까?

"고향으로 돌아가사 그들의 회당에서 가르치시니 그들이 놀라 이르되 이 사람의 이 지혜와 이런 능력이 어디서 났느냐 이는 그 목수의 아들이 아니냐 그 어머니는 마리아, 그 형제들은 야고보, 요셉, 시몬, 유다라 하지 않느냐 그 누이들은 다 우리와 함께 있지 아니하냐 그런즉 이 사람의 이 모든 것이 어디서 났느냐 하고 예수를 배척한지라. 예수께서 그들에게 말씀하시되 선지자가 지기 고향과 자기 집 외에서는 존경을 받지 않음이 없느니라 하시고 그들이 믿지 않음으로 말미암아 거기서 많은 능력을 행하지 아니하시니라."(마13:54-58)

고향 사람들이 예수님을 그리스도로 믿지 않고 목수의 아들로 취급하며 배척했기에, 거기서 많은 능력을 행하실 수 없으셨습니다. 이와 같이 이스라엘이 외적의 침입으로 전쟁이 일어났을 때 하나님을 찾거나 의지하지 않고, 법궤를 그저 물건으로 취급하는 것은 큰 잘못임을 알 수 있습니다. 하나님은 경배의 대상이지, 이용의 대상은 아닙니다.

하나님은 자기를 의지하고 구하는 자에게 길을 인도하고(잠3:5-6) 역사하여 주시는 것입니다.

속죄의 산실

성경은 피에 관해 증언합니다. 왜냐하면 육체의 생명은 피에 있고, 피가 죄를 구속하여 주기 때문입니다.(레17:11) 이스라엘 백성이 죄를 지었을 때, 제사장이 짐승을 제물로 가져가서 그 머리에 안수하고 잡았습니다. 그리고 그 피를 찍어 번제단 뿔에 바르고, 단 밑에 쏟고, 모든 기름을 불살라 하나님께 드림으로써 죄 사함을 얻었습니다.(레4:27-35) 예수 그리스도는 십자가의 번제단에서 자신이 친히 제물이 되어 피를 다 쏟으시고 자기 백성을 위한 영원한 속죄의 제물이 되셨습니다.(히9:11-14)

지성소에서 속죄 제사를 행할 때 십계명의 두 돌판과 만나 항아리와 아론의 지팡이를 법궤 안에 넣고 그 위에 피를 부었습니다. 여기에 어떤 의미가 있는지 살펴보겠습니다.

⊙ 십계명의 두 돌판에 부어진 피

　법궤 안에 넣은 돌판은 하나님께서 친히 손으로 써 준 첫 번째 돌판이 아니라 두 번째 돌판입니다. 모세가 하나님의 부르심을 받고 시내산 위로 올라간 지 40일이 다 되어도 내려오지 않자 이스라엘은 금송아지를 만들어 섬겼습니다. 산에서 내려온 모세가 이를 보고 노해 십계명의 두 돌판을 던져 깨뜨렸습니다.(출32:15-19)
　하나님이 주신 율법을 하나만 어겨도 죄로 인한 사망에 이르기에 족한데, 어째서 모세는 하나님이 친히 써 주신 십계명의 돌판을 감히 깨뜨릴 수 있었을까요? 모세는 율법으로는 도저히 사람을 구할 방도가 없다고 생각했기에, 두 번째 십계명의 돌판 위에 피를 붓는 일을 떠올렸던 것입니다. 이것은 훗날 예수님이 이 땅에 오셔서 그분의 백성을 율법에서 해방시키고, 율법을 완전하게 하기 위해 십자가에서 피를 쏟고 죽으실 것을 미리 내다본 것입니다.
　법궤 안에 십계명의 두 번째 돌판을 넣은 것은 이미 인간은 희망 없는 존재임을 고소하고 있으며, 그들을 살리려면 그 죄를 가리워 주는 조건이 있어야 함을 뜻합니다. 속죄소는 순금으로 만든 뚜껑인데, 거기에 피를 부어서 율법의 대표인 십계명의 고소를 덮어버린 것입니다. 인간은 범죄하여 멸망할 존재이나 하나님은 그의 아들의 피를 부어서 죄와 허물을 가리워 주신 것입니다. 하나님의 공의를 훼손시킴이 없이 죄 없는 하나님의 아들이 죄인을 대신해 죽으신 것에 대해 성경에 이르기를, "…그 죄를 가리우심을 받는 자는 복이 있고….(시32:1, 롬4:7)라고 했습니다. 아담 이후 모든 인간은 죽어야 한다는 고소에 대해 속죄소 위의 피가 가리우고 증거하는 것으로, 인간의 죄는 죄대로 갚되 인간을 멸하지 않고 율법의 요구를 만족시키는 하나님의 사랑의 법을 완성시킨 것입니다.(롬13:8) 한마디로, 예수 그리스도의 피 아래 있는 사람은 모두 구원을 받습니다. 그렇기 때문에 십자가는 하나님의 지혜요 하나님의 능력입니다.

⊙ 만나 항아리에 부어진 피

"이스라엘 자손의 온 회중이 엘림에서 떠나 엘림과 시내산 사이에 있는 신 광야에 이르니 애굽에서 나온 후 둘째 달 십오일이라. 이스라엘 자손 온 회중이 그 광야에서 모세와 아론을 원망하여 이스라엘 자손이 그들에게 이르되 우리가 애굽 땅에서 고기 가마 곁에 앉아 있던 때와 떡을 배불리 먹던 때에 여호와의 손에 죽었더라면 좋았을 것을 너희가 이 광야로 우리를 인도해 내어 이 온 회중이 주려 죽게 하는도다."(출16:1-3)

이스라엘 백성들은 애굽에 내린 열 가지 재앙을 보았고, 홍해의 기적을 체험한 사람들입니다. 하나님께서는 못 살겠다고 부르짖는 그들을

(출2:23) 구해 주셨고, 바로왕의 군대가 추격하자 홍해 바다를 갈라 이스라엘을 구하시고, 바로왕과 군사들은 다 수장시켜 버렸습니다. 얼마나 신나는 일이었겠습니까? 그래서 그들은 뛰고 놀며 즐거이 찬양하고 힘껏 즐겼습니다. 그런데 이제 배고파 못살겠다고 하나님을 원망합니다. 그래서 하나님이 만나를 내려 주셨지만, 이스라엘은 만나로 배를 채워서 하나님께 감사하며 영광 돌리기는커녕 오히려 만나를 먹고 힘을 내어서 하나님을 대적하였습니다. 감사하고 경외하며 하나님의 말씀을 더욱 힘써 지켜야 하겠거늘, 오히려 불순종만 거듭하였고 나아가서 교만해졌습니다. 하나님께서는 이런 이스라엘에게 왜 만나를 주셨을까요?

> "네 하나님 여호와께서 이 사십 년 동안에 네게 광야 길을 걷게 하신 것을 기억하라. 이는 너를 낮추시며 너를 시험하사 네 마음이 어떠한지 그 명령을 지키는지 지키지 않는지 알려 하심이라. 너를 낮추시며 너를 주리게 하시며 또 너도 알지 못하며 네 조상들도 알지 못하던 만나를 네게 먹이신 것은 사람이 떡으로만 사는 것이 아니요 여호와의 입에서 나오는 모든 말씀으로 사는 줄을 네가 알게 하려 하심이니라." (신8:2-3)

하나님은 그들을 낮추기 위해서, 그리고 생명 양식인 말씀의 중요함을 깨닫게 하기 위해서 만나를 내려 주셨습니다. 달리 말하면 사람이 교만해져선 안 되고, 영의 양식을 매일 먹어야 한다는 것을 가르치기 위함입니다.

⊙ 아론의 지팡이에 부어진 피

"레위의 증손 고핫의 손자 이스할의 아들 고라와 르우벤 자손 엘리압의 아들 다단과 아비람과 벨렛의 아들 온이 당을 짓고 이스라엘 자손 총회에서 택함을 받은 자 곧 회중 가운데에서 이름 있는 지휘관 이백오십 명과 함께 일어나서 모세를 거스르니라. 그들이 모여서 모세와 아론을 거슬러 그들에게 이르되 너희가 분수에 지나도다. 회중이 다 각각 거룩하고 여호와께서도 그들 중에 계시거늘 너희가 어찌하여 여호와의 총회 위에 스스로 높이느냐."(민16:1-3)

광야 노정에서 고라와 다단과 아비람과 온이 당을 짓고 족장 250인과 함께 모세와 아론을 거역한 사실이 나옵니다. 너희가 왜 우리들 위에 지도자(왕) 노릇을 하느냐 반발하는 것입니다. 이에 모세가 하나님께 기도하여 응답받고 이르기를, 하나님이 누구를 지도자로 택하셨는지 물어보자고 했습니다. "내일 너희들은 향로에 불을 담고 그 위에 향을 두라." 이에 그들이 향로에 불을 담아 나와서 모세와 아론을 대적하니 불이 그들을 태워 죽이고 그들에게 속한 가족들은 땅이 갈라져 산 채로 음부로 빠지고 땅이 그 위에 합하였습니다.(민16:4-35) 이 일로 하나님은 아론과 그의 자손을 택해 하나님의 제사장을 삼으신 것을 확인시켜 주셨습니다.

그런데 하나님의 분명한 역사를 보고도 이스라엘 자손들이 이튿날 모여 모세와 아론을 치자, 하나님의 영광이 나타나더니 염병이 백성에게 퍼지기 시작했습니다. 염병으로 죽은 자가 14,700명이 되므로 모세가 아론을 시켜 백성을 위해 속죄케 하자 염병이 그쳤습니다. 하나님께서는 자기를 가까이서 섬기게 한 레위 족속을 확실히 구별할 필요가 있었습니다. 그래서 12지파에게서 지팡이 12개를 취해 레위의 지팡이에는 아론의 이름을 쓰게 하고 그 지팡이들을 법궤 앞에 두었습니다. 이튿날 보니 아론의 지팡이에는 움이 돋고 꽃이 피어 살구 열매가 맺혀 있었습니다. 이로 인해 하나님이 모세와 아론을 택하셨음을 알게 하시고, 이 지팡이를 법궤 앞에 다시 가져다 놓아 '패역한 자에 대한 표징'(민 17:10)을 삼으신 것입니다.

하나님이 세우신 종을 핍박하는 일은 그 종을 세우신 하나님을 모독하는 일입니다. 심부름 보낸 종을 때리는 일은 심부름 보낸 주인을 멸시함과 같습니다. 하나님을 모독하고 하나님을 멸시하는 자들의 죄를 어떻게 처리해야 하겠습니까? 그래서 법궤 위 속죄소에 피를 붓는 것입니다. 예수 그리스도의 보배로운 피가 아니고서는 인간들의 죄를 처리할 수 없기 때문입니다.

은혜의 보좌 앞에 나아가라

속죄제를 준비하는 제사장들

속죄일의 규례

"여호와께서 모세에게 말씀하여 이르시되 일곱째 달 열흘날은 속죄일이니 너희는 성회를 열고 스스로 괴롭게 하며 여호와께 화제를 드리고 이 날에는 어떤 일도 하지 말 것은 너희를 위하여 너희 하나님 여호와 앞에 속죄할 속죄일이 됨이니라. 이 날에 스스로 괴롭게 하지 아니하는 자는 그 백성 중에서 끊어질 것이라. 이 날에 누구든지 어떤 일이라도 하는 자는 내가 그의 백성 중에서 멸절시키리니 너희는 아무 일도 하지 말라. 이는 너희가 거주하는 각처에서 대대로 지킬 영원한 규례니라. 이는 너희가 쉴 안식일이라 너희는 스스로 괴롭게 하고 이달 아흐렛날 저녁, 곧 그 저녁부터 이튿날 저녁까지 안식을 지킬지니라."
(레23:26-32)

하나님께서 당신의 백성을 만나기 위해 강구한 조치 중에 하나가 속죄일il!/yrPuKi(욤 키푸림)에 대한 규례입니다. 유대력 7월 10일은 속죄일입니다. 이날에 대제사장이 휘장을 열고 지성소로 들어가서 하나님을 만나야 하는데, 경솔히 들어가서 죽임을 당하지 않으려면 반드시 규례대로 준비해야 합니다. 속죄일은 일 년에 한 번 있는 거국적인 행사로, 이스라엘 백성의 죄를 해결하기 위해 특별히 속죄제를 드림으로써 죄로 인해 관계가 단절되었던 이스라엘 백성과 하나님을 화해시키는 행사입니다. 속죄일의 규례는 하나님과 인간의 관계 회복을 위한 그리스도의 대속사역을 가장 잘 보여주는 의식입니다.

대제사장은 속죄일에 염소 두 마리를 준비해 한 마리는 하나님께 속죄 제물로 드렸습니다. 그리고 나머지 한 마리는 제사장이 머리 위에 손을 얹고 백성들의 죄를 큰 소리로 외쳐 고백했습니다. 이는 염소에게 죄를 전가시키는 의식으로, 이것이 끝나면 염소를 광야로 데려가서 멀리멀리 도망가게 하였습니다.

> "또 그 두 염소를 가지고 회막 문 여호와 앞에 두고 두 염소를 위하여 제비 뽑되 한 제비는 여호와를 위하고 한 제비는 아사셀을 위하여 할지며, 아론은 여호와를 위하여 제비 뽑은 염소를 속죄제로 드리고 아사셀을 위하여 제비 뽑은 염소는 산 채로 여호와 앞에 두었다가 그것으로 속죄하고 아사셀을 위하여 광야로 보낼지니라." (레16:7-10)

'아사셀'lzEaz:l은 '완전히 제거되었다'는 뜻으로 예수 그리스도가 우리 죄를 지고 십자가에 죽으셨을 뿐 아니라, 염소가 우리 죄를 짊어지고 멀리멀리 달아난 것처럼 우리 죄를 완전히 도말하신 것을 믿으라는 말씀입니다. 성경에서는 그리스도를 상징하는 동물로서 흔히 양을 제물로 사용하는데, 여기서는 염소를 사용하고 있다는 사실에 주목해야 합니다. 이는 염소 같은 성품을 지닌 양심의 악까지도 깨끗이 제거되었다는 뜻입니다. 하나님과 화목을 이루었다고 하면서 이웃과는 아직까지 높은 담을 쌓고 사는 사람, 입을 열어 귀한 생명의 복음을 전하지 못하고 죄책감을 느끼는 사람, 내 주관과 자아를 좇아서 사는 사람, 사랑하며 살라고 하셨지만 아직까지 사랑을 하지 못하는 사람…. 이런 사람들에게 그러한 죄악까지도 완전히 씻김을 받았다는 확신을 주기 위해 아사셀 염소를 언급하신 것이라 생각합니다.

모세가 시내산에 올라가 40일을 밤낮으로 금식기도 하고 내려올 때, 하나님께서 직접 써 주신 십계명의 두 돌판을 받아서 내려왔습니다.(출 32:15) 그런데 산 아래에서 모세를 기다리던 이스라엘 백성들은 금송아지를 만들어 그것을 음란히 섬기고 있었습니다. 이를 본 모세가 두 돌판을 그들의 목전에 던져 깨뜨려 버리고, 금송아지를 불살라 가루를 만들어 물에 뿌려 이스라엘로 그것을 마시게 하였습니다.(출32:20) 그리고서 다시 산으로 올라갔습니다. 하나님은 이스라엘을 멸하시고 모세를 통해 다시 한 민족을 일으키겠다고 하셨습니다. 그때 모세가 하나님 앞에 엎드려 중보기도를 드렸습니다.

"이 백성이 자기들을 위하여 금 신을 만들었사오니 큰 죄를 범하였나이다. 그러나 이제 그들의 죄를 사하시옵소서 그렇지 아니하시오면 원하건대 주께서 기록하신 책에서 내 이름을 지워버려 주옵소서. 여호와께서 모세에게 이르시되 누구든지 내게 범죄하면 내가 내 책에서 그를 지워버리리라. 이제 가서 내가 네게 말한 곳으로 백성을 인도하라 내 사자가 네 앞서 가리라. 그러나 내가 보응할 날에는 그들의 죄를 보응하리라."(출32:31-34)

하나님께서는 모세의 두 번째 40일 금식기도로 이스라엘을 멸망에서 유예해 주셨으나, "내가 내 사자를 네 앞에 보내리라. 그러나 나는 너희와 함께 올라가지 아니하리라."하고 말씀하셨습니다.(출33:1-3) 이에 모세가 다시 하나님 앞에 엎드려 기도했습니다.

"내가 참으로 주의 목전에 은총을 입었사오면 원하건대 주의 길을 내게 보이사 내게 주를 알리시고 나로 주의 목전에 은총을 입게 하시며 이 족속을 주의 백성으로 여기소서. 여호와께서 이르시되 내가 친히 가리라 내가 너를 쉬게 하리라. 모세가 여호와께 아뢰되 주께서 친히 가지 아니하시려거든 우리를 이곳에서 올려 보내지 마옵소서. 나와 주의 백성이 주의 목전에 은총 입은 줄을 무엇으로 알리이까 주께서 우리와 함께 행하심으로 나와 주의 백성을 천하 만민 중에 구별하심이 아니니이까?"(출33:13-16)

하나님은 모세의 중보기도를 들어주셨습니다. 또한 하나님의 영광을 보여 달라는 모세의 성화에 모세를 반석 위에 세우고 하나님의 손으로 모세를 덮고 하나님의 등을 보게 해 주셨습니다.(출33:17-23) 이에 하나님은 두 돌판을 깎아서 두 번째 십계명을 써 주셨습니다. 모세는 이것을 가지고 내려와서 궤짝에 넣고 성막을 건축할 것을 이스라엘에 공표했습니다. 그리하여 이스라엘은 광야에서 전진해 나아갈 수 있었습니다.(신10:6-9)

모세는 이러한 일련의 사건을 통해 하나님의 마음을 살피게 되었습니다. 하나님이 자신의 중보로 이스라엘을 용서하시고 같이 가나안으로 올라가겠다고 하셨지만 하나님의 참 마음은 그것이 아님을 알았습니다. 그래서 다시 엎드려 기도했는데 그때 얻은 응답이 바로 속죄일의 규례입니다. 바로 이 속죄일이 하나님께서 진노를 푸시는 날이고 이스라엘을 향해 다시 축복하기 시작한 날입니다. 이 날에 모두 회개하기만 하면 하나님이 죄를 용서해 주실 뿐 아니라 만나주고자 하셨습니다.

"이 날에 너희를 위하여 속죄하여 너희를 정결하게 하리니 너희의 모든 죄에서 너희가 여호와 앞에 정결하리라."(레16:30)

이 말씀은 인간의 죄를 위한 속죄 제물로 예수님께서 십자가에서 제물이 되심으로써 죄 사함 받은 인간이 예수 그리스도 안에서 하나님과 만나게 된다는 의미입니다.

그렇다면 오늘날 우리들의 속죄일은 어느 날입니까? 구약시대와 달리 지금은 날이 따로 정해진 것이 아닙니다. 신앙생활을 하면서 잘못한 것을 깨닫고 통회하고 자복하며 하나님께 간구하는 날이 하나님 앞에 서는 날이고, 하나님을 만나는 날입니다. 회개의 성공은 하나님을 만나는 일이고 하나님을 만난 사람은 생명을 얻되 풍성히 얻고 사명을 감당할 수 있는 사람으로 서게 됩니다.

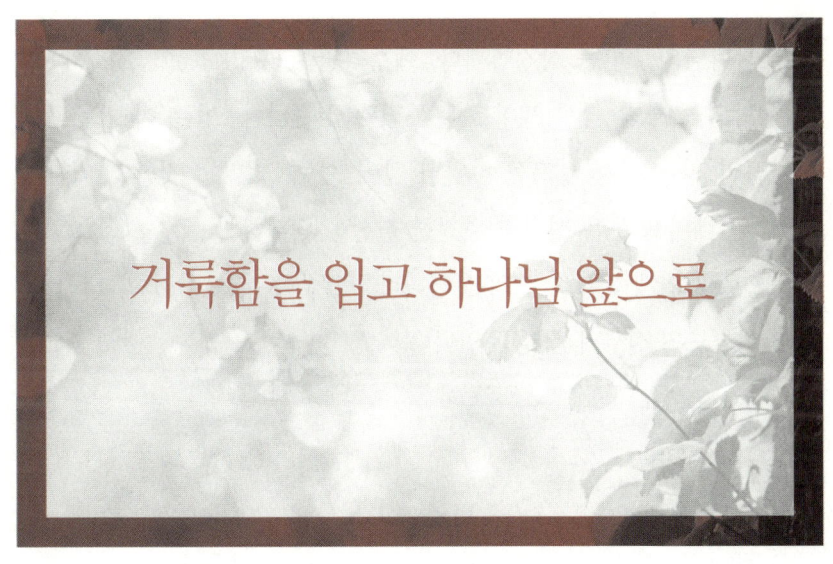

거룩함을 입고 하나님 앞으로

"여호와께서 모세에게 이르시되 네 형 아론에게 이르라 성소의 휘장 안 법궤 위 속죄소 앞에 아무 때나 들어오지 말라 그리하여 죽지 않도록 하라 이는 내가 구름 가운데에서 속죄소 위에 나타남이니라. 아론이 성소에 들어오려면 수송아지를 속죄 제물로 삼고 숫양을 번제물로 삼고 거룩한 세마포 속옷을 입으며 세마포 속바지를 몸에 입고 세마포 띠를 띠며 세마포 관을 쓸지니 이것들은 거룩한 옷이라 물로 그의 몸을 씻고 입을 것이며" (레16:2-4)

대제사장이 속죄일을 맞아 지성소에 들어가서 의식을 행할 때에는 다음의 3가지 규례를 따라야 했습니다. 첫째로, 제사장은 예복이 아닌 세마포 옷을 입고 지성소에 들어갔습니다. 앞에서도 설명했듯이 세마포는 하나님의 '의'를 상징합니다. 예수님의 옷(요19:40)이라 할 수 있는 성막의 울타리 역시 세마포로 둘러져 있습니다. 이는 어느 누구도 하나님의 의를 입지 않고선 하나님 앞에 설 수 없다는 것을 의미합니다. 하얀 세마포 옷은 성결과 완전한 헌신을 의미하며 예수 그리스도를 믿음으로써 입게 되는 '의'의 옷입니다. 또한 이 옷은 어린 양 되신 예수 그리스도의 신부가 입는 옷입니다.

> "우리가 즐거워하고 크게 기뻐하며 그에게 영광을 돌리세 어린 양의 혼인 기약이 이르렀고 그의 아내가 자신을 준비하였으므로 그에게 빛나고 깨끗한 세마포 옷을 입도록 허락하셨으니 이 세마포 옷은 성도들의 옳은 행실이로다 하더라."
> (계19:7-8)

이 옷은 믿음의 옷이요, 성결의 옷이요, 말씀의 옷이요, 예수 그리스도의 피 묻은 옷이요, 영광의 옷입니다. 이 옷만이 인간의 본성적인 죄악을 가릴 수 있습니다. 우리는 믿음으로 예수 그리스도를 옷 입지 않고선 하나님 앞에 나아갈 수 없습니다. 예수 그리스도는 믿는 자의 의가 되시기 때문입니다.(고후5:21) 특히 '속죄' rPuKi(킵푸르)라는 말은 카파르rp'K:에서 유래했는데, 이는 '덮다', 혹은 '가리다'라는 뜻입니다. 속죄일은 죄를 사해주실 뿐만 아니라 죄를 덮어주는 날입니다. 이 일은 예수 그리스도의 보혈로 가리워 주는 복된 날(시32:1, 롬4:7)의 그림자입니다.

둘째로, 제사장은 향을 피워 속죄소를 가린 후에 지성소에 들어가야 했습니다.

> "향로를 가져다가 여호와 앞 제단 위에서 피운 불을 그것에 채우고 또 곱게 간 향기로운 향을 두 손에 채워 가지고 휘장 안에 들어가서 여호와 앞에서 분향하여 향연으로 증거궤 위 속죄소를 가리게 할지니 그리하면 그가 죽지 아니할 것이며"(레16:12-13)

   속죄소가 가리워져 보이지 않도록 향을 피우라는 말씀은 기도의 양을 채우라는 말씀입니다. 기도에 파묻혀서 하나님 앞에 나아가라는 말씀입니다. 번제단에서부터 속죄소에 이르기까지 모든 과정이 기도와 연관되어 있고 기도 없이 이루어지는 것이 없습니다.
   기도의 내용은 소합향, 나감향, 풍자향, 유향, 소금에 담긴 다섯 가지 의미를 생각하며 인류를 구원하러 오신 예수 그리스도의 생애를 담아야 합니다. 그가 당하신 고난, 그가 흘리신 보혈, 죄와 죽음과 심판에서 우리를 건지시고 영육간에 부활되어 영원히 그와 함께 누리게 될 영광 나라를 약속하신 하나님의 언약을 생각하며 기도드려야 합니다. 내 혀가 굴복되었다면 온몸이 굴복되었다는(약3:2-6) 성경 말씀처럼, 이런 기도가 입에서 절로 흘러나올 때 예수 믿는 인격이 된 것이고 하나님의 성령이 계시는 성전이 된 것입니다.
   셋째로, 제사장은 지성소 법궤 위 속죄소에 짐승의 피를 일곱 번 뿌려야 했습니다.

"그는 또 수송아지의 피를 가져다가 손가락으로 속죄소 동쪽에 뿌리고 또 손가락으로 그 피를 속죄소 앞에 일곱 번 뿌릴 것이며 또 백성을 위한 속죄제 염소를 잡아 그 피를 가지고 휘장 안에 들어가서 그 수송아지 피로 행함 같이 그 피로 행하여 속죄소 위와 속죄소 앞에 뿌릴지니."(레16:14-15, 3, 5, 11)

대제사장은 자기를 위해 수송아지 피를 가지고 들어가서 속죄소 동편에 뿌리고, 속죄소 앞에 일곱 번 뿌렸습니다. 또 백성을 위해 염소 피를 가지고 들어가서 속죄소 동편과 속죄소 앞에 일곱 번 뿌렸습니다. 그리고 분향단의 뿔에 그 두 짐승의 피를 발라야 했습니다.(레16:16-19) 속죄일은 죄를 용서받는 거룩한 날로, 피 흘림 없이는 죄 사함이 없기에 속죄소에 시뻘겋게 피를 뿌렸습니다.

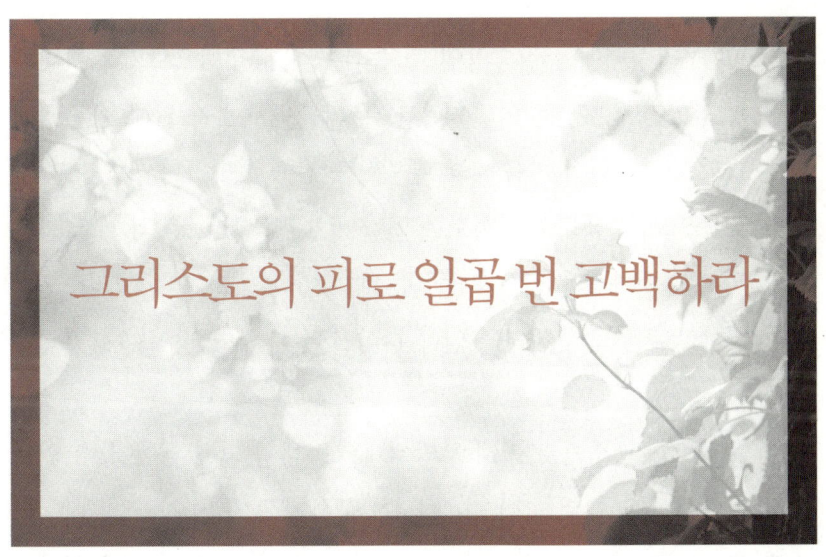

그리스도의 피로 일곱 번 고백하라

　대제사장이 하나님 앞에 올린 속죄제는 아득한 구약시대 의식의 하나일 뿐, 오늘날 우리의 신앙과는 별 상관이 없다고 생각하는 사람들이 많습니다. 그러나 신앙이란 과거의 현재화와 미래의 현재화가 이루어질 때 영원한 효력이 발생하는 것으로, 먼 옛날 성막에서의 제사와 오늘날 우리의 신앙생활은 밀접한 관련이 있습니다. 구약시대에는 오직 대제사장만이 지성소에 들어갈 수 있었지만 오늘날은 어떻습니까? 예수 그리스도를 믿는 사람이면 누구든지 하나님 앞에 나아갈 수 있는 담력parjrJhsiva(팔레시아)을 얻게 됩니다. 여기서 담력이란 하나님 앞에 자유롭게 나아갈 수 있는 권리로, 양심을 깨끗하게 함으로써 하나님과 사람 사이의 관계를 회복시킨 예수 그리스도의 속죄사역을 확신하는 것입니다. 또한 구약시대에는 짐승의 피를 속죄소 위에 뿌림으로써 하나님을 만날 수 있었지만 지금은 어떻습니까? 우리를 구속하기 위해 피 흘리신 예수 그리스도를 믿어 마음에 피 뿌림을 받음으로써 하나님을 만날 수 있습니다. 그래서 베드로는 성도를 일컬어 "예수 그리스도의 피 뿌림을 얻기 위하여 택하심을 입은 자들"(벧전1:2)이라 했습니다. 그리스도가 흘린 피야말로 우리가 하나님 앞에 나아갈 수 있는 결정적인 요건입니다.

예수님의 피 흘림으로 인해 우리에게는 하나님 앞에 나아갈 수 있는 길이 열렸습니다. 그런데 이 길은 두 가지 특징을 가집니다. 첫째로, 이 길은 새로운 길입니다. 이전에는 이 길이 없었고 짐승의 피로써 인간의 심령을 새롭게 만들 수 없었으나, 새 언약 아래에서 마침내 예수의 피로 심령이 새로워지고 천국으로 가는 길이 열린 것입니다. 둘째로, 이 길은 산 길이며 생명의 길입니다. 성소와 시성소를 가로막고 있는 이 길을 예수 그리스도께서 자기 몸을 찢으시고 피 흘리심으로 휘장이 찢어져 영생의 길이 열렸습니다.

그런데 2,000년 전에 흘린 예수 그리스도의 피의 능력이 오늘날 우리에게 나타나게 하려면 어떻게 해야 합니까? 구약시대의 대제사장이 속죄소에 일곱 번 피를 뿌렸듯이 예수 그리스도가 흘린 피를 마음에 뿌리며 다음과 같이 일곱 번 고백해야 합니다.

⊙ 겟세마네에서 기도하는 그리스도의 피 흘림

"예수께서 힘쓰고 애써 더욱 간절히 기도하시니 땀이 땅에 떨어지는 핏방울 같이 되더라."(눅22:44)

예수 그리스도께서는 겟세마네에서 피 흘리며 기도하셨습니다. 주님은 십자가를 져야 할 태산 같은 일을 앞에 두시고, "만일 할만하시거든 이 잔을 지나가게 하옵소서."(마26:39)라고 기도하셨습니다. 주님은 하나님이시지만 인성을 입고 이 땅에 오셨고 자신의 죽음이 어떠할지 미리 아셨습니다. 그것은 하나님 아버지로부터 버림받아 인류의 죄를 짊어지고 십자가에 못 박히는 형벌로, 그 어떤 것보다도 처참하고 고통스런 죽음이었습니다. 그러나 죽음의 노예로 고통받는 인간을 구원하려면 인성의 연약성을 무릅쓰고 감당할 수밖에 없는 사명이었습니다. 그래서 주님은 고뇌와 갈등 속에서 이렇게 기도하셨습니다.

"그는 육체에 계실 때에 자기를 죽음에서 능히 구원하실 이에게 심한 통곡과 눈물로 간구와 소원을 올렸고 그의 경건하심으로 말미암아 들으심을 얻었느니라."(히5:7)

주님의 기도는 그의 경건하심으로 응답을 받았고, 마침내 십자가를 질 수 있는 은혜를 받으셨습니다.

"그가 아들이시면서도 받으신 고난으로 순종함을 배워서 온전하게 되셨은즉 자기에게 순종하는 모든 자에게 영원한 구원의 근원이 되시고 하나님께 멜기세덱의 반차를 따른 대제사장이라 칭하심을 받으셨느니라."(히5:8-10)

주님은 십자가를 지는 것으로 순종의 도를 이루셨고, 그 결과 영원한 대제사장이 되셨습니다. 자신을 믿는 자라고 하지 않고 순종하는 자라고 하심은 예수님이 십자가를 지시기까지 하나님 아버지께 전적으로 복종함으로써 구원의 도리를 이루었음을 말합니다. 이는 복종하다 보면 순종이 생기고, 순종하다 보면 믿음이 생기는 원리를 포함하고 있습니다. 결국 겟세마네에서의 예수님의 기도는 사명 감당을 위해 흘리신 피입니다. 여기에 부제를 붙인다면 문제 해결을 위한 기도의 피라고 할 수 있습니다. 예수 그리스도께서 땀방울이 피가 되어 흐르도록 간절히 기도하셔서 십자가를 질 수 있는 은혜를 받은 것처럼, 우리들도 스스로에게 주어진 사명을 감당할 수 있는 은혜를 달라고 간절히 부르짖고, 구하고, 기도해야 합니다. 이런 기도가 교회마다 일어난다면 하나님의 사명을 감당하는 교회가 되어 거룩한 부흥의 불길이 솟아오를 것입니다.

⊙ 가시면류관을 쓴 그리스도의 피 흘림

"가시관을 엮어 그 머리에 씌우고 갈대를 그 오른손에 들리고 그 앞에서 무릎을 꿇고 희롱하여 이르되 유대인의 왕이여 평안할지어다 하며…"(마27:29)

총독의 군병들은 주님에게 가시면류관을 씌우고 조롱하며 오른손에 갈대를 쥐게 했습니다. 그러다 갈대를 빼앗아 가시면류관을 쓰신 주님의 머리를 치자 가시가 박혀 피가 흘렀습니다.

여기서 가시는 인류 조상의 범죄가 빚어낸 저주의 열매를 뜻합니다.(창3:18) 이 저주의 열매를 제거하기 위해 예수 그리스도께서는 가시나무로 만든 면류관을 쓰고 극심한 고통을 당하며 피 흘리셨습니다. 가시면류관은 거짓 왕권을 의미하는 것으로, 이를 주님께 씌워 상처 내고 고통 주고 경멸하기 위함이었습니다. 그들은 예수 그리스도가 하나님의 백성에게 지워진 저주를 담당해 죽음을 이기고 부활의 영광을 입으실 것을 알지 못했습니다. 그러므로 예수 그리스도께서 머리에 쓴 가시관은 영적 왕국을 다스릴 참된 왕권에 대한 증거라 할 수 있습니다. 가시떨기 불꽃 가운데에 찾아오신 여호와께서 모세를 일으켜 애굽에서 고통받는 이스라엘을 건져내신 것처럼, 예수님은 가시관을 쓰고 이마와 머리를 독한 가시에 찔려 보혈을 흘리심으로써 그분의 백성들을 저주의 굴레에서 해방시켜 주셨습니다.

"그리스도께서 우리를 위하여 저주를 받은 바 되사 율법의 저주에서 우리를 속량하셨으니 기록된 바 나무에 달린 자마다 저주 아래에 있는 자라 하였음이라. 이는 그리스도 예수 안에서 아브라함의 복이 이방인에게 미치게 하고 또 우리로 하여금 믿음으로 말미암아 성령의 약속을 받게 하려 함이라."(갈3:13-14)

주님은 우리를 죽음의 형벌과 질병과 인생고에서 해방시켜(신 28:15-46) 믿음으로 의롭다 하는 복과 약속하신 성령을 주셔서 승리의 삶을 살게 하셨습니다. 주님께서 가시관을 쓰고 흘린 해방과 승리의 피에 의지해 성령을 부어달라고 기도해야 할 것입니다.

⊙ 채찍에 맞은 그리스도의 피 흘림

십자가 사형이 결정되고 나서 예수님은 채찍에 맞으셨습니다. 그 채찍은 가죽 끈 끝에 쇠 갈고리가 수백 개씩 달려 있어서 한 번 후려치면 쇠갈고리에 살점이 뜯기어 나오고, 몸에 도랑이 패여서 피가 도랑으로 물 흐르듯이 흐르게 됩니다. 이는 십자가의 사형이 너무 고통스럽기 때문에 죄수가 채찍에 맞아 피를 흘려서 일찍 죽도록 한 자비의 수단이라고 합니다.

> "그가 찔림은 우리의 허물 때문이요 그가 상함은 우리의 죄악 때문이라 그가 징계를 받으므로 우리는 평화를 누리고 그가 채찍에 맞으므로 우리는 나음을 받았도다." (사53:5)

주님께서는 우리의 죄와 허물을 씻어 주기 위해, 우리의 영과 육이 병든 것을 고쳐주기 위해 채찍에 맞아 피 흘리셨습니다. 우리는 이 보혈을 의지해 죄를 씻고 나음을 주시라고 간절히 기도해야 합니다. 우리가 하나님과의 거룩한 만남을 위해 지성소 법궤 앞에 섰는데, 병들고 이그러진 모습으로 서야 하겠습니까? 하나님 또한 오랜 세월 끝에 상봉하는 당신의 자녀들이 죄로 인해 병들고 이그러진 모습이길 바라지 않으십니다. 오히려 영육간에 병을 고쳐주기를 원하시고, 당신을 찾는 자들에게 선물을 주시길 원하십니다.

⊙ 두 손이 십자가에 못 박힌 그리스도의 피 흘림

그리스도께서는 두 손이 십자가에 못 박혀 피를 흘리셨는데, 원래 손은 인간의 행위를 대표합니다.

> "여호와의 산에 오를 자가 누구며 그의 거룩한 곳에 설 자가 누구인가 곧 손이 깨끗하며 마음이 청결하며 뜻을 허탄한 데에 두지 아니하며 거짓 맹세하지 아니하는 자로다."(시24:3-4)

창조주 하나님을 모시려면 손이 깨끗해야 합니다. 손은 인간의 의지를 수행하는 가장 중요한 기관으로, 손이 깨끗한 자는 행위가 흠 없는 자입니다. 행위가 흠이 없다는 것은 믿음과 사랑으로 사는 것입니다. 욥바에 사는 다비다라는 주님의 여 제자는 평소에 가난한 이웃을 돌보았으므로, 그가 병들어 죽자 베드로를 불러 다시 살리심을 받는 은혜를 입었습니다.(행9:36-41) 이방인 백부장 고넬료라는 하나님을 경외하며 많은 백성을 구제하고 항상 기도하는 삶을 살았으므로, 하나님이 베드로를 그 집에 보내 말씀을 듣고 성령을 받는 은혜를 입었습니다. 이처럼 믿음과 사랑으로 사는 사람은 하나님의 아시는 바가 되어서 영광을 입게 됩니다.

예수 그리스도의 손은 문둥병자를 어루만지시고, 눈먼 자를 눈 뜨게 하시며, 마음 상한 자를 고치시고, 연약한 자를 일으켜 세우시며, 병든 자 위에 손 얹어 기도하신 손이었습니다. 그의 양손이 십자가에 못 박혀 피를 쏟으며 우리 이름을 주님의 손바닥에 새김으로써(사49:16) 우리 이름이 하늘 생명책에 기록되었습니다. 그러므로 주님의 손은 창조와 심판과 구원의 손입니다. 주님 따라 살겠다는 진정한 고백이 나올 때까지, 대못이 박혀 주님의 손에서 흐르는 피를 의지하며 나의 손에 묻어 있는 피를 씻어 주시고, 사랑으로 섬길 수 있는 사람으로 만들어 달라고 기도합시다.

⊙ 두 발이 십자가에 못 박힌 그리스도의 피 흘림

주님께서는 두 발이 십자가에 못 박혀 보혈을 흘리셨습니다. 발은 사람을 움직이게 하는 지체입니다. 주님은 이혼을 5번이나 경험한 한 여인을 구원하기 위해(요4:1-26) 40도가 넘는 더위 속에서 팔레스타인의 오지를 향해 부지런히 걸어가셨습니다. 그래서 주님은 복음을 들고 산을 넘는 자의 발이 아름답다고 하셨습니다.(사52:7)

우리의 발이 날마다 어디를 향하여 분주히 움직이는지 살펴보아야 할 것입니다. 우리의 발이 지상 명령인 복음 전파와 무관하게 돌아다닌다면 문제가 있는 사람입니다. 주님은 때를 얻든지 못 얻든지 복음을 전하라고 엄히 명령하셨습니다.(딤후4:1-2) 우리가 주님의 일이 아니라 세상일에만 열심히 쫓아다니는 건 아닌지, 정작 가야할 곳에 가지 않고 가지 말아야 할 곳을 찾아다니지는 않는지 스스로 돌아봐야 합니다. 두 발에 대못을 박혀 주님께서 흘리신 보혈을 의지하며 요나와 같이 회개하고 복음 전하며 살게 해 달라고 기도합시다.

⦿ 옆구리에 창을 맞은 그리스도의 피 흘림

주님께서는 옆구리에 창을 맞아 보혈을 흘리셨습니다.(요19:34) 이것은 주님께서 운명하신 후에 흘리신 보혈로, 로마 병정이 십자가에 달리신 예수님의 옆구리를 창으로 찌르자 창 끝이 주님의 심장까지 파고들어 거기 고여 있던 마지막 피가 흘러나왔습니다. 이 피의 의미는 아직까지 회개하지 않은 죄, 모르고 지은 죄를 뜻하는 것으로, 주님의 옆구리에서 쏟아진 피는 우리를 구원하신 성령의 샘입니다.(창3:21-24, 요19:34, 엡5:22-32) 성령은 모든 것을 가르치고, 주님께서 이르신 말씀을 생각나게 하고, 그 말씀이 우리를 비추어 숨겨진 죄악들을 회개하도록 이끄십니다. 주님은 우리를 온전히 구원하실 수 있기 때문에(히7:24-25) 토설치 않은 죄까지도 꿰뚫어 보시고 주야로 눌러서 고백하

게 함으로써 우리에게 하나님을 만날 기회를 주십니다.(시34:1-6)

⊙ 나라와 민족을 위한 그리스도의 피 흘림

대제사상은 속죄일에 백성의 죄를 씻기 위해 짐승의 피를 뿌렸습니다. 그리고 주님께서는 이스라엘 민족의 죄악을 씻기 위해 십자가에서 피를 흘리셨습니다.(레16:15) 하나님의 백성은 나라와 민족을 위해서 기도할 의무를 가집니다.(벧전2:9) 또한 성경에는 나라와 민족을 위해서 기도하는 백성의 이마에 표시하고 그들을 심판에서 구원해 주신다는 말씀이 기록되어 있습니다.

> "그룹에 머물러 있던 이스라엘 하나님의 영광이 성전 문지방에 이르더니 여호와께서 그 가는 베옷을 입고 서기관의 먹 그릇을 찬 사람을 불러 여호와께서 이르시되 너는 예루살렘 성읍 중에 순행하여 그 가운데에서 행하는 모든 가증한 일로 말미암아 탄식하며 우는 자의 이마에 표를 그리라 하시고 그들에 대하여 내 귀에 이르시되 너희는 그를 따라 성읍 중에 다니며 불쌍히 여기지 말며 긍휼을 베풀지 말고 쳐서 늙은 자와 젊은 자와 처녀와 어린이와 여자를 다 죽이되 이마에 표 있는 자에게는 가까이 하지 말라 내 성소에서 시작할지니라 하시매 그들이 성전 앞에 있는 늙은 자들로부터 시작하더라."(겔9:3-6)

이것은 우상을 숭배하는 이스라엘에 대한 심판을 보여주는 장면으로, 최후 심판에 대한 예표이기도 합니다. 그리고 성령의 인침 받지 못한 사람이 멸망하리라는 말씀의 배경이기도 합니다. 그런데 누가 성령의 인침 받은 성도일까요?(엡1:13) 자기 나라 백성의 가증한 죄로 인해 탄식하며 우는 자입니다. 하나님께서 이스라엘의 우상숭배를 심판하심은 말세 교회가 우상숭배의 죄악에 휩쓸려 하나님의 심판의 대상이 될 것을 경고하기 위함입니다.(계15:2, 계16:2, 계19:2, 계20:4, 계21:8)

  오늘날 한국 교회가 저지르는 대표적인 죄악은 돈과 하나님을 겸하여 섬기는 일과(눅16:13) 쾌락을 하나님보다도 더 사랑하는 것이라(딤후3:4) 생각합니다. 이미 세상은 죄악으로 범람하고 있으며 교회에도 이러한 세속의 물결이 밀려들고 있습니다. 돈과 같은 물질적인 우상이든 종교적인 우상이든 세상을 타락시키는 것은 마찬가지입니다. 이러한 우상이 사라지고 예수 그리스도의 피로 인한 복음이 넘쳐 흐르도록, 그리하여 온 나라가 복음으로 통일되도록 간절히 부르짖어 기도해야 합니다.

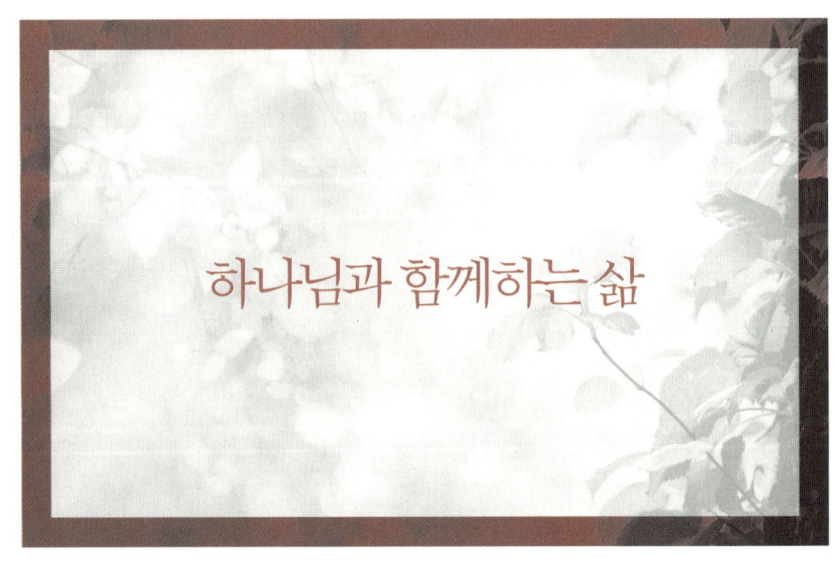

하나님과 함께하는 삶

하나님께서 인간을 만나 주신다는 것 사체가 실로 엄청난 축복입니다. 하나님은 만날만한 사람을 만나주시며 그 결정은 하나님이 하십니다. 그러나 그 준비는 사람이 해야 합니다. 그런데 우리는 왜 하나님을 만나야 합니까? 문제 해결을 위해서입니까? 사람의 입장에서는 이것이 제일 큰 이유가 될 수도 있습니다. 그러나 하나님은 자기 백성과 깨든지 자든지 함께 살기를 원하십니다.(살전5:10) 애당초 하나님은 함께 살기를 목적하신 것입니다. 성경은 하나님께서 그분의 백성을 만나기 위해 안달이 나신 분이라는 것을 알게 합니다. 왜냐면 하나님은 사랑이시기 때문입니다.(요일4:8) 함께 산다는 것은 만나는 정도가 아닙니다. 부부가 함께 사는데 만나는 것을 목적으로 살겠습니까? 함께 산다는 것은 행복 그 자체이고(롬14:17) 하나님과 함께 하나님의 계획을 이루어 가는 일입니다.(막16:20, 고전3:9, 고후6:1)

그동안 우리는 성막 문으로 들어와서 여러 단계의 영적 과정을 거치면서 하나님과 대면하여 왔습니다. 하나님과의 화해의 교리를 가르치는 번제단에서는 죄 사함으로 거듭나 주님을 믿게 되고, 성령의 역사하심으로 인해 여러 가지 영적 체험을 하게 됩니다. 지금까지 헛되이 살아왔음을 느끼고, 하나님과 사람을 사랑하고 싶어집니다.

성별의 교리를 담은 물두멍에서는 죄를 씻고 영혼을 단장하면서 회복의 단계를 맞이합니다. 죄 사함을 받아 하나님과 화해의 길은 열렸으나, 세상을 살다 보면 죄를 지을 수밖에 없고, 그래서 매일 씻지 않으면 안 됩니다. 번제단에서 거듭난 체험과 성령 받은 일을 무시하고 세상에서 하나님을 잊고 살 때, 자기도 모르게 심령이 서서히 말라져서 영적인 갈증이나 심각성을 느끼게 됩니다. 이럴 때 하나님 앞에 엎드려 회개하고 자복하면 하나님은 또다시 회복시켜 주시고 여기에서 크나큰 은혜를 체험하게 됩니다.

성소 안으로 들어와 등대 앞에 서면 날마다 씻는 삶을 통해 상실했던 은혜를 다시 회복했으므로 이제 맡은 바 사명을 감당해야 합니다. 참 빛이 되시는 예수 그리스도에게로 사람들을 이끌어야 합니다. 이 과정에서 하나님의 인도하심과 역사하심에 감격스러울 때도 있지만, 어려움에 부닥쳐서 자신이 너무나도 초라하게 느껴질 때도 있습니다. 하나님의 일을 하기에는 무능한 자신을 발견하고 이때에도 또 하나님께 부르짖게 됩니다. 능력을 달라고, 은사를 달라고 부르짖다가 결국엔 기름부음을 달라고 기도하게 됩니다. 여기서 기름부음을 받았다는 것은 하나님을 만난 결과 성령님과의 교제가 이루어진 것입니다. 그냥 얼굴을 대면한 정도로 만난 것이 아니라 강력하게 만난 것입니다. 이것이야말로 교회가 하나님의 영광의 기관이자 축복의 기관으로 서게 되는 단계로, 교회 부흥의 성경적 표준이 되는 국면입니다.(슥4:1-14) 그러나 강력한 성령을 체험했다 하더라도, 하나님의 일을 하다가 종국에 가서는 하나님을 배신하거나, 하나님의 은혜와 은사를 자기의 정욕으로 사용하다가 넘어지게 됩니다. 하나님의 능력과 은사를 받긴 했어도 아직 인격이 변화된 것은 아니기 때문입니다. 하나님을 만난 사람은 그 인격이 확실히 변화를 받기 때문에 기름부름을 받은 것으로 하나님을 진정으로 만났다고는 하지 않습니다.

등대를 지나 영혼의 굶주림을 채우는 떡상에서 하나님의 말씀을 읽고, 묵상하고, 기도하다 보면 주님과의 교제가 이루어집니다. 이는 분명히 하나님을 만난 일입니다. 그러나 이 사실을 두고도 하나님을 진정으로 만났다고 하지는 않습니다.

그 다음으로 중보의 교리를 담고 있는 분향단에서의 기도는 기도의 최고봉이라 할 수 있습니다. 이를 통해 하나님께 받은 응답은 확신을 넘어서며, 때로는 하나님의 음성을 듣는 경우가 있습니다. 그렇다면 이것이 하나님을 진정으로 만난 것일까요? 아직은 아닙니다.

하나님의 임재를 상징하는 지성소 법궤 위에 피가 뿌려지면서 비로소 우리의 죄가 덮이고 하나님과의 진정한 교제가 이루어지면서 존재적인 인격의 변화가 일어납니다. 그리하여 하나님과 함께 사는 삶의 축복이 주어집니다.

　요약하자면 성막 속에는 구원의 역사가 있고, 예수의 보혈이 있으며, 성령의 임재가 있고, 부흥의 열매가 있으며, 하나님의 말씀이 있고, 성도에게는 사명과 비전과 축복과 상급이 있습니다. 당신은 지금 성막에서 어디쯤 있습니까? 문 안으로 들어와 번제단에서 죄와 이별하고 주님을 영접했습니까? 혹은 물두멍에서 영혼을 정화하며 성별된 삶을 살고 있습니까? 아니면 등대와 떡상 앞에 나아가 진리의 빛을 전하며 말씀 먹고 사는 삶을 살고 있습니까? 이런 면에서 성막은 성도들의 영혼의 종합진단을 내리고, 신앙을 한 단계 업그레이드 하는 전환점이 될 수 있습니다.

　이제 우리는 간절한 소망을 가지고 하나님 앞으로 나아가야 합니다. "진심으로 나를 찾고 찾으면 만나리라."(렘29:13)고 하였습니다.

미래를 여는 지식의 힘
(주)상상나무
www.smbooks.com
Tel. 02. 325. 5191

건강·기능식품 쇼핑몰
상상파크
www.sspark24.com
Tel. 1588-1161